Kulinarisches Deutschland

24 Streifzüge für Genießer

Axel Nowak

Mit Extra-Heft!

Im Norden

Schleswig-Holstein 6
Nordseekrabben • Kohl im Kohlosseum • Gourmetfestival …

Hamburg 14
Fischbrötchen • Hummersuppe • Labskaus • Fischmarkt St. Pauli …

Mecklenburg-Vorpommern 22
Heringswochen • Ostseelachs • Fischerfest • Müritzfest …

Niedersachsen 28
Aal • Spargelstraße • Heidschnucken • Lüttje Lage • Grünkohl …

Bremen 38
Kaffeeröstereien • Kajenmarkt • Hafenfest • Knipp und Matjes …

Im Osten

Brandenburg 46
Fischsuppe • Apfelbrot • Spargel • Sorbische Spezialitäten …

Berlin 52
Street Food Thursday • Buletten • Currywurst • Türkischer Markt …

Sachsen-Anhalt 58
Weine aus Saale-Unstrut • Baumkuchen • Absinth • Bötel, Lehm und Stroh …

Sachsen 66
Grüne Klöße • Quarkkeulchen • Dominosteine • Herbst- und Weinfest …

Thüringen 76
Rostbratwurst • Senf • Schwarzbier • Echter Nordhäuser …

Im Süden

Franken 84
Brauereien • Casteller Weinfest • Schäufela • Bamberger Hörnla …
Nürnberg 94

Bayern 98
Schweinsbraten • Knödel • Bayerischer Burger • Bärwurz …
München 106

Baden 112
Nudle und Viertele • Spargel • Besenwirtschaften • Tannenzäpfle • Maultaschen …

Württemberg 120
Trollinger • Schokoladen • Laugenbrezel • Gaisburger Marsch …

Im Westen

Saarland 134
Schwenkbraten • Saarländischer Weinsommer • Dibbelabbes …

Mittelrhein und Mosel 142
Elbling • Weinmarkt der Ahr • Dippehas • Straußwirtschaft …

Pfalz 150
Saumagen • Dubbeglas • Gimmeldinger Mandelblütenfest • Deutsches Weinlesefest …

Nordrhein-Westfalen 158
Aachener Printen • Pumpernickel • Pfefferpotthast • Kohlroulade …

Köln 166

Düsseldorf 170

Hessen 174
Riesling • Ahle Worscht • Rhönschaf • Handkäs' mit Mussigg …

Frankfurt 182

Specials

Dithmarscher Kohltage 10
Lübecker Marzipan mit Rotspon 13
Schlemmer-Sommer 20
Rügener Hornfischtage 27
Heidschnuckenbraten 33
Tee und Torte auf Ostfriesisch 37
Halloren Schokoladenmuseum 62
Weingut Pawis 64
Dresdner Stollen 73
Zum Arabischen Coffe Baum 74
Bratwürste 89
Frankenwein 90
Karpfen 93
Biergärten 103
Chiemseefisch 104
Weißwurst 110
Schwarzwälder Kirschtorte 119
Linsen 126
Schwäbisch-Hällisches Landschwein 129
Bodenseefelchen 130
Bettsäächer 138
Saarländischer Wein 141
Eiswein und Sekt 148
Süße Südfrüchte 153
Wachtel im Baumkuchen 157
Westfalen Culinarium 165
Muscheln – Rheinische Art 173
Grie Soß oder Griene Soße 180
Frankfurter Kranz 185

Register 187
Impressum 192
Bildnachweis 192

Im Norden

Schleswig-
Holstein
Mecklenburg-
Vorpommern
Hamburg
Bremen
Niedersachsen

»Bevor ich diesen
Jabbel kau', ess' ich schon
lieber Kabeljau.«

Mike Krüger

Schleswig-Holstein

In die Wanten, setzt die Segel: Die alljährliche Windjammerparade bei der Kieler Woche ist zum Wahrzeichen dieser Region geworden.

Welch ländliche Idylle: Lämmer, Gänse und Milchkühe grasen auf saftigen Weiden. Salzhaltige Ostseewinde streicheln die Kohlfelder im Norden. Hering, Hecht und Zander tummeln sich in naturbelassenen Gewässern. Wer hier Urlaub macht, braucht sich um das leibliche Wohl keine Sorgen zu machen. Und was alles zu Fisch (Frühsommer) und Kohl (Herbst) passt, kann man bei den jeweiligen Festen in den Restaurants testen. Wen wundert es da, dass der Guide Michelin und der Gault Millau hier besonders viele Lokale empfehlenswert finden.

So weltläufig das Meer, so bodenständig die Menschen: Die Küche Schleswig-Holsteins ist gleichermaßen maritim wie deftig – und für Fremde mitunter friesisch unergründlich. Fische so frisch wie von Fischer Fritze. Selten bekommt man Ware so schnell nach dem Fang wie in den Häfen, kurz nachdem die Schiffe der Fischer einlaufen. **Nordseekrabben**, frisch vom Kutter, zwei Handvoll für drei Euro. Doch das Pulen will gekonnt sein: Man fasst das Schalentier beim Kopfe, biegt es ein wenig aus dem Hohlkreuz heraus, zack, mit entschlossener Linksdrehung und einem gekonnten Zupfen ist das rosa Fleisch isoliert.

Wer jetzt aber glaubt, der harte Panzer einer Krabbe ließe sich stets ohne Werkzeug öffnen, der irrt. Denn bei den Nordseekrabben handelt es sich eigentlich um eine Garnelenart, der Begriff Krabbe ist schlicht geflunkert. Aber hier oben im Norden »geit dat allns«. Nicht nur Schalentiere kann man direkt von Bord der Kutter beziehen, auch Dorsch, Gold- und Steinbutt, eben alles

1 Meergold Delikatessen
2 Kieler Woche mit internationalem Markt
3 Linde Meldorf
4 Kohlosseum
5 Dithmarscher Kohltage (ges. Region)
6 Kappelner Fischmarkt
7 Weltfischbrötchentag[1]
8 Gottorfer Landmarkt
9 Sylter Lammtage
10 Schleswig-Holstein Gourmetfestival[2]
11 Käserei Holtsee
12 Glückstädter Matjeswochen
13 Ostsee-Strandfrühstück[1]
14 Fischerfest
15 Husumer Krabbentage
16 Café Niederegger

[1] gesamte Ostseeküste
[2] ganz Schleswig-Holstein

was die Fangquoten erlauben. Wo die Fischer verkaufen, verrät tagesaktuell die Seite www.fisch-vom-kutter.de. Dort heißt es dann z. B.: »Möltenort: Heute ab 8.30 Uhr Dorschfilet, Sprott, Hering. Verkauf vom Kutter Erik Rasmus bis ca. 16 Uhr.«

1 Kieler Sprotten

Eine der bekanntesten Fischspezialität aus dem hohen Norden sind die goldgelben Kieler Sprotten. Sie stammen aus – richtig – Eckernförde und werden größtenteils auch heute noch dort geräuchert.

Meergold Delikatessen, Jungfernstieg 19, Eckernförde, Tel. 043 51/28 14, Mo–Fr 8.30–18, Sa 9–14 Uhr, www.meergold.de

Fremde mögen sich im hohen Norden häufiger verschaukelt vorkommen – vor allem, wenn sie Speisekarten lesen: Dort stellt sich ab und an der Grote Hans vor. Das ist ein Gugelhupf, ein Brotpudding aus dem Wasserbad, der am besten schmeckt, solange er noch warm ist und traditionell mit Sauerkirschsauce und Schweinebacke serviert wird. Sauerkirschsauce und Schweinebacke? Das ist typisch für die Küche zwischen Ost- und Nordsee.

2 Kieler Woche mit internationalem Markt

Superlative unter weißem Segeltuch: Das weltgrößte maritime Treffen findet seit 1882 in Kiel statt. An Land kredenzen 31 Nationen auf dem Rathausmarkt regionale und internationale Spezialitäten. Neben Fischbrötchen gibt es zum Beispiel auch Afrika-Kartoffeln aus Benin oder süße finnische Lapplandwaffeln.

9 Tage, vorletzter Fr–letzter So im Juni, Tel. 0431/901-905, www.kieler-woche.de

Kiel steht drauf, ist aber nicht drin: Die berühmten goldgelben »Kieler Sprotten« werden in Eckernförde geräuchert.

3 Mehlbüddel

»Broken Sööt« bedeutet auf hochdeutsch »gebrochene Süße« und meint damit Gerichte, die aus salzigen und süßen bzw. süßen und sauren Zutaten bestehen. Diese vermeintlich gegensätzlichen Kombinationen sind typisch für die Norddeutschen. Als **Mehlbüddel** (Mehlbeutel) tischt das »Frollein« in Dithmarischen Restaurants und Gasthöfen spezielle Knödel aus Mehl-Eierteig auf, die in einem Beutel gegart werden. Dazu gibt es Kirschsauce und Speck von der geräucherten Schweinebacke – eine Variante des »Großen Hans«.

Restaurant Hotel Linde Meldorf,
Südermarkt 1, Meldorf, Tel. 048 32/95 95-0,
11–22 Uhr, www.linde-meldorf.de
(jeden Sonntagmittag oder auf Bestellung)

4 Kohl im Kohlosseum

Die Region Dithmarschen ist seit Ende des 19. Jahrhunderts für den Kohlanbau bekannt. Da darf das passende Museum nicht fehlen: das **Kohlosseum**. Neben der Geschichte des Gemüses bietet ein Bauernmarkt die entsprechenden Sorten an.

Kohlosseum, Bahnhofstr. 22a, Wesselburen,
Tel. 048 33/45 89-0, i. d. R. 1. Sa, So im Monat
9–17 Uhr, www.kohlosseum.de

Auch bei der Namensgebung anderer Spezialitäten stand der Küstenhumor Pate. Wortspiele und derbe Witze sind beliebt, das Leben ist schließlich hart genug an der windigen See. Ein **Pharisäer**, quasi das Nationalgetränk der Schleswiger wie der Holsteiner, ist eine Mischung aus Kaf-

Kulinarisches Lexikon

Friesentorte: Friesische Kuchenspezialität aus Mürbeteig mit Pflaumenmus- und Schlagsahneschichten. Die Ebenen werden mit Blätterteig getrennt.

Grüner Hering: Frische (»grüne«) Heringe, in Mehl gewendet und in Butter gebraten, gerne mit Brat- oder Salzkartoffeln und gerösteten Zwiebelringen serviert.

Holsteiner Katenschinken: Spezialität aus gepökeltem Schinkenfleisch, das ursprünglich in den Häusern von Kleinbauern (Katen) über Buchenholz geräuchert wurde.

Holsteiner Sauerfleisch: Erkaltetes Schweinefleisch, das zusammen mit Gewürzen wie Senfkörnern, Lorbeer oder Kümmel in Weißweinessig gekocht wurde. Nimmt sülzeartige Konsistenz an.

Mädchenröte: Rote Süßspeise aus Ei-Schnee, Zucker, Johannisbeersaft und Gelatine. Die Creme wird kalt mit Vanillesauce genossen.

Rübenmus: Brei aus Steckrüben und unterschiedlichen Zutaten wie Bauchspeck, Zwiebeln, Äpfel oder Kartoffeln sowie Gewürzen.

Salzwiesenlamm: Das Fleisch der jungen Schafe, die an den Deichen aufwachsen, die vor (Salzwasser-) Fluten schützen sollen, hat eine besonders würzige Note.

Steckrübeneintopf: Eintopfgericht aus Steck- und Mohrrüben, Kartoffeln sowie geräuchertem oder gepökeltem Fleisch.

Wie in der fünften Jahreszeit: Zwei Kohl-Elfen bei der offiziellen Eröffnung der Dithmarscher Kohltage in Belmhusen.

5 Dithmarscher Kohltage

Seit dem Jahr 1986 werden Ende September eine Woche lang die Kohltage gefeiert. Auf 2800 bis 3000 ha werden jährlich rund 80 Mio. Köpfe an Schleswig-Holsteins Nordseeküste geerntet. Man feiert das Gemüse mit raffinierten Rezepten und der Kür einer Kohlregentin. Kohlregentin? Wieso nicht Kohlkönigin? Der Stabreim klingt doch so schön. Aber man verzichtet lieber auf den Wohlklang und bringt damit sein Traditionsbewusstsein zum Ausdruck: Denn Dithmarschen war bereits im 13. Jahrhundert eine Bauernrepublik, da wird man doch im 21. Jahrhundert nicht plötzlich die Aristokratie einführen! Fest steht: Kohl ist kalorienarm. Kohl ist dank seiner vielen Vitamine, dank Kalium, Kalzium, Natrium und blutbildendem Eisen auch sehr gesund. Und was für Genießer noch wichtiger ist: Kohl ist köstlich. Das beweisen Jahr für Jahr die leckeren Gerichte, die an diesen Tagen auf nahezu allen Speisekarten der Region stehen. Ob zu Krabben, Fisch, Fleisch oder Wild, der »caulis«, so der lateinische Name, ist gut kombinierbar und vielseitig.

Verschiedene Schauplätze in der Region, Tel. 0481/2122555 (Tourist-Info), www.dithmarscher-kohltage.de

Kulinarischer Kalender

MÄRZ–OKTOBER

6 Kappelner Fischmarkt

In Kappeln verweist man stolz auf den ältesten existierenden Heringszaun in Europa, mit dem die Meerestiere seit dem 15. Jahrhundert in der Schlei gefangen wurden. Jeden letzten Sonntag im Monat erstreckt sich an der Hafenpromenade ein Markt mit Backwaren sowie Obst, Lederwaren und Antiquitäten – aber vor allem: frischer Fisch, direkt vom Kutter!
www.wtk-kappeln.de ▸ Veranstaltungen ▸ Fischmarkt

MAI

7 Weltfischbrötchentag

Der Weltfischbrötchentag ist eine Marketingaktion der Tourismusagentur für Ostsee-Holstein – eine mit erstaunlich viel positiver Resonanz. Ein Samstag Anfang Mai wird ausgerufen – und zig Gemeinden beteiligen sich, z. B. mit einem Strandfrühstück.
www.weltfischbroetchentag.de

8 Gottorfer Landmarkt

Die Veranstaltung auf Schloss Gottorf gilt als größter Öko- und Biomarkt Norddeutschlands. An einem Sonntag Mitte Mai bieten rund 100 Produzenten Waren und Lebensmittel – vor allem Käse – an.
www.gottorferlandmarkt.de

JUNI

9 Sylter Lammtage

Von Freitag bis Sonntag servieren die besten Restaurants der Insel Lammgerichte aus dem Fleisch einheimischer Schafe, das als besonders aromatisch, zart und würzig gelobt wird. Jahrelang fand die →

Gastgeber beim Gourmet-Festival: Das Team der Gutsküche Wulksfelde in Tangstedt bereitet in seiner offenen Küche mit der plakativen Schiefertafel bio-zertifizierte Leckerbissen zu.

fee, Rum, Zucker unter einem Häubchen aus steifer Sahne. Kenner rühren nicht, sondern trinken den Warmmacher durch die Sahne. Kakao statt Kaffee macht aus ihm eine **Tote Tante**. Selbst **Möwenschiss** nimmt man hier begeistert zu sich, wenn er aus einem Klaren, garniert mit einer Mettwurstscheibe und einem Klacks Senf – eben dem Möwenschiss –, besteht. Gegen Frösteln hilft auch die Friesische Bohnensuppe – die von Vanilleeis begleitet wird. Schnell entpuppen sich die Bohnen als Rosinen und die Suppe als Rum – Hochprozentiges im Marmeladenglas. »Schleswig Holstein meerumschlungen« preist die Landeshymne, und man ahnt die Fischvielfalt des Nordatlantiks. Findige Namensgebung scheint das Angebot sogar zu vergrößern: So ist eine Scholle aus der Nordsee an der Ostseeküste eine Flunder. Wer einen Dorsch nicht so gut zubereiten kann wie die Ostseespezialisten in Travemünde (was keine Schande wäre), könnte ausrufen: »Bevor ich diesen Jabbel kau', da ess' ich lieber Kabeljau« – und fährt an den Nordseestrand. Dort wird derselbe Fisch unter eben jenem Namen aufgetischt.

10 Schleswig-Holstein Gourmetfestival

Virtuoses Kochen: Bis zu 20 Gasthäuser in Schleswig-Holstein, über 20-jährige Festivaltradition und Deutschlands beste Köche mit insgesamt 26 Sternen geben ihr Auswärtsspiel im Norden. Die Menüs: kulinarische Köstlichkeiten aus dem Meer, zartes Deichlamm, schmackhaftes Wildfleisch und frisches Saisongemüse.
Sept.–März, Info-Tel. 030/78 09 88-515, Reservierung frühzeitig erforderlich unter www.gourmetfestival.de

Frischer geht's nimmer: Bei den Husumer Krabbentagen im Oktober können sich die Besucher die Nordseegarnelen direkt vom Kutter holen.

11 Holtseer Käse

Wem der Sinn nach Gesundem steht, trifft alle naselang auf einen pittoresken Bauernhof mit antikem Verkaufskarren vor der Tür. Der Hofladen bietet Kartoffeln vom Feld, Eier, Kürbis, Grünkohl, fünf Beutel für 10 €, da lohnt es sich schon mal, das Auto vollzuladen. Nur beim **Holtseer** empfiehlt sich etwas Zurückhaltung: Dieser aromatische Käse könnte für längere Zeit die Luft in der Fahrerkabine dominieren.

Käserei Holtsee, Dorfstr. 2, Holtsee, Tel. 043 57/997 10, Mo–Fr 8–18, Sa 8–12.30 Uhr, www.kaeserei-holtsee.de

Wer es bequem haben möchte, delektiert sich an den sogenannten Stiftungsland- oder Genießerlandmenüs. Bei dieser Aktion zaubern ausgewählte Gastronomen raffinierte Speisen auf den Teller, deren Zutaten aus dem Umland stammen (www.geniesserland-sh.de).
Berühmt für exquisites Schlemmen ist die Insel Sylt. Auf knapp 100 qkm Fläche konkurrieren vier Michelin-Sterneköche mit Inselspezialitäten wie **Deichlamm**, **Sylter Wildente** oder **Sylter Austern**.
Typische Gerichte wie **Birnen, Bohnen und Speck** (mit Kartoffeln) findet man in diesen Gourmetküchen allerdings ebenso selten wie **Schnü(ü)sch** – beides wärmende Eintöpfe respektive Suppen, wie man sie nur hier oben kennt. Schnüsch ist eine Gemüsesuppe, die mit Holsteiner Katenschinken verspeist wird, lecker und deftig – wie das Leben an der Küste.

Kulinarischer Kalender

→ Veranstaltung auf Westerlands Promenade statt, zuletzt traf man sich in der Freiluft-Arena am Keitumer Kliff.
www.sylt.de ▸ Veranstaltungen

12 Glückstädter Matjeswochen

Seit 1968 beißt der Glückstädter Bürgervorsteher den neuen Matjes an – als Startschuss für vier maritime Tage an der Unterelbe am zweiten Donnerstag im Juni.
www.glueckstadt-tourismus.de ▸ Veranstaltungen

JULI

13 Ostsee-Strandfrühstück

Am ersten Sonntag bieten rund 23 Gemeinden ein gemeinsames Strandfrühstück für Einheimische und Gäste an.
www.ostsee-schleswig-holstein.de ▸ Themen

14 Fischerfest

Am zweiten Wochenende veranstaltet die Fischerei & Räucherei Lasner in Ascheberg direkt am Plöner See von 9–18 Uhr ein Fest mit Spezialitäten aus ihrem Betrieb: beispielsweise gebratenes Barschfilet oder Meerestiere, geräuchert im historischen Altonaer Ofen.
www.fischereilasner.de ▸ Fischerfest

OKTOBER

15 Husumer Krabbentage

Nordseekrabben direkt vom Kutter, Krabbenpul-Wettbewerbe, dazu Marktstände und Musik – die Stadt Theodor Storms zeigt sich an einem Wochenende Mitte Oktober herbstlich-maritim.
www.krabbentage-husum.de

⑯ Lübecker Marzipan mit Rotspon

Lübeck und Marzipan, das ist wie Bayern und Bier, Dresden und Stollen, Frankfurt und Äppelwoi. Neben Thomas Mann, Holstentor und Hanse wird kaum etwas so unmittelbar mit der Stadt assoziiert wie dieses Hochprozentige. Hochprozentig? Aber sicher doch, denn die wirklich guten Sorten haben mindestens 70 % Marzipanrohmasse und höchstens 30 % Zucker. Es gibt mehrere Versionen darüber, wie Lübeck zu seiner Leibspeise kam. Die schönste hört sich so an: Im Jahr 1407 wütete eine Hungersnot in der Stadt. Die Kornkammern waren leer. Und so befahl ein kluger Senat den Bäckersleuten, aus den in großen Mengen vorhandenen Mandelvorräten ein Brot zu backen. Auf diese Weise entstand die süße Sünde. In Lübeck reicht man das edle Marzipan bevorzugt mit einem Gläschen »Rotspon«, einem vor Ort veredelten und gerühmten Bordeauxwein. Der Wein wird nach wie vor in Frankreich angebaut und geerntet und danach nach Lübeck transportiert. Erst dort erfolgt die Abfüllung in Flaschen. So wird dank der milden Seeluft aus dem Bordeaux ein Tropfen mit eigenem Bouquet besonderer Qualität. Manche Zungen behaupten gar, dieser sei besser als das französische Original. Egal! Wer nach Lübeck kommt, muss zunächst die Nusstorte im Niederegger kosten. Das ist Pflicht. Alles andere ist Kür!

Café Niederegger, Breite Str. 89, Lübeck, Tel. 0451/5301126, www.niederegger.de

Hamburg

Einkaufen, schlemmen, genießen: die Alsterarkaden mit ihrem Rundbogengang im italienischen Stil an der Kleinen Alster.

Enormes Fernweh weckt die grandiose Hafenkulisse. Containerriesen, Frachtschiffe, Kreuzfahrtschiffe kommen und gehen, 24 Stunden am Tag. Schlepper- und Lotsenboote tanzen auf der Elbe. Dem Hafen, heute einer der größten der Welt, verdankt Hamburg beinahe alles. Dabei liegt er nicht einmal am Meer. Die Kaufleute haben Hamburg in jeder Beziehung ihren Stempel aufgedrückt. Handelshäuser, Banken, Reedereien und stattliche Kontorhäuser prägen das Straßenbild in der Innenstadt. Das Ensemble rund um die Speicherstadt samt Chilehaus wurde im Jahr 2015 als Erstes in Hamburg zum Weltkulturerbe ernannt: »Wir fühlen uns so gerührt und so erfreut«, lässt dann auch die Kultursenatorin verlauten. Das klingt fast schon wie ein Jubilieren, und das bei dem sonst so gerne zur Schau getragenen Understatement der Hanseaten.

Auch sonst tut sich viel! Oberhalb des Hafens ist St. Pauli kaum mehr wiederzuerkennen. Aus dem einst verruchten Hort für Seeleute ist eine Vergnügungsmeile mit Kultstatus geworden, besucht von Touristen, aber auch von Hamburgern.

Die Hafenstadt ist bekannt für ihre exquisiten Restaurants. Doch wer die Seele des Hanseaten entdecken will, greift zu Finkenwerder Scholle, Franzbrötchen oder Aalsuppe. In Hamburg lockt der Ruf der großen, weiten Welt, der Anblick der Kreuzer und Containerschiffe weckt Abenteuerlust. An der Elbe schmecken die Lippen salzig. Für die Sehleut' an der Waterkant, da langen ein **Fischbrötchen** und 'ne Pulle Bier auf die Hand. Mit diesem »Schnack« im Sinn mag manch Besu-

1 Hotel Atlantic Kempinski
2 Hof Oelkers
3 Le Canard nouveau
4 Isemarkt
5 Hamburg Kulinarisch*
6 Stadtfest St. Georg
7 Stuttgarter Weindorf
8 Food Market Hamburg
9 Weinfest Ochsenzoll
10 Bergedorfer Landmarkt
11 Hamburg Ganz(s) weihnachtlich*
12 Laufauf
13 Ahrberg
14 Fischmarkt St. Pauli
15 Restaurant Vlet
16 Schlemmer-Sommer*

Hotel 1 Hotel Atlantic Kempinski
Hotel 2 Empire Riverside
Hotel 3 Fritzhotel

* ganze Stadt

cher in die Elbmetropole Hamburg kommen. Nach ausgedehntem Spaziergang und Fleetenfahrt in der »weißen Flotte« – also im schicken Alsterdampfer durch die Kanäle der Innenstadt –, einem Schaufensterbummel und nächtlichem Reeperbahnbesuch könnte sich diese Weisheit für Touristen als Seemannsgarn erweisen. Denn »dat langt doch allns nich!«.

1 Hummersuppe

Wer viel marschiert, muss gut essen. Der Blick für die Spezialitäten braucht dazu nicht einmal hinter die Fassaden der maritimen Kapitänshäuser in Oevelgönne an der Elbe zu wandern – einen Pott von der feinsten **Hummersuppe** kann jedermann auf der »Fischhökermeile Große Elbstraße« am Stehtisch genießen. Experten jedoch wissen: Die beste Hummersuppe gibt es im »Hotel Atlantic Kempinski« – das Rezept stammt von Franz Pfordte, dem ersten Küchenchef aus dem Jahr 1909.

Hotel Atlantic Kempinski, An der Alster 72–79, Tel. 040/288 80, Mo–Sa 12–15, 18–23 Uhr, www.kempinski.com.de

Gesund, nahrhaft und eine Hamburger Spezialität: Suppen aus Holunderbeeren.

2 Alles um den Spargel

Und wem es zur Abwechslung einmal nach Landluft dürstet, findet knapp 30 km südlich die Region der Lüneburger Heide und einen Ausläufer der Niedersächsischen Spargelstraße (www.niedersaechsische-spargelstrasse.de). Bei deren Mitgliedern und im näheren Umfeld kann man das edle Stangengemüse direkt beim Bauern kaufen oder im besten Fall frisch zubereitet verköstigen.

Hof Oelkers, Klauenburg 6, Wenzendorf, Tel. 041 65/222 00-0, Feb.–Juni, Sept.–23. Dez. tgl., Juli, Aug. Mi–Mo 9–18 Uhr (Restaurant ab 11.30 Uhr), www.hof-oelkers.de

3 Kabeljau à la Gourmet

Die Hansestadt ist nicht nur die Stadt der Kanäle und Flüsse, Hamburg ist auch ei-

Kulinarischer Kalender

GANZJÄHRIG

4 Isemarkt

Ganzjährig bietet sich jeden Dienstag und Freitag von 8.30–14 Uhr Europas längster Wochenmarkt unter der historischen U-Bahn-Trasse zwischen Eppendorfer Baum und Hoheluftbrücke (U3) dar. Mehr als 200 Händler bieten in der Isestraße 1–73 ihre Waren auf etwa 12 000 qm feil. Und noch immer, so verweisen die Macher stolz, sind an beiden Tagen rund 80 % der 6000 Besucher waschechte Hamburger.

www.isemarkt.com

FEBRUAR/MÄRZ

5 Hamburg Kulinarisch

Hamburger Gourmet-Restaurants zaubern von Mitte Februar bis Ende März unwiderstehliche Menüs zu attraktiven Preisen auf die Teller. Reservierung sinnvoll.

www.hamburg-kulinarisch.de

MAI

6 Stadtfest St. Georg

Das Multikultiviertel feiert sich am letzten vollständigen Wochenende mit Flohmarkt, Familienareal und Kulturbühne. Vor allem aber mit kulinarischen Spezialitäten aus aller Herren Länder.

www.stadtfest-stgeorg.de

JUNI/JULI

7 Stuttgarter Weindorf

Seit mehr als 30 Jahren verpflanzen die Stuttgarter ihre Originallauben auf den Hamburger Rathausmarkt. 16 Tage lang gibt es schwäbische Kost und rund 200 Tropfen aus Baden-Württemberg.

www.stuttgarter-weindorf-hamburg.de

SEPTEMBER

8 Food Market Hamburg

Am zweiten Wochenende im September präsentieren regionale Hersteller in der Großmarkthalle Obst, Gemüse und Spezialitäten aus Hamburg und dem Umland.
Mit dabei sind auch bekannte Restaurants, deren Köche vor Ort Köstlichkeiten aus ihrem Repertoire zubereiten.
Alljährlich kommen fast 20 000 Besucher auf die Messe, die sich über die kulinarischen Angeboten der etwa 120 Aussteller informieren wollen.

www.foodmarket-hamburg.de

9 Weinfest Ochsenzoll

Spätsommerlich rustikales Fest an der nördlichen Stadtgrenze am ersten Wochenende: ausschließlich Weine aus deutschen Anbaugebieten, herzhafte Speisen und Livemusik.

10 Bergedorfer Landmarkt

70 000 Besucher freuen sich am letzten Wochenende an der Alten Holstenstraße über die Produkte der Selbsterzeuger aus dem Umland: Honig vom Imker, Wildfleisch direkt vom Forstgut, fangfrische Fische, leckeres Gemüse vom Feld oder erntereifes Obst direkt vom Baum: Bergedorf wird für zwei Tage zum bunten Landmarkt.

NOVEMBER/DEZEMBER

11 Hamburg Ganz(s) weihnachtlich

Sechs ganz(s)e Wochen – vom 11. November bis 23. Dezember – kommt in vielen Hamburger Top-Restaurants das Wintergeflügel auf die festliche Menükarte.

www.hamburg-kulinarisch.de ▸ Hamburg Ganz(s) weihnachtlich

ne Hochburg für Feinschmecker. Derzeit begeistern acht mit Michelin-Sternen dekorierte First-Class-Gastronomen die Gaumen ihrer Gäste, weitere 15 freuen sich über die Auszeichnung »Bib Gourmand«, die ihnen für exzellent zubereitete und preiswerte Mahlzeiten zuteilwurden. Wie durch Zufall siedeln sich die besten Küchenchefs entlang der Elbchaussee an, der schönsten und längsten Promenade der Stadt, die eine einmalige Aussicht auf die Elbe, den Hafen und seine dicken Pötte bietet. Da werden auch regionale Spezialitäten neu interpretiert, beispielsweise gebackener Kabeljau auf Dill-Gurken und Pfifferlingen.

Le Canard nouveau, Elbchaussee 139,
Tel. 040/88 12 95-31, Di–Sa 12–14.30,
18.30–22.30 Uhr, www.lecanard-hamburg.de

Atmosphärisch dicht: Der Isemarkt unter der historischen Bahntrasse der U3 in Hamburg-Eppendorf zählt zu den schönsten Regionalmärkten Deutschlands.

12 Hamburger National

Dabei muss es beileibe nicht immer Kaviar sein, auch wenn die günstige Küstenlage dies vermuten lässt. Das **Hamburger National** ist ein deftiger Bauerneintopf, der kalte Tage vergessen lässt: Die süßlichen Steckrüben und mehlig kochende Kartoffeln werden gestampft und mit Schweinebauch gekocht.
So salzig der Seemann und süß seine Braut, so passen in Hamburg Gemüse und Obst auf einen Teller. Traditionelle Hausmannskost wie z. B. **Birnen, Bohnen und Speck** gibt es im Restaurant »Laufauf«, das sich diesen alten Gerichten gewidmet hat.

Laufauf, Kattrepel 2, Tel. 040/32 66 26,
Mo–Sa 11.30–23 Uhr, www.laufauf.de

13 Labskaus

Labskaus, die Spezialität aus Corned Beef, Kartoffeln, Bismarckhering und Spiegelei, ist eine althergebrachte Matrosenmahlzeit, die früher wohl vor allem aus Pökelfleisch bestand. Das Originalrezept ist nicht bekannt, es ist nicht einmal klar, ob Fisch als Zutat zwingend notwendig ist.
Aufgrund der Rote-Bete-B(r)eimischung mag er oftmals kein rechter Augenschmaus sein, aber stets ein sehr herzhaftes Mahl. Optisch gelungen wird Labskaus im Restaurant Ahrberg in Blankenese serviert – die haben Übung und blicken auf eine 100-jährige Geschichte.

Ahrberg, Strandweg 33,
Tel. 040/86 04 38, tgl. 10–23.30 Uhr,
http://restaurant-ahrberg.de

14 Fischmarkt St. Pauli

Wenn die großen Schiffe im Hafen noch schlafen, geht es nebenan auf dem Fischmarkt schon richtig rund. Seit 1703 regieren sonntags in der Früh Marktschreier und Rollmöpse. Mittlerweile eine Touristenattraktion, die professionell vermarktet wird. Das Hamburger Original »Aale-Dieter« – der Fischhändler Dieter Bruhn – hat es sogar zum Wikipedia-Eintrag gebracht. In der historischen Fischauktionshalle drängt sich das Volk zur Live-Musik beim Frühschoppen.
So 5–9.30, Okt.–März 7–9.30 Uhr,
Große Elbstr. 9, Altona, Tel. 040/
30 05 17 01 (Hamburg Tourismus),
www.hamburg-tourism.de

15 Matjes, Scholle und Stint

Sehr geordnet hingegen erscheinen drei der einfacheren Fischgerichte: Ein **Matjes** liegt brav neben Pellkartoffel und Bohnen, mit ausgelassenem Speck bedeckt die **Finkenwerder Scholle**, oft Finkwarder Scholle genannt, gern auch mit Krabben im Schlepptau. Und im Frühjahr, wenn der lachsartige **Stint** zum Laichen in die Elbe kommt, gibt es den kleinen Silberling frisch gefangen in jedem Restaurant am Elbufer, von Lauenburg bis ins Alte Land; gebacken, mit Butter und Salzkartoffeln: schön einfach und sehr delikat.

Restaurant Vlet, Am Sandtorkai 23/24, Tel. 040/33 47 53 75-0, Mo–Fr 12–15, 18–24, Sa 18–24 Uhr, www.vlet.de

Feine Leute tischen zu Weihnachten Gans auf, alle anderen **Rundstück warm**. Rundstück? So nennt der Norddeutsche

Gibt es nur zur Adventszeit: Hamburger Klöben, ein süßes Rosinenbrot aus Hefeteig.

Kulinarisches Lexikon

Alsterwasser: Ein Biermischgetränk. Als Biermixgetränke werden in Deutschland Getränke bezeichnet, die teilweise aus Bier bestehen und mit Cola, Limonade, Fruchtsäften oder anderen Zusätzen gemischt werden. Frisch zubereitete Getränkemischungen sind seit Beginn des 20. Jahrhunderts in der Gastronomie und in Haushalten verbreitet.

Braune Kuchen: Gehen auf ein 1782 entwickeltes Rezept der Altonaer Bäckerei und Konditorei Kemm zurück, bis 1889 in Familienbesitz. Sie werden mit Rübensirup und Lebkuchengewürz als dünne, rechteckige Kekse kross gebacken.

Fliederbeersuppe: Fruchtsuppe, aus dem Saft der Beeren des Schwarzen Holunders hergestellt und heiß mit Mehlklößchen oder Grießklößen serviert.

Hamburger Apfeltorte: Für eine echte Hamburger Apfeltorte werden die Äpfel zuvor in einer Pfanne angebraten und mit Weißwein abgelöscht, bevor man sie weiterverarbeitet.

Klöben: In der Weihnachtszeit gibt es Klöben, ein Hefegebäck mit Rosinen und Sukkade, das in Brotform gebacken wird.

Kopenhagener: Ein Plundergebäck, mit roter Marmelade oder Marzipan gefüllt.

Kümmel oder Kööm: Ein dem Aquavit ähnlicher, farbloser Getreidebranntwein.

Lütt un Lütt: Auf Deutsch – klein und klein. Dabei werden ein Bier und ein Kööm (Kümmel) aus einer Hand zusammen getrunken.

Maischolle: Anderes Wort für Finkenweder Scholle. Für viele Hamburger gehört die Maischolle zum Frühjahr wie die Gans zur Weihnachtszeit. Kleiner Tipp: Im Juni oder Juli schmecken die Fische meist noch besser, da sie sich vom anstrengenden Laichen erholen konnten.

Ochsensteert-Suppe: In Madeira (Wein) eingelegter Ochsensteert oder Ochsenschwanz ist ein Gericht der bürgerlichen Küche, das auf Hamburger Handel mit Portugal zurückzuführen ist und heute als Vorsuppe noch sehr beliebt ist.

Pannfisch: Fischstücke in Brühe gegart, dann in der Pfanne mit Bratkartoffeln gemischt und mit einer dicken Senfsauce gebunden.

Rauchfleischkloß: Gewürfeltes Rauchfleisch mit Milch, Ei und Butter vermengen und im Wasserdampf garen. Passt zu Kabeljau, Spanferkel und Schmorgerichten.

Rode Grütt: (Rote Grütze) wird mit Milch oder flüssiger Sahne gegessen.

Sauerfleisch Norddeutsche Art: Eingekochtes Sauerfleisch mit einem guten Schuss Weinessig in sülzeartiger Konsistenz.

Schwarzsauer: Traditionelles Gericht aus Blut (niederdeutsch Swattsuer oder Swartsuur).

Stubenküken: Es handelte sich um früh im Jahr gebrütete und tatsächlich in der Stube der Elbmarschbauern aufgezogene Küken, die jung geschlachtet wurden.

Wolfsbarschfilet mit Spargel:
Haute Cuisine zu akzeptablen Preisen.

16 Schlemmer-Sommer

Exklusive Bewirtung und Haute Cuisine zum knallhart kalkulierten Preis – diese Kombination bewährt sich in Hamburg schon seit 1998. Mehr als 100 Gaststätten, vom Restaurant »1700« im Hotel »Barceló« bis zum »Yoshi im Alsterhaus«, servieren zwei Monate lang Schlemmereien zum Sattwerden. Das Vier-Gänge-Sommermenü für zwei kann für 64 € genossen werden. Reservierung online.

Mitte Juni–Ende Aug., www.hamburg-kulinarisch.de

Sonntagmorgen, vor Sonnenaufgang: Auf dem Fischmarkt in St. Pauli bereiten Händler ihre Ware auf. Gleich kommen Nachtschwärmer und Touristen, um Rollmöpse und Aale zu kaufen.

das, was in Berlin die Schrippe und in München die Semmel ist – ein Brötchen. Halbieren, Scheibe Fleisch dazwischen, warme Sauce drüber, Gurke dazu, fertig. Macht warm und satt. Übrigens könnte das Rundstück warm Geburtshilfe für den Hamburger gegeben haben. Unter den zig Theorien über den Ursprung des Namens gibt es auch jene, der zufolge deutsche Einwanderer Pate für den Hamburger gestanden haben sollen. Zur Verbreitung des »Hamburg«, der damals noch ohne »er« auskam, habe die Weltausstellung 1904 in St. Louis beigetragen, auf der die Hackfleischbrötchen verkauft wurden. Die Ahnenforscher in Sachen Hamburger wissen nur eins ganz sicher, die ersten Buchstaben »Ham« haben nichts mit dem englischen »ham« (= Hinterschinken) zu tun. Den meisten Anhängern der Burgers ist die Herkunft ziemlich wurscht, Hauptsache die Mischung der Ingredienzen stimmt: viel Hack, wenig Brot.

Wenn in Hamburg von Brötchen die Rede ist, darf das legendenumrankte **Franzbrötchen** nicht unerwähnt bleiben. Der klebrig-fettige Zimtkringel wurde wahrscheinlich im 19. Jahrhundert von einem hanseatischen Bäcker kreiert, als Replik auf die Croissants, die Napoleons Truppen hier mit »Amüsemang« in ihre »gueules« – wörtlich übersetzt Mäuler – schoben.

Hotels

1 Hotel Atlantic Kempinski

Die Lage ist gut: Direkt an der Außenalster begrüßt das Hotel seine Gäste in einem lichtdurchfluteten Atrium. Das Haus ist ein Ruhepol mitten im quirligen Hamburg. 221 Zimmer und Suiten, nobel und luxuriös eingerichtet.

An der Alster 72–79,
Tel. 040/2888-0, ab 179 €,
www.kempinski.com/de/hamburg

2 Empire Riverside

Für Schwindelfreie: Die Bar 90 m über dem Elblauf, das Hotel 20 Stockwerke hoch. Das verspricht eine gute Sicht. Aber man kann sich natürlich auch in den unteren Stockwerken einquartieren lassen. Schnörkellose, schlichte Einrichtung und das alles mitten in St. Pauli.

Bernhard-Nocht-Str. 97,
Tel. 040/31119-0, ab 111 €,
www.empire-riverside.de

3 Fritzhotel

Oder doch lieber ein kleines Refugium? Fußläufig zum Hamburger Messeviertel und direkt gegenüber des S-Bahnhofes Sternschanze liegt dieses Haus mit nur 17 Zimmern und dem hübschen Beinamen »Fritz im Pyjama«. Kleine Zimmer, individuell schön gestaltet und smart zum Portemonnaie. Frühstücksraum? Nein, aber man kann die Brötchen mit aufs Zimmer nehmen.

Schanzenstr. 101–103,
Tel. 040/82222 83-0, ab 78 €,
www.fritzhotel.com

Ostsee-Idylle mit Strandkörben und Reetdächern: Das Haus am Grenzweg im Ostseebad Ahrenshoop – hier verläuft die Grenze zwischen Fischland und Darß-Zingst sowie jene zwischen Mecklenburg und Vorpommern.

Mecklenburg-Vorpommern

Süß und salzig, deftig und kräftig, aber immer öfter fein komponiert: Die Küche des nordöstlichen Bundeslandes überrascht mit eigenwilligen Gerichten. Man nehme ein Filet vom Dornhai, schichte es mit zarten Möhrchen, duftenden Waldboden-Champignons, zwei Stangen frisch gestochenem Spargel, gebe Ei-Sahne darüber, reibe Greyerzer Käse oben drauf, und ab in den Ofen. Serviert mit Weißbrotscheiben und Endiviensalat steht die typisch mecklenburgische **Seeaalplatte** auf dem Tisch. An der Vokalanhäufung ist der beliebte schlangenartige Fisch schuld, der vor der nordöstlichen Ostseeküste lebt. Sehr zum Gefallen vieler Gourmetköche, die sich im Land der tausend Seen ebenso wohlfühlen wie die Fische im Wasser.

Die althergebrachte pommersche Küche hat noch mehr zu bieten: Als sättigender Imbiss hält die **Buttermilchsuppe**, mit Speck und Zwiebeln vereint, genau das, was sie verspricht. Zur **Pommerschen Gans**, die eine gut Genährte ist, gibt es herzhaft mit Backpflaumen und Speck gespickte Bollen, **Pommernklöße**, die aus Tüften (Kartoffeln) zubereitet werden. Letztere werden auch zu **geschmortem Rippenbraten** gereicht, der raffiniert mit Backpflaumen und Äpfeln gefüllt ist. Wie in Norddeutschland häufig anzutreffen, kombiniert man in der Mecklenburger Küche sehr gerne süß und salzig. Auf der Tafel eines jeden Landgasthofs steht dann geschrieben: **Tüften mit Grünkohl** (und freilich Rosinen), **Tüften mit Flunder** (und vielleicht Backpflaumen). Nach dem Genuss der oft deftigen Speisen empfiehlt sich ein **Schnaps aus Sanddorn**. Der regt nicht nur die Verdauung an, sondern ist gespickt mit Vitamin C. Die orangefarbene Beere aus dem Dornenbusch wächst im gesamten Land und verfeinert so vieles – Torten, Tee, Creme, Honig, Zucker. Wohl aus schwedischer Siedlungszeit stammt der Rat, an jede Speise eine Prise Zucker zu tun. Wie etwa an einen **Schwarzbrotpudding**, der aus geriebenem, in Milch eingeweichtem Vollkornbrot besteht, mit Schokolade, Zimt, Rum und Nelken gekocht und heiß serviert wird. Wahre Kenner variieren: Sie geben Mandeln und Rosinen in die Brotmischung oder überraschen mit eigenen Kreationen.

1. Heringswochen auf Usedom
2. Fischer-Hütte
3. Jagdschloss Gelbensande
4. Kartoffelmuseum
5. Fischhandel und Räucherei Henry Rasmus
6. Fischerfest in Gaffelrigg
7. Grand Schlemm auf Usedom
8. Mecklenburger Pfingstmarkt
9. Warnemünder Matjesfest
10. Müritzfest
11. Hafenfest Karlshagen
12. Ückeritzer Kartoffelfest
13. Rügener Hornfischtage (ges. Insel)

Kulinarisches Lexikon

Arme Ritter: In Milch eingeweichte alte Brötchen, Zucker und Vanille dazu, danach in Fett oder Schmalz backen. Dazu passen Zwetschgenmus oder Konfitüre.

Eikspon: Eingetragener Markenname für einen Mecklenburger Landwein aus dem Weinbaugebiet Stargarder Land in der Nähe von Neubrandenburg.

Gänseflomen: Brotaufstrich aus der fetthaltigen Unterhaut der Gans, Spezialität aus Pommern.

Gänsespickbrust: Die Brust wird in der Mitte geöffnet, mit Salz, Salpeter, Pfeffer und Zucker eingerieben und dann wieder zugenäht, in Lake gepökelt und anschließend über Buchenholz heiß geräuchert.

Kliebensuppe: Mehlklößchen werden in heiße Milch gekippt und mit reichlich Zimt und Zucker gesüßt.

Mecklenburger Rippenbraten: Schweinebauch, mit Äpfeln, Pflaumen, Zwieback, Zimt gefüllt und mit braunem Rum verfeinert. Dazu passen Salzkartoffeln oder Klöße sowie Rotkohl.

Pommersche Biersuppe: Suppe aus hellem Bier und Vollmilch, abgeschmeckt mit Zimt, Kardamom und Zitronenabrieb, darin schwimmen krosse Croûtons.

Pommersche Tollatschen: Faustgroße Klöße aus Mehl mit Schweine- oder Gänseblut, in Wurstbrühe gar gekocht; werden in Scheiben geschnitten.

1 Heringswochen auf Usedom

Knapp 30 Gastronomen zwischen Karlshagen und Ahlbeck würdigen drei Wochen lang zwischen Mitte März und Mitte April den Hering. Krönender Abschluss: das Fest in Koserow mit Ehrung für den besten Koch.
www.usedom.de

2 Hornfisch

Hoch im Norden bestimmt die Saison das Angebot: Der Vorsommer bringt vielfältige **Hornfischgerichte** in die Gaststuben, die **Flunder** gibt es nur zwischen März und August, namentlich in allen Monaten ohne finales »R«, und sie ist nicht mehr, aber auch nicht weniger, als eine Scholle vom Grunde des baltischen Meeres.

Fischer-Hütte, An der Mühle 12, Greifswald-Wieck, tgl. 11.30–23 Uhr, Tel. 03834/839654, www.fischer-huette.de

3 Ostseelachs

Hinter einem **Schnäpel** verbirgt sich der **Ostseelachs**. Im Juni und Juli aus dem Bodden zwischen Rügen und Greifswald geangelt, wird der Fisch entweder in guter Butter gebraten und mit dicker Sauce serviert, manchmal aber auch nur in feinem Wein gedünstet. Der **Dorsch**, der Kabeljau der Ostsee, wird zwischen September und April zubereitet, häufig kredenzt mit feinwürziger Sahnesauce und viel Dill.

Zweitverwertung: Aus altem Weißbrot, mariniert und gebacken, werden »Arme Ritter«.

Jagdschloss Gelbensande, Am Schloss 1, Gelbensande, Mo–Do 11–20, Fr–So 10–22 Uhr, Tel. 038201/7735-35, www.jagdschloss-gelbensande.com

4 Kartoffelmuseum

Von solch »Etepetete« will der Kartoffelbauer nichts wissen, wenn er mit lehmbeklebter Hand seine **Tüften** in Jutetüten verpackt. Was andernorts »Pommes« genannt wird, kennt der Bauer in Mecklenburg als »gebokene Stifte von Tüften« – oder so ähnlich, denn Plattdeutsch klingt von Dorf zu Dorf anders. Dem Nachtschattengewächs wird sogar ein eigenes Museum gewidmet, das Kartoffelmuseum ist neben München und Fußgönheim in Rheinland-Pfalz erst das Dritte seiner Art in Deutschland.

Vorpommersches Kartoffelmuseum, Kirchpl. 7, Tribsees, April–Sept. Mo–Fr 9–12, 13–16, Okt.–März Mo–Do 9–12, 13–16 Uhr, Tel. 038320/649803, www.stadt-tribsees.de

Apropos: Der Name des östlichen Teils des Landes, Pommern, stammt nicht von der Kartoffel, sondern vom slawischen »po more« – am Meer. Hier sind Gerichte beheimatet, deren extravagante Namen man aber nicht wörtlich nehmen sollte: **Pommersche Hefeplinsen** sind schlicht Pfannkuchen, ebenso wie der **Pommersche Kaviar** nicht durch Fischeier glänzt, sondern aus Gänseflomen (Fettgewebe), Zwiebeln und Majoran zu Schmalz geköchelt wird.

5 Bismarckhering

Die möglicherweise bekannteste Spezialität der Region ist der **Bismarckhering**, ein sauer eingelegter Ostseehering, der seinen typischen Geschmack durch die Marinade aus Essig und Öl, Zwiebeln, Senfkörnern und Lorbeerblättern bekommt. Erfunden wurde er höchstwahrscheinlich in Stralsund vom Kaufmann und Fischhändler Johann Wiechmann. Als Bewunderer von Reichskanzler Otto von Bismarck schenkte er diesem zur Reichsgründung 1871 ein Fässchen mit den eingelegten Heringen und bat ihn, die Spezialität künftig »Bismarck-Hering« nennen zu dürfen. Der Fischhändler Henry Rasmus stellt heute in seinem Laden eine Kopie der Genehmigung aus, die Bismarck erteilte, das Original wurde im Krieg vernichtet. Außerdem schwört Rasmus, den Stralsunder Bismarckhering nach der »alten Wiechmannschen Geheimrezeptur« herzustellen.

Fischhandel und Räucherei Henry Rasmus, Heilgeiststr. 10, Stralsund, Tel. 038 31/ 28 15 38, www.bismarckhering.com

6 Fischerfest in Gaffelrigg

Wieck, ein schmucker 500-Seelen-Ortsteil von Greifswald, zieht alljährlich im Juli bis zu 50 000 Besucher an. Dann ist wieder »Gaffelrigg«, das Fischerfest mit Kutterregatta und Unterhaltungsprogramm. Die Pellerhütten der Wiecker Fischer dienen als Garküchen für allerlei Spezialitäten, es gibt natürlich Fisch aus der Pfanne, gebacken oder geräuchert.
Am malerischen Museumshafen laden viele Cafés und Restaurants ein, die historische Zugbrücke zum Kloster Eldena ist für Fußgänger passierbar.
Am 3. Juliwochenende, Greifswald-Wieck, Tel. 038 34/85 36 13 80 (Tourist-Info), www.greifswald.info

Kulinarischer Kalender

MAI

7 Grand Schlemm auf Usedom

An festlich gedeckten Tafeln maritime Köstlichkeiten schlemmen – mit Blick auf das Meer und die Füße im Sand. Für knapp 190 € kreieren Spitzenköche an einem Samstag Menüs für Genießer auf einer 5 km langen Strandmeile zwischen Ahlbecker und Bansiner Seebrücke.
www.grandschlemm.de

MAI/JUNI

8 Mecklenburger Pfingstmarkt

Zwischen Kurhaus und Seebrücke bieten am Pfingstwochenende zahlreiche Händler in Boltenhagen heimische Produkte zum Genießen, vom Sanddorngelee bis zur Wildschweinleberwurst, aber auch Textilien, Pflanzen, Keramik.

JUNI

9 Warnemünder Matjesfest

Mitte Juni beginnt die Matjessaison, und die rund 20 Stände auf dem Fischmarkt in Warnemünde feiern dies an einem Samstag mit Matjesfassversteigerung und Appetithäppchen zum Probieren. Wird verschoben, wenn der Frühling zu kalt ist und die Heringe noch nicht den nötigen Fettgehalt haben.

JULI

10 Müritzfest

Der Luftkurort Waren inmitten der Mecklenburgischen Seenplatte preist am zweiten Wochenende im Juli den Sommer mit Fischerstechen, Mittelaltermarkt und Rummel.
www.mueritzfest.de

JULI

11 Hafenfest Karlshagen

Bunte Hafenparty mit Schlemmereien und Höhenfeuerwerk im Binnenhafen der Achterwasser-Bucht auf Usedom am letzten Wochenende im Juli.
www.karlshagen.de/hafenfest

SEPTEMBER

12 Ückeritzer Kartoffelfest

Seit 1746 haben Kartoffeln einen festen Platz auf den Speisekarten der Insel Usedom. Auf dem alten Kurplatz in Ückeritz werden die Tüften Mitte September gebührend gefeiert – mit Kartoffelsackstemmen und jeder Menge kulinarischer Spezialitäten.
www.ueckeritz.de

⓭ Rügener Hornfischtage

Erst der Hering, dann der Hornfisch. Ein Blick auf den Kalender bestätigt das. Denn erst, wenn die Heringszeit vorbei ist, kann der Hornfisch gefangen werden. Sobald der Frühsommer naht, schwimmt dieser feine Atlantikfisch zum Laichen ans warme Ostseegestade. Was dem Fisch sein Pech, ist dem Angler sein Glück, der in diesen Wochen mit gefüllten Netzen an Land geht. Doch so populär wie der Hering ist der Kollege Hornhecht mit dem schönen lateinischen Namen »Belone belone« bis heute nicht. Und das hat einen simplen Grund: Die blaugrün gefärbten Gräten schrecken die Gäste. Dabei ist das dafür zuständige Pigment Biliverdin völlig ungiftig und hat noch einen großen Vorteil beim Verzehr. Beim Hornfisch muss man nicht nach Gräten stochern. Man sieht sie auf den ersten Blick. Und das ist gut so, meinen Lebensmitteltechniker. Alte Fischer haben für die Färbung allerdings eine viel hübschere Erklärung: »Der liebe Gott hat einfach zu tief ins Glas geschaut, als er die Hornhechte schuf.« Wie dem auch sei. Auf Rügen weiß man längst um die Delikatesse und feiert vom 1. Mai bis zum 1. Juni die Hornfischtage. Viele Restaurants machen mit und bringen den »Maifisch« auf den Tisch, gerne mit Stampfkartoffeln und Rhabarberkompott kombiniert.

Verschiedene Orte auf Rügen, Mai/Juni, Tel. 038 38/80 77-0, Tourismuszentrale, www.ruegen.de ▸ Veranstaltungen

Niedersachsen

Niedersachsen hat mit einer Küstenlinie von etwa 300 km einen bemerkenswerten Anteil an der Nordsee. Doch von der Landeshauptstadt Hannover bis an den Strand dauert die Autofahrt rund zweieinhalb Stunden. Da bietet das Steinhuder Meer vor der Haustür eine attraktive Alternative. Rund 30 km westlich liegt das Gewässer – es ist allerdings kein Meer, sondern der größte See Nordwestdeutschlands. Er breitet sich auf einer Fläche von 30 qkm aus und weist lediglich eine Tiefe von 1,35 m auf. Dementsprechend flach muss auch der Kahn sein, von dem aus im klaren Wasser nach **Aalen** gefischt werden kann. Auch bei den Getränken hat Niedersachsen einiges zu bieten, das in anderen Bundesländern unbekannt ist. Wolfenbüttel wartet beispielsweise mit dem Kräuterlikör **Jägermeister** und Braunschweig mit dem **Mumme-Bier**

Alte Bürgerhäuser und knorrige Bäume: Im Café »Lulu« in Hannover trifft man sich zum Plaudern und Entspannen.

auf – ein Gebräu mit ungewöhnlich langer Haltbarkeit und deswegen im Mittelalter ein Exportschlager. Einbeck im südlichen Niedersachsen hat sich bis heute als Bierstadt einen Namen gemacht. Hier – und nicht in München – wurde das Bockbier erfunden. Die Bayern haben es nur besser vermarktet. Die Einbecker entwickelten im 13. Jahrhundert ein Verfahren, das schwere und schnell verderbliche Gesöff durch Zugabe von Hopfen geschmacklich zu verbessern, haltbarer und dadurch transportfähig zu machen. Der Handel florierte. In Einbeck, damals Hansestadt, gab es bereits im 14. Jahrhundert rund 700 Brauherren, die mit dem süffigen Gold regen Handel trieben. Selbst Martin Luther soll das Einbecker Bier auf dem Reichstag in Worms 1521 gelobt haben: »Der Beste Trank, den einer kennt, der wird Einbecker Bier genennt.«

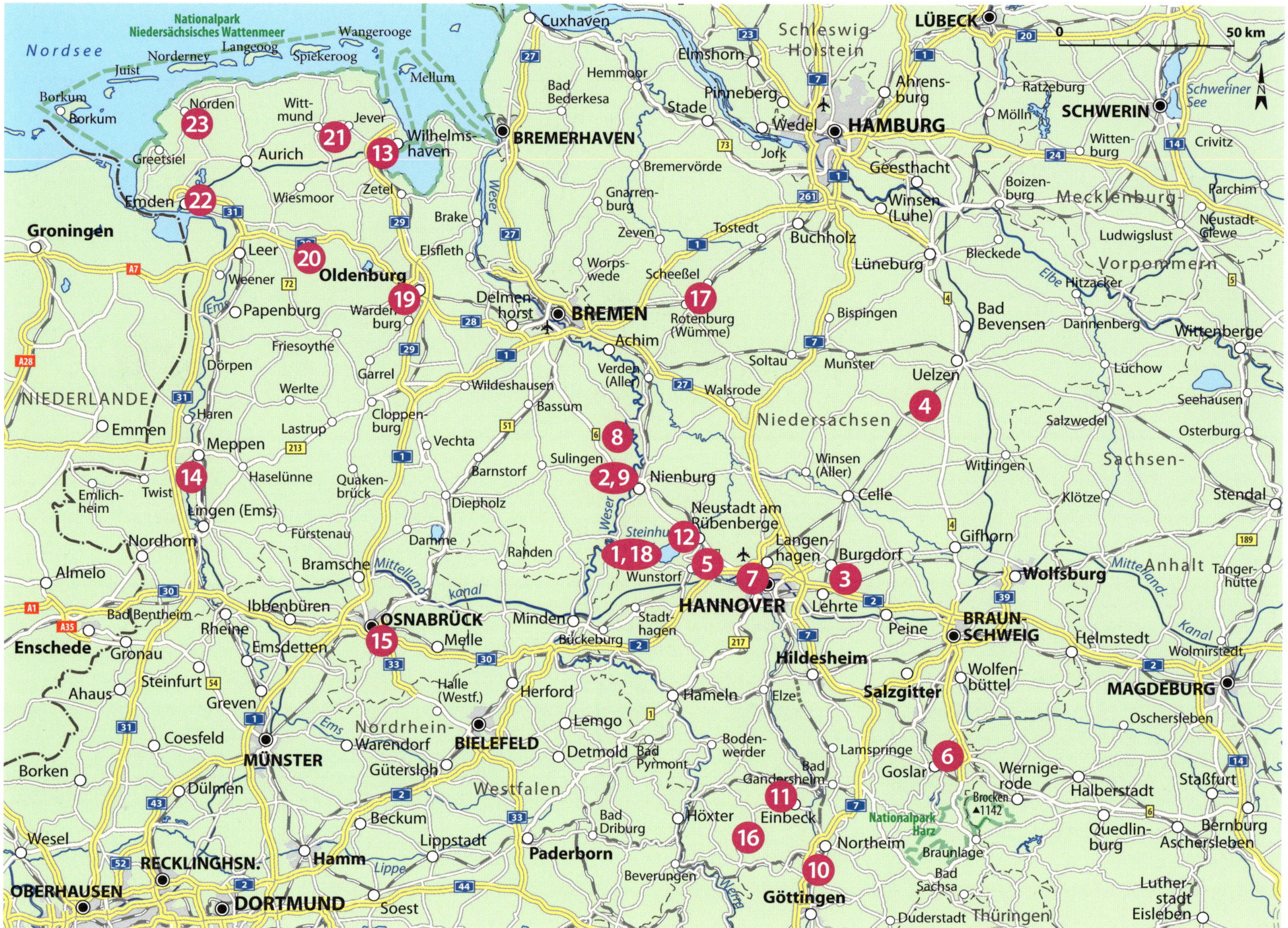

1 Schweer's Aalräucherei
2 Hasbergscher Hof
3 Hotel Restaurant am Försterberg
4 Das Haus am Landtagsplatz
5 Fischerkreidag
6 Brauhaus Goslar
7 Bahlsen Fabrikladen
8 Hof Schwarzes Moor
9 Nienburger Spargelmarkt
10 Gräflicher Landsitz Hardenberg
11 Einbecker Hoffest mit Mai-Ur-Bock-Anstich
12 Sektfest
13 Labskausessen
14 Buchweizenblütenfest
15 Osnabrücker Bierfest
16 Pekermarkt
17 Rotenburger Kartoffelmarkt
18 Fischtival
19 Ratskeller Oldenburg
20 Schinkenmuseum
21 Friesisches Brauhaus zu Jever
22 Emder Matjestage
23 Ostfriesisches Teemuseum

1 Steinhuder Räucheraal

Die hiesigen Bootsbauer haben eine eigene Konstruktion entwickelt, den Steinhuder Torfkahn, dessen Vorläufer bis in die Bronzezeit zurückgehen. An Land gezogen wird der schlangenförmige Fisch zum geschätzten **Steinhuder Räucheraal** verarbeitet. Bei der Herstellung können interessierte Besucher zuschauen und die frisch geräucherten Waren im knusprigen Brötchen genießen

Schweer's Aalräucherei, Alter Winkel 6, Steinhude am Meer, Mo–Sa 8–18, So 9–18, Restaurant: Di–So 11–17 Uhr, Tel. 050 33/ 84 67, www.schweers-fischerei.de

2 Spargelmarkt

Umgeben ist das Steinhuder Meer von einem Naturpark mit rekultivierten Moorgebieten. Im Norden sind es nur zehn Kilometer bis nach Nienburg, einem der Zentren des **Spargelanbaus**. Der dortige Grünmarkt wurde 2008 von den – deutschen – Jurymitgliedern der – deutschen – Stiftung »Lebendige Stadt« zu »Europas schönstem Wochenmarkt« ausgerufen.

Hasbergscher Hof, Wallstr. 5, Nienburg, Mo/Di/Do/Fr ab 17.30, Mi/Sa/So ab 9 Uhr, Tel. 050 21/600 05 55, www.hasbergscher-hof.de

3 Spargelstraße

Niedersachsen liefert etwa 20 % der deutschen Produktion und hat vor einigen Jahren eine **Spargelstraße** kreiert, die auf

Nienburg ist Spargelstadt: Das demonstriert der Spargelbrunnen von Helge Michael Breig.

etwa 750 km die wichtigsten Anbaugebiete verbindet. Neben Nienburg ist zum Beispiel auch in Burgdorf das feine Stangengemüse zum heimlichen Wahrzeichen geworden.

Hotel Restaurant am Försterberg, Immenser Str. 10, Burgdorf, Mo 18–21, Di–So 12–14, 18–21 Uhr, Tel. 051 36/880 80, www.hotel-am-foersterberg.de

4 Heidschnucken

Die Spargelstraße führt im Nordosten in eine der reizvollsten Gegenden des Landes, die Lüneburger Heide. Vor allem im

Kulinarisches Lexikon

Buchweizentorte: Besteht aus mit Buchweizenmehl gebackenen Biskuitböden, die mit Preiselbeerkonfitüre und Sahne geschichtet werden. Beliebt auch bei Allergikern: Buchweizenmehl enthält im Gegensatz zu Weizenmehl kein Gluten.

Ducksteiner: Obergäriges Bier von rötlicher Farbe, im 17. Jahrhundert erstmals in Königslutter am Elm gebraut.

Göttinger Feldkieker: Schnittfeste, luftgetrocknete Rohwurst aus Schweinefleisch, einer Mettwurst ähnlich. Für eine optimale Qualität sorgt das Fleisch von ausgereiften Schweinen, da es kerniger schmeckt und fester in der Konsistenz ist.

Gröner Hein: Eintopf aus Birnen, Bohnen, Speck und Kartoffeln. Für den Norden typische Verbindung von süßen und sauren Geschmacksrichtungen.

Hannoversches Zungenragout: Ragout aus Rinderzunge, Mettbällchen, kleinen Würstchen. Für die Sauce wird Mehl in einer Pfanne im Ofen unter Rühren gebräunt. Dann wird das Mehl mit Zungenbrühe verdünnt und mit dem Ragout vermengt.

Heißwecken: Kleine Rosinenbrötchen, die gerne zum Sonntagsfrühstück frisch aus dem Ofen serviert werden.

Welfenspeise: Schaumige Masse aus Milch, Eischnee und Vanille mit einer gelben Weinschaumcreme obendrauf. Weiß und Gelb sind die Hausfarben der Welfen, des einstigen Hannoverschen Königshauses.

Heide als Heimat: Heidschnucken sind eine Schafrasse aus der Lüneburger Heide mit grauem Fell und schwarzem Kopf.

Spätsommer präsentiert sich die traumhafte Landschaft von ihrer schönsten Seite. Eine Besonderheit stellen die **Heidschnucken** dar, eine Schafrasse mit schwarzem Kopf und langem, zotteligem, grauem Fell, deren Fleisch von der EU namensgeschützt ist: Der **Heidschnuckenbraten** bietet einen ganz speziellen kulinarischen Genuss – zart und wildartig herzhaft.

5 Fischerkreidag

Jedes Jahr im Mai, Freitag und Samstag nach Himmelfahrt, erinnert das traditionelle Fischerfest am Steinhuder Meer an das historische Gerichtstreffen der Fischerzunft. Torfkahnregatta, Fischermahl und regionale Aalspezialitäten gehören zum Programm.
Steinhuder Meer Tourismus, Meerstr. 2, Wunstorf/Steinhude, Tel. 05033/95010, www.fischerkreidag.com

Das Haus am Landtagsplatz, Am Landtagspl. 1, Suderburg/Hösseringen, Mi–So 10.30–21 Uhr (saisonal abhängig), Tel. 05826/7593, www.landtagsplatz.de

6 Goslarer Gose & Lüttje Lage

Das bayerische Adelsgeschlecht der Wittelsbacher ließ seit dem Jahr 1555 Einbecker Biertrecks nach München rollen. Herzog Maximilian I., Herzog von Bayern, war der Import des Luxusguts auf Dauer zu teuer. Kurzerhand warb er Elias Pichler, einen Einbecker Braumeister, nach München ab. Der braute nun im Hofbräuhaus sein »Ainpockisch Bier«. Im Laufe der Zeit wurde »Ainpockisch« zum »Bockbier«, wie man es heute kennt. Die Kaiserstadt Goslar ist eine der wenigen Städte, die eine eigene Biersorte hat, die **Goslarer Gose**. Nach überlieferter Rezeptur wird die Spezialität mit der Zugabe von Koriander und Salz gebraut. Lokalpatrioten stoßen übrigens mit einem kräftigen »Goseanna« an.

Die **Lüttje Lage** ist originär aus Hannover und darf nur dort so genannt werden. Sie ist im Gegensatz zum hellen Bier des Schwestergetränks **Lütt und Lütt** aus Hamburg ein obergäriges, dunkles Schankbier, das zusammen mit einem Schnaps gleichzeitig aus speziellen Gläsern getrunken wird – ein Prozedere, das nur Geübten empfohlen sei. »Erfunden« wurde das in anderen Ländern als »Herrengedeck« bekannte Ritual wahrscheinlich bei den zahlreichen Volks- und Schützenfesten. Dabei wird ein kleines Glas mit dem obergärigen Lüttje-Lagen-Bier zwischen Daumen und Zeigefinger genommen, der Kornbrand parallel mit Mittel- und Ringfinger gehalten. Allein dies ist schon eine kleine Kunst. Die Perfektion erlangt, wer beide Gläser in einem Zug leert, wobei das Schnapsglas beim Trinken über dem Bierglas liegt. Da dies nicht immer unfallfrei vonstattengeht, haben die Hannoveraner eine eigens gefertigte Lüttje-Lage-Schürze entwickelt, die vor Spritzern schützt.

Brauhaus Goslar, Marktkirchhof 2, Goslar, So–Do 11–23, Fr/Sa 11–24 Uhr, www.brauhaus-goslar.de

7 Bahlsen-Kekse

Die bekannteste Spezialität der Landeshauptstadt sind übrigens … Kekse. Hermann Bahlsen bringt 1891 den »Leibniz

❽ Heidschnuckenbraten

Neben Bienen sind die Herden der Heidschnucke wichtige Helfer, um die Lüneburger Heide zu schützen. Schnucke stammt von »Schnökern« (Naschen), da das Tier sich gern vielseitig u. a. von Laub, Gräsern und Heidekraut ernährt. So schmeckt das zarte, fettarme Fleisch nicht nach Schaf, sondern wildbretartig. Klassischerweise werden Keule, Rücken oder Ragout zu Kartoffeln, Kroketten oder Knödeln mit Pfifferlingen, Rotkohl oder Bohnen gereicht, dazu mit Preiselbeeren gefüllte Birnenhälften. Schmoren auf Heu mit Heidekraut ergibt einen sehr würzigen Geschmack, eine Wacholderrahmsauce aus regionalen Beeren ergänzt den Genuss. In Restaurants garantiert ein prächtig gehörnter Bock auf grünem Gütesiegel die Echtheit des Bratens. Und auch europaweit ist die Herkunftsbezeichnung des Lüneburger »Heidenaschers« geschützt. Wer die Heidschnucken am heimischen Herd selbst zubereiten möchte, kann – am besten nach Voranmeldung – beim Bio-Hof Schwarzes Moor das Fleisch samt Rezepten erwerben.

Hof Schwarzes Moor, Am Stührberg 4 und 6, Balge, Tel. 050 22/89 12 26, www.hofschwarzesmoor.de

9 Nienburger Spargelmarkt

An einem Wochenende in der zweiten Maihälfte steht die Nienburger Innenstadt mit ihren Fachwerkhäusern zwei Tage lang im Zeichen der weißen Stangen. Außer zahlreichen Ständen auf dem Kirchplatz, an denen das Edelgemüse in vielen Varianten gekostet werden kann, erleben die Besucher einen Spargellauf und die Kür der Spargelkönigin.
Mittelweser-Touristik, Lange Str. 18, Nienburg, Tel. 05021/917630, www.nienburger-spargel.de

Cakes« auf den Markt, schon damals mit den charakteristischen 52 Zähnen. Bahlsen taufte den Keks nach dem seinerzeit bekanntesten Hannoveraner, dem Universalgelehrten Gottfried Wilhelm Leibniz. Damals wie heute wählte man Slogans, die das Selbstbewusstsein der Markeninhaber spiegeln, um den Keks an den Mann und v. a. die Frau zu bringen. Etwa: »Was ißt die Menschheit unterwegs? Na selbstverständlich Leibniz Cakes!« Im Jahr 1898.

Bahlsen Fabrikladen, Markthalle, Karmarschstr. 49, Hannover, Mo–Fr 9–18, Sa 9–16 Uhr, www.markthalle-in-hannover.de

10 Danziger Goldwasser

Feine Spirituosen finden Kenner weiter südlich, in der **Hardenberger Kornbrennerei** in Nörten-Hardenberg unweit von Göttingen. Von hier stammen edle Spirituosen, über die sich die Besucher vor Ort informieren können. So erfährt man bei Führungen durch die Wilthener Weinbrennerei nicht nur, wie Korn gebrannt wird, sondern auch, warum das **Danziger Goldwasser** mit Goldblättchen verfeinert wird.

Gräflicher Landsitz Hardenberg, Vorderhaus 2, Nörten-Hardenberg, Tel. 05503/9810 (Führungen & Hotel), www.der-hardenberg.com

Aus dem Harzvorland stammt ein Käse, der sowohl berühmt als auch berüchtigt ist – auf der einen Seite für seinen kräftigen Geschmack, auf der anderen Seite für seinen intensiven Geruch. Dabei ist es für den **Harzer Käse** – auch Harzer Roller oder nur Harzer genannt – entscheidend,

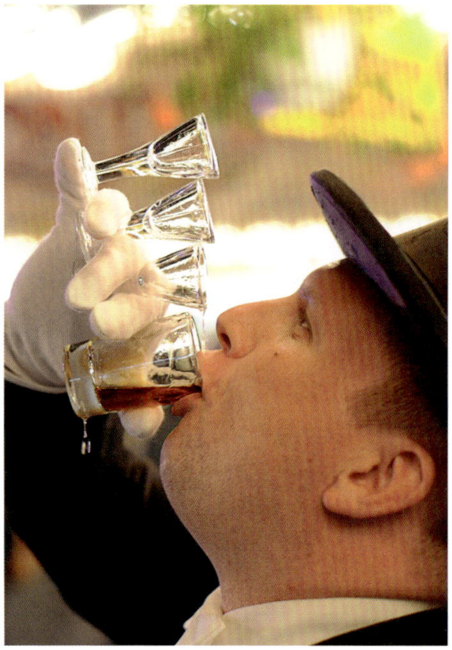

Gekonnt: Ein Hannoveraner Bruchmeister demonstriert, wie »Lüttje Lage« gekippt wird.

Kulinarischer Kalender

MAI

11 Einbecker Hoffest mit Mai-Ur-Bock-Anstich

Am 1. Mai oder am letzten Samstag vor demselbigen lädt das Einbecker Brauhaus zum Hoffest. Das Fass sticht traditionell der oder die Bürgermeister/in an. Zuvor Fanfarenzug und kleiner Biertreck durch die Innenstadt.
www.einbecker.de

JUNI/JULI

12 Sektfest

An einem Freitag und Samstag kurz vor den Sommerferien wird Schloss Landestrost in Neustadt am Rübenberge zur Kulisse für ein Fest mit Sekt und Wein, Prosecco, Bränden und Likören der Sektkellerei Duprès-Kollmeyer, der Einzigen in Niedersachsen – garantiert alle zwei Jahre, ab und an aber auch jedes Jahr.
www.dupres-kollmeyer.de

13 Labskausessen

Das größte Labskausessen der Welt ereignet sich an einem Samstag Mitte Juli in der Wilhelmshavener Innenstadt. Zahlreiche Hotel- und Schiffsköche bereiten die traditionelle Seefahrermahlzeit zu, die aus Rindfleisch, Matjes, Rote Bete, Kartoffeln, Salzgurken und Zwiebeln besteht.
www.wilhelmshaven-touristik.de
▸ Veranstaltungen

14 Buchweizenblütenfest

Am letzten Sonntag im Juli wird das Buchweizenblütenfest im Moormuseum des Geester Ortsteils Groß Hesepe gefeiert. Im Mittelpunkt steht eine →

→ emsländische Spezialtät, der Buchweizenpfannkuchen, bei der der Teig mit Tee oder Kaffee und Schmand angerührt wird.
www.moormuseum.de
▸ Veranstaltungen

AUGUST

15 Osnabrücker Bierfest

Mitte August treffen sich in Osnabrück auf dem Marktplatz vor dem historischen Rathaus Freunde des Gerstensafts zum Probieren unterschiedlicher Bierspezialitäten.
www.osnabrueck.de ▸ Tourismus
▸ Veranstaltungshighlights

SEPTEMBER

16 Pekermarkt

Hier dreht sich alles um die Uslarer Spezialität – gebackene Kartoffeln, serviert mit Mett, Zwiebeln und etwas Butter. Am zweiten Sonntag findet jährlich das Stadtfest mit buntem Unterhaltungsprogramm statt.
www.uslar.de ▸ Veranstaltungen

17 Rotenburger Kartoffelmarkt

Am letzten Samstag huldigt Rotenburg an der Wümme den vielseitigen Erdknollen: Gebraten, fritiert, als Chips, mal süßlich, mal scharf oder als Schnaps – die Kartoffel ist hier so beliebt, das man ihr sogar ein Denkmal errichtet hat, genannt Knolli.
www.knolli.com

18 Fischtival

Am zweiten Wochenende im September zeigen die Steinhuder Fischfreunde im historischen Alten Winkel in Steinhude, was man aus dem Meerestier kulinarisch zaubern kann: Räucherfisch und Feuerlachs, Fischbrötchen und Scampi …
www.steinhuder-meer.de

Bekannt pikante Sauermilchspezialität: Harzer Käse stammt ursprünglich aus dem Harzvorland, wird heute aber fast ausschließlich in den umliegenden Regionen produziert.

bei welcher Temperatur er gegessen wird und in welchem Reifegrad er sich befindet. So können Genießer wählen, ob sie ihn lieber mild, aromatisch oder kräftig haben möchten.
Besucher des Harzes sollten unbedingt eine der zahlreichen Variationen des **Windbeutels** versuchen, die in der Region angeboten werden. Das Brandteiggebäck wird nicht nur süß, zum Beispiel mit Schattenmorellen oder Heidelbeeren gefüllt, sondern auch herzhaft – mit geräuchertem Lachs, Sahnemeerrettich und Zwiebeln, mal mit Harzer Käse, mal mit Heringsfilet oder Hirschschinken aufgetischt. Die einfachste Art, die typische Küche des Landes kennenzulernen, bietet sich in einem der mehr als 80 Restaurants an, die den **Niedersachsenteller** servieren: Gerichte aus der Region – schmackhaft und günstig. Die Reise durch Niedersachsen kann so zu einer Tour der vielfachen kulinarischen Überraschungen (www.niedersachsentel ler.de) werden.

19 Grünkohl

Wenn es Winter wird, tischen die Gastronomen **Grünkohl** auf, vor allem im Oldenburger Land, wo das Gemüse beinahe kultisch verehrt wird. Bei Stadtrundgängen in Oldenburg, der Kohltourhauptstadt – wird dem staunenden Touristen erklärt, warum das bekannteste traditionelle Gericht Norddeutschlands mit **Pinkel** ser-

Deftiger Klassiker der hiesigen Landküche: Grünkohl mit Pinkel wird vor allem im Oldenburger Land nahezu kultisch verehrt und gefeiert.

viert wird. Zum einen rührt der Name von der Umhüllung der Wurst her, dem sogenannten Pinkel, dem Rinderdarm. Und zum anderen tropft die fettreiche Grützwurst beim Räuchern noch lange nach, sie »pinkelt« also.

Ratskeller Oldenburg, Markt 1, Oldenburg, tgl. 11–24 Uhr, Tel. 0441/92500 01, www.ratskeller-oldenburg.de

Übrigens: Ärgster Kohl-Konkurrent Oldenburgs ist Bremen – die Hansestadt versteht diese Kulturpflanze als ihre ureigenste Spezialität. Zudem ist der Brauch der Kohlfahrten weit verbreitet. Der Ausflug durch die Natur – begleitet von allerlei Spielen und ausreichend alkoholischen Getränken zum Aufwärmen – endet meist in einem Landgasthof, in dem der Kohl in verschiedenen Varianten serviert wird.

20 Ammerländer Schinken

60 km nordwestlich der Hansestadt verstehen sich die Ammerländer auf kulinarische Besonderheiten: So servieren sie **Smoortaale** – plattdeutsch für Räucheraal – aus dem Zwischenahner Meer, einem See am namensgebenden Kurort. Bekannt sind auch das herzhafte **Ammerländer Schwarzbrot** und der **Schinken**, dem in Apen gar ein eigenes Museum gewidmet ist. Seit 1748 untergebracht in der ältesten Schinkenräucherei des Ammerlandes.

Schinken-Museum, Hauptstr. 212, Apen, April–Sept. Mi–Sa 9–13, Mi–Fr 15–18 Uhr, Tel. 04489/6501, www.schinkenmuseum.de

21 Pilsener Bier

Zu einem abgehangenen Schweinehintern passt am besten ein kühles Nass, hier im Norden ein Pilsener aus dem Friesischen Brauhaus zu **Jever**, das seinen Standort zum Markennamen erhob. Jedes Jahr im September ist die Stätte Publikumsmagnet der Region. Auf dem Brauereihoffest gibt es neben Bier vor allem Livemusik und gute Laune.

Friesisches Brauhaus zu Jever, Elisabethufer 18, Jever, Tel. 04461/13-0, www.jever.de

22 Emder Matjestage

Im Zeichen der Salzheringe steht die Seehafenstadt Emden am letzten Wochenende im Mai. Ein Hauch längst vergangener Seefahrerromantik zieht mit den Traditionsschiffen in Binnenhafen und Ratsdelft ein. Shanty-Chöre und Livebands feiern den Matjes, der auf dem Fischmarkt in zahlreichen Variationen angeboten wird.

Tourist-Info Emden, Bahnhofspl. 11, Emden, Tel. 04921/9740-0, www.matjestage.de

㉓ Tee und Torte auf Ostfriesisch

Direkt hinterm Deich, in Norden am Wattenmeer, ist das Teemuseum zu finden. Nicht nur die Rituale der Ostfriesen stehen im Mittelpunkt, auch jene der Chinesen, Japaner und Engländer kommen nicht zu kurz. Besucher können an einer ostfriesischen Teezeremonie teilnehmen.

Teetrinker sind Puristen, die ungern andere Geschmäcker neben sich dulden. Doch bei der Ostfriesentorte werden die meisten schwach: Dieser Kuchen aus Biskuitböden, reichlich Sahne und Branntweinrosinen wird hier gern zum traditionellen Nachmittagstee gereicht.

Ostfriesisches Teemuseum, Am Markt 36, Norden, Tel. 04931/ 12100, März/April Di–So 11–16, Mai/Juni Di–So 10–17, Juli/Aug. tgl. 10–17, Sept./Okt. Di–So 10–17, Nov.–Feb. Mi/Sa 11–16 Uhr, www.teemuseum.de

Hansestadt ist Kaffeestadt: Lloyd Caffee mit Shop und Café ist die älteste Rösterei, die noch handwerklich die Bohnen bearbeitet.

Bremen

Knipp und Pluckte Finken, Kükenragout und Wickelkuchen! Bremer Spezialitäten lesen sich für Außenstehende wie ein Buch mit sieben Siegeln. Bei diesen Hanseaten ist ohnehin nicht alles so, wie im Rest Norddeutschlands: Das **Labskaus** beispielsweise ist saftiger als jenes in Hamburg oder Lübeck. Der Kohl ist ein Braun-, kein Grünkohl. Doch trotz aller Unterschiede, eines gilt auch für die traditionelle Bremer Küche: Sie ist deftig und reichhaltig. Der Zwei-Städte-Staat im Herzen Niedersachsens, das nach dem Zweiten Weltkrieg von den Briten besetzt war, sicherte den Amerikanern den Zugang zum Meer. Bremerhaven wurde zum Versorgungshafen der US-Army, unter anderen ging hier 1958 Elvis Presley an Land.

Der Zugang zur Nordsee machte Bremen zur Handelsmacht und öffnete sie für Einflüsse aus dem Ausland. Kulinarisch war die regionale Küche jedoch immer darauf angewiesen, was die Fischer und die Bauern anboten: Fisch, Kohl, Kartoffeln, Äpfel. Daraus entstanden schmackhafte Eintöpfe wie **Pluckte Finken** oder Delikatessen wie das Kükenragout aus dem Fleisch sehr junger Hühner, verfeinert mit Flusskrebsschwänzen, Krabben und jeder Menge Gemüse. Eine wichtige wirtschaftliche Rolle spielt/e der Import von Kaffeebohnen. 1673 erhielt ein Holländer die erste Ausschankgenehmigung in Deutschland. Noch heute sitzen die vier größten **Röstereien** in Bremen und dem Umland. Pro Monat werden hier 84 Mio. kg Kaffeebohnen umgeschlagen. Übrigens: Wenn die Hanseaten sich zum Kaffeetrinken treffen, gehen sie »kaffeesieren«.

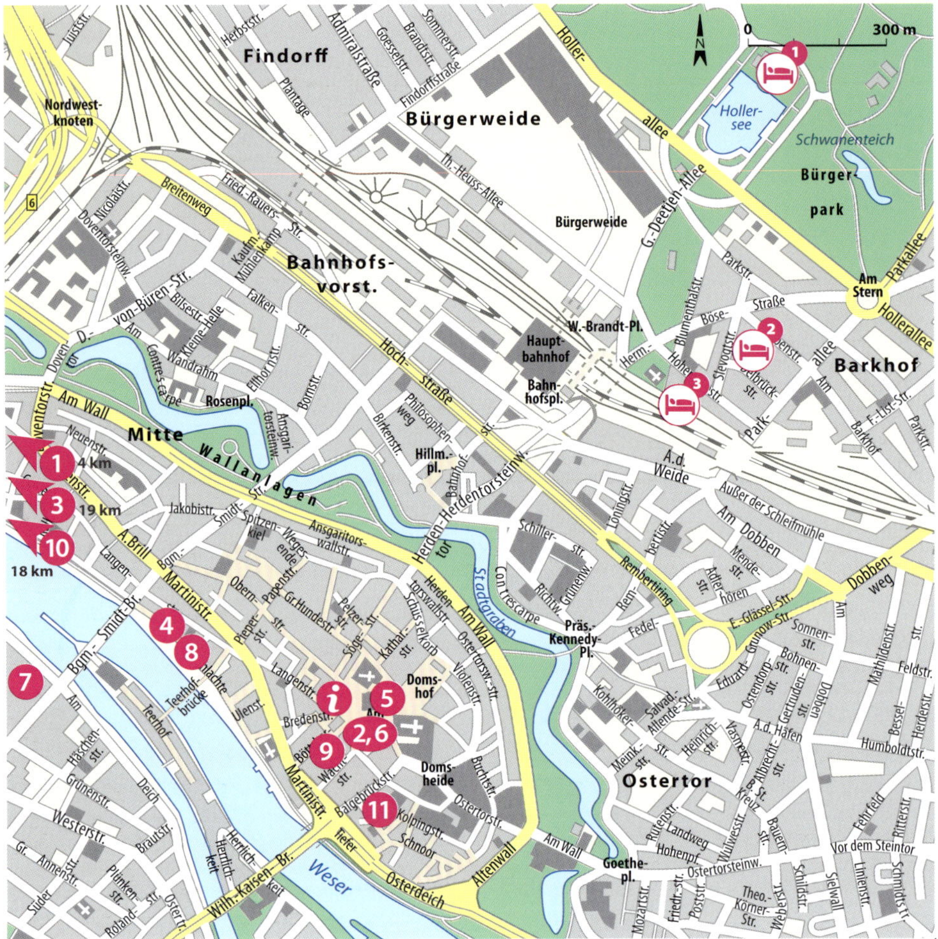

1 Lloyd Caffee
2 Bremer Chocolade-Fabrik Hachez
3 Restaurant Zur gläsernen Werft
4 Bremer Kajenmarkt
5 Schaffermahlzeit
6 Bremer Ratskeller
7 Beck's Besucherzentrum
8 Feldmann's Bierhaus
9 Schüttinger Gasthausbrauerei
10 Vegesacker Hafenfest
11 Gasthof zum Kaiser Friedrich
Hotel 1 Dorint Park Hotel
Hotel 2 Hotel Bölts Am Park
Hotel 3 Hotel Residence

1 Lloyd Kaffee

Lloyd Caffee ist die älteste, noch immer handwerklich traditionell arbeitende **Kaffeerösterei** der Hansestadt. 1930 von Albert Laube gegründet, werden seitdem die grünen Bohnen bei niedrigen Temperaturen langsam und schonend in satt braune Bohnen umgewandelt. In dem sehenswerten denkmalgeschützten, ehemaligen Kaffee-HAG-Werk II ist jetzt die »Gläserne Rösterei« untergebracht, wo sich Besucher in Seminaren und Führungen über das »braune Gold« informieren können. Im Café kann man die unterschiedlichen Kaffeesorten verkosten und selbstverständlich auch kaufen.

Lloyd Caffee, Fabrikenufer 115,
Tel. 0421/38332211, Mo–Fr 8.30–17,
Sa/So 11–17 Uhr, www.lloyd-caffee.de

2 Hachez Schokolade

Hachez klingt französisch, ist aber eine ureigene Bremer Erfolgsgeschichte: Gegründet 1890 von Joseph Emile Hachez, einem Bremer, dessen Familie aus Belgien stammte. Ein Klassiker des Schokoladen- und Pralinensortiments sind die **Braunen Blätter**, die der spätere Inhaber Otto Friedrich Hasse 1923 kreierte. Sehenswert sind nicht nur die Leckereien, sondern auch das Ladengeschäft im Deutschen Haus am Markt, welches bereits um 1400 errichtet wurde.

Hachez Chocolatier, Am Markt 1,
Tel. 0421/3398898, Mo–Fr 10–18.30, Sa
10–18 Uhr, www.hachez.de

3 Braunkohl

Grünkohl, das norddeutsche Kultgemüse, wird in Bremen **Braunkohl** oder Brauner Kohl genannt. Über das Warum sind verschiedene Theorien im Umlauf: Heftig bestritten wird der Ansatz aus Braunschweig, Grünkohl stamme von dort und heiße deswegen so. Kopfschütteln löst die Begründung aus, er nehme diese Farbe an, wenn er mehrmals aufgewärmt werde. Am glaubhaftesten ist da immer noch die Theorie, dass früher im Raum Bremen und Oldenburg der sogenannte Langkohl angebaut wurde, der bräunlich-violette Blätter trug.
Wenn der erste Frost einsetzt, beginnt die Zeit der Kohlfahrten: Eine Gruppe von Gleichgesinnten zieht mit dem Bollerwagen über Land, inszeniert unterhaltsame Spiele und wärmt sich mit allerlei Hochprozentigem. Höhepunkt: die Einkehr zum gemeinsamen Grün- bzw. Braunkohlessen. Mittlerweile bieten viele Restaurants im Januar und Februar organisierte Kohlfahrten an.

Edle Pralinés: »Hachez Chocolade«, ein Bremer Traditionsunternehmen.

Restaurant Zur gläsernen Werft, Schulkenstr. 2, Tel. 0421/6989489, Di–So ab 10 Uhr, www.zur-glaesernen-werft.de
▸ Kohlfahrten

4 Bremer Kajenmarkt

An der Schlachte, der Weserpromenade, präsentiert sich Bremen bei diesem Kunsthandwerkmarkt maritim: Die Gastronomie bietet samstags (10–16 Uhr) in bezaubernder Atmosphäre von Anfang Mai bis zum letzten Septemberwochenende Austern, Krabbenbrot, Haifischsteak und internationale Gerichte an.
www.bremen-tourismus.de
▸ Shopping ▸ Märkte

5 Schaffermahlzeit

Ohnehin scheint den Bremern die soziale Komponente des Essens wichtig zu sein. Die Bremer **Schaffermahlzeit** ist das älteste wiederkehrende Brudermahl der Welt. Ursprünglich symbolisierte es die enge Verbindung zwischen Seefahrern und Kaufleuten. Bei dem sechsgängigen Menü werden Spenden gesammelt, die zur Unterstützung in Not geratener Seeleute und

Kulinarisches Lexikon

Babbeler: Zuckerstangen zum Lutschen mit Pfefferminz oder Menthol. 1886 von Albert Friedrich Bruns erfunden, dessen Familie »die längsten Hustenbonbons der Welt« noch heute in Bremen produziert.

Bremer Kaffeebrot: Weißbrot aus Hefeteig mit Butter, Zucker und Zimt, mal als Laib, mal als geröstete Scheiben. Das Gebäck wird in den Kaffee gestippt (getunkt).

Heißwecken: Süße Brötchen aus Hefeteig und Rosinen, die mit Butter und Konfitüre bestrichen werden.

Klaben: Bremer Variante des Weihnachtsstollens; wird weder mit Butter eingepinselt noch gezuckert. 1593 erstmals erwähnt.

Kluten: Relativ weiche Zuckermasse mit Pfefferminz, die zu einer Hälfte mit Schokolade überzogen ist.

Pluckte Finken: Seemanns-Eintopf aus gelben Rüben sowie geräuchertem Pökel- oder Ochsenfleisch. Zutaten werden in Würfel geschnitten, die Karotten mit Wasser und Butter gegart und alle Zutaten in Essig aufgekocht.

Stinte: 15 bis 18 cm große Fische mit silbrigfarbenen Flanken und ihrem charakteristischen Geruch nach frischen Gurken. Stinte werden in Roggenschrot gewälzt und gebraten.

Wickelkuchen: Hefeteiggebäck, gefüllt mit Mandeln, Marzipan, Mohn oder Nüssen. Wird gerne in Kaffee gestippt (getunkt).

Bummelmeile: Die Schlachte ist Bremens Promenade mit großem Angebot an Essen und Trinken. Allein die Biergärten fassen mehr als 2000 Besucher.

ihrer Angehörigen verwendet werden, seit einigen Jahren auch zur Förderung von Studentinnen und Studenten der Nautik. Seit 1545 trifft man sich alljährlich am zweiten Freitag im Februar im Bremer Rathaus, mittlerweile gehören auch Politiker und wichtige Wirtschaftsvertreter zu den 300 Gästen.

www.schaffermahlzeit.de

6 Wein aus dem Ratskeller

Seit der Erbauung des Rathauses 1405 wird in dessen Gaststätte Wein ausgeschenkt. Der Ratskeller lagert zwischen 120 000 und 150 000 Flaschen, etwa 650 unterschiedliche Sorten und besitzt damit die weltweit größte Sammlung deutscher Qualitätsweine, darunter auch den ältesten deutschen Fasswein – **Rüdesheimer Rose** – aus dem Jahr 1653. Vom neuen Jahrgang wählt der Kellermeister jedes Jahr 150 Tropfen für den Ratskeller aus. Führungen durch die weit verzweigten Keller bietet sowohl das Haus selbst als auch die Bremer Touristik-Zentrale an, der Ratskeller verkauft Weine online und selbstverständlich vor Ort.

– Bremer Touristik-Zentrale, Langenstraße/Marktplatz, Tel. 0421/308 00 10, Ratskeller-Führungen Jan.–Mitte Nov. Fr 16, ab März zusätzlich Fr 15 Uhr
– Weinverkauf im Bremer Rathaus, Schoppensteel 1, Tel. 0421/33 77 88, Mo–Fr 9–18, Sa 9.30–15 Uhr, www.ratskeller.de

7 Beck's Bier

Viel bekannter ist der Stadtstaat aber für seine Biere. 1873 gründete der Braumeister Heinrich Beck mit Partnern die »Kaiserbrauerei Beck & May«, die heute zum weltgrößten Bierkonzern »Anheuser-Busch InBev« gehört und unter **Beck's** firmiert. Eine Tour durch die Brauerei zeigt den Rohstoffraum und das Sudhaus, die Malzsilos und Lagertanks. Im Museum lernt man das »St. Pauli Girl«-Bier kennen, das in den USA zu den meistverkauften Marken zählt, in Bremen gebraut wird, in Deutschland aber nicht erhältlich ist.

Beck's Besucherzentrum, Am Deich 18/19, Tel. 0421/50 94-55 55, Do–Sa, www.becks.de ▸ Besucherzentrum

8 Haake-Beck Bier

Für Bremen und das Umland braut Beck's das **Haake-Bier**, und unter den acht Sorten ist das »Kräusen«, ein naturtrübes Pils, eine besondere Spezialität: Die Bierhefe aus eigener Zucht, die bei anderen Sorten herausgefiltert wird, bleibt hier erhalten und prägt den trüben Charakter.

Feldmann's Bierhaus, Schlachte 19/20, Tel. 0421/1689192, Mo–Fr ab 11, Sa/So ab 10 Uhr, www.feldmanns-bierhaus.de

9 Schüttinger Bier

Das **Schüttinger** ist die älteste Hausbrauerei der Stadt. Seit 1990 wird wieder ein untergäriges, unfiltriertes Bier produziert und an langen rustikalen Holztischen getrunken. Geselligkeit wird hier großgeschrieben, Bustouristen sind willkommen. Aus der Küche kommen hanseatisch deftige Gerichte, z. B. Bremer Labskaus. Es wird im Gegensatz zur Hamburger Variante nicht aus Pökelfleisch, sondern Schweine- und Rindfleisch gemacht und auch mit Rote Bete und Spiegelei serviert.

Schüttinger Gasthausbrauerei, Hinter dem Schütting 12/13, Tel. 0421/3376633, Mo–Fr ab 12, Sa ab 11, So 11–22 Uhr, www.friesenhof-hb.de ▸ Schuettinger

10 Vegesacker Hafenfest

Seit 1980 wird im Stadtteil Vegesack das Hafenfest gefeiert – rund um den ältesten künstlichen Hafen Deutschlands, einst Heimat der größten deutschen Heringfangflotte und sogar einer Walfangflotte. Am ersten Wochenende im Juni bieten viele kleine Kutter und große Schiffe, allen voran das Schulschiff »Deutschland«, ein bemerkenswertes Panorama. Schiffsbesichtigungen, Kutterpullen und ein vielseitiges Landprogramm mit Musik auf drei Bühnen, Seemanns-Chören, Straßenkünstlern sowie einem breiten Angebot an Gaumenfreuden.

www.hafen-vegesack.de ▸ Programm

11 Knipp und Matjes

Knipp ist eine der **Pinkel** verwandte Grützwurst, die aus Hafergrütze, Schweinskopf, Schweinebauch, Schwarte, Rinderleber und Fleischbrühe hergestellt wird. Sie wird in der Pfanne angebraten und kommt wie eine Frikadelle auf den Teller. In vielen Häusern, wie z. B. dem »Gasthof zum Kaiser Friedrich«, werden dazu Bratkartoffeln und Gewürzgurken gereicht, manchmal auch Vollkornbrot oder Salzkartoffeln.
Der Gasthof im einstigen Fischerviertel, dem »Schnoor«, gehört zu den ältesten der Stadt, erbaut 1630 im barocken Stil. Die Innenausstattung ist seit Jahrzehnten unverändert charmant. Mit Beginn der Matjes-Saison läuft die Küche zur Hochform auf: **Matjes-Tapas** und **Matjes-Tatar**, auf Schwarzbrot und mit Speckbohnen – und mit Currysauce und gebackenem Apfel!

Gasthof zum Kaiser Friedrich, Lange Wieren 13, Tel. 0421/326429, Mo–Sa ab 12 Uhr, www.kaiserfriedrich.de

Hotels

1 Dorint Park Hotel

Das Grandhotel mit stilvollen Zimmern und Suiten, Fest- und Konferenzräumen liegt im Landschaftspark der Hansestadt und steht unter Denkmalschutz. Den ruhigen Aufenthalt im Grünen mitten in der Großstadt rundet ein üppiges Spa- und Wellnessparadies mit beheiztem Außenpool, Saunen, Dampfbädern, Gerätepark und Beauty-Anwendungen ab. Besonders schön: Der romantische Blick auf den Hollersee aus dem Café mit hauseigener Patisserie.
Im Bürgerpark, Tel. 0421/34080, 169 €, hotel-bremen.dorint.com

2 Hotel Bölts am Park

Klein, gemütlich und mit gediegenem, hanseatischem Flair: Seit 50 Jahren ist das Hotel in Familienbesitz. Die Stadtvilla liegt in einer ruhigen Seitenstraße am Bürgerpark, Hauptbahnhof und Stadtzentrum sind gut per Fuß zu erreichen.
Slevogtstr. 23, Tel. 0421/346110, 79 €, www.hotel-boelts.de

3 Hotel Residence

Das Nichtraucherhotel befindet sich in einer Altbremer Villa aus der Jahrhundertwende. Nur wenige Schritte von Hauptbahnhof und Messezentrum entfernt, erwarten die Gäste geschmackvoll eingerichtete Zimmer sowei ein kleiner Wellnessbereich. Parkplätze stehen gegen Gebühr zur Verfügung.
Hohenlohestr. 42, Tel. 0421/348710, ab 67 €, www.hotel-residence-bremen.de

Im Osten

»Den schönsten Wein
gibt es zu Pfingsten,
am besten du kommst her
und trinkst ihn.«

Motto der 13. Saale-Weinmeile

Im Osten Deutschlands liegt eine Region, in der tiefe Wälder, weite Wiesen und klare Seen die Landschaft – und den Speiseplan prägen. Kulinarisch besinnt sich Brandenburg auf die Kraft der Natur. Ein Land, das zu den flächengrößten Deutschlands gehört, aber zugleich eines der einwohnerärmsten ist. Das hat Vorteile: Die Region weiß um ihre historisch gewachsenen Kulturlandschaften wie zum Beispiel den Fläming, der im 12. Jahrhundert von Flamen besiedelt wurde. Bis heute findet sich deren Einfluss in der Küche Brandenburgs.

Die Uckermark im äußersten Nordosten weist einige kulinarische Spezialitäten auf, wie etwa die Uckermärker Fischsuppe, eine schmackhafte Brühe mit verschiedenen Fischen und Rübengemüse. Theodor Fontane liebte ebenfalls Fisch, aber in anderer Form: »Das wäre kein Spree-

Brandenburg

Mehr als 1000 km Wasserstraßen: Das Biosphärenreservat Spreewald sucht in Mitteleuropa seinesgleichen.

waldsmahl, wenn kein Hecht auf dem Tisch stände, und das wäre kein Hecht, wenn ihn nicht die berühmte Spreewaldsoße begleitete, die mir wichtig genug erscheint, um hier das Rezept in seinen äußersten Umrissen folgen zu lassen. Das Geheimnis dieser Soße ruht in der kurzen Formel: wenig Butter, aber viel Sahne.« Süßen Genuss verspricht das **Uckermärker Apfelbrot**, dessen Laib in Kastenform zusammen mit der Frucht, Rosinen und Nüssen gebacken wird und am besten mit Butter bestrichen schmeckt. Gerne serviert man hier zur Fastnachtszeit oder bei Festen den Klemmkuchen. Die waffelartige Mehlspeise wird nach traditioneller Art im Klemmkucheneisen auf offener Flamme gebacken. Früher bedurfte es dafür starker Arme: Die Eisen, die während des Backens zusammengedrückt werden mussten, wogen bis zu vier Kilogramm.

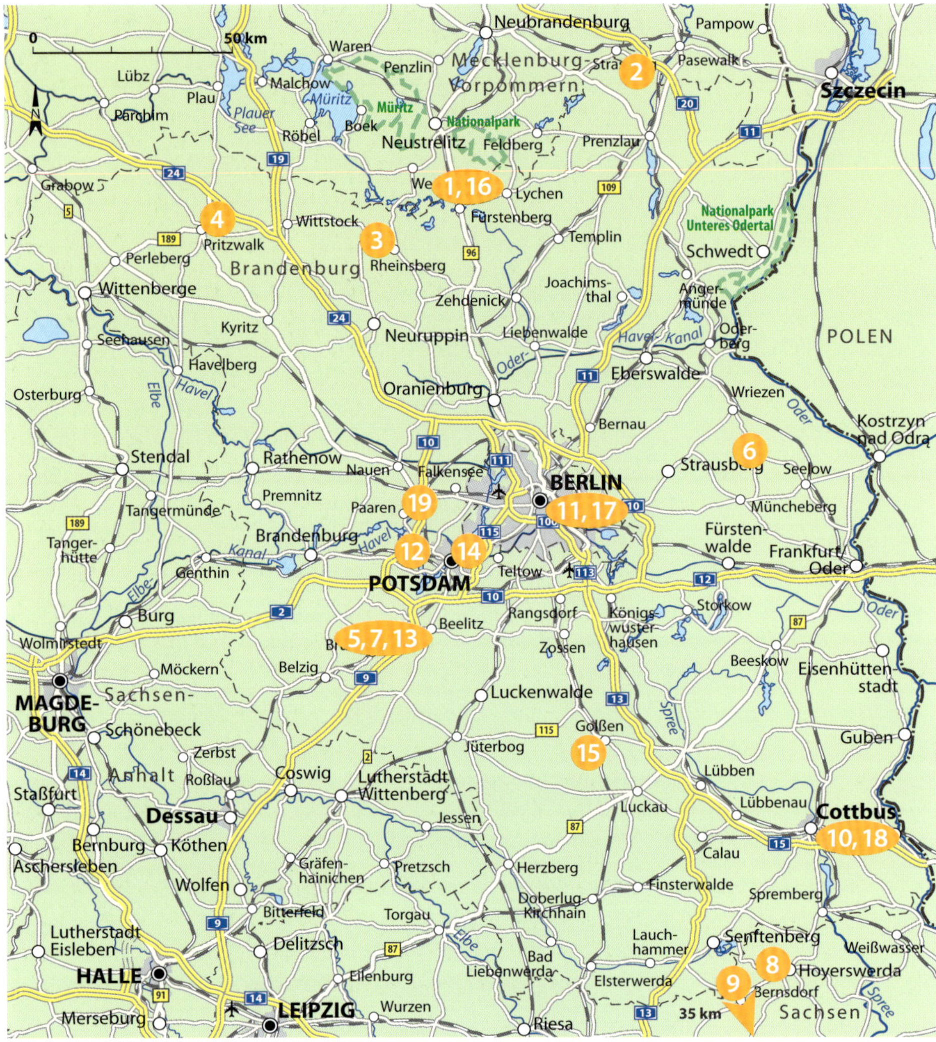

1. Seenfischerei Krempig
2. Bauernkäserei Wolters
3. Eiszauberei
4. Deutsches Haus
5. Spargelmuseum Beelitz
6. Gläserne Molkerei
7. Josef Jakobs Spargelhof
8. Lausitzer Ölmühle
9. Sorbisches Restaurant Wjelbik
10. Cottbuser Baumkuchen Manufaktur
11. Berliner Bratwurstmeisterschaft
12. Baumblütenfest in Werder
13. Spargelfest in Beelitz
14. Potsdamer Erlebnisnacht
15. Spreewälder Gurkentag
16. Fischerfest in Lychen
17. Brandenburger Spezialitätenmarkt
18. Lausitzer Bauernmarkt
19. Brandenburger Schlachtefest

1 Wruken und Maränen

Die Region des heutigen Brandenburg im flachen norddeutschen Tiefland bildete sich in der Eiszeit – es ist das wasserreichste Bundesland mit zahllosen Seen und Flüssen, Mooren, Feldern, Wiesen und Wäldern. Da verwundert es kaum, dass Fisch und Gemüse zu den typischen Gerichten zählen: Die Seetiere tummeln sich reichlich in den Gewässern, im landwirtschaftlich geprägten Umland dominiert der Gemüseanbau. Besonders gut gedeihen die Wruken – die Kohl- oder Steckrüben passen im Eintopf perfekt zu Kartoffeln und Fleisch. Bei den Fischen ist die Maräne beliebt, ein silberfarbenes Geschöpf aus der Familie der Forellen. Sie wird in den Sommermonaten am liebsten frisch geräuchert und direkt aus der Hand verspeist. Eine Besonderheit ist die Stechlin-Maräne: Sie kommt nur im Großen Stechlinsee im Norden Brandenburgs vor.

Seenfischerei Krempig, Beenzhof Nr. 1, Lychen OT Beenz, Tel. 03 98 88/27 34, Hofladen Mo–Sa 9–18 Uhr, www.fischereikrempig.de

2 Uckerkaas

Kräftig schmeckt der Uckerkaas, ein Bauernkäse, den es erst seit 2001 gibt und der von eingewanderten Landwirten aus den Niederlanden nach holländischer Tradition hergestellt wird. Da ausschließlich Milch von uckermärkischen Kühen verwendet wird, handelt es sich um eine authentische regionale Besonderheit.

Bauernkäserei Wolters, Bandelow 50/81, Uckerland, Tel. 03 97 40/205 72, Sommer Mo–Fr 9–18, Sa/So 10–17, Winter Mo–Mi, Fr 9–16, Do 9–18 Uhr, www.uckerkaas.de

Dank Bio-Milch von Bio-Bauern: In der Gläsernen Molkerei in Münchehofe dürfen Besucher zuschauen, wie aus Bio-Milch schmackhafter Tilsiter, Land- oder Butterkäse entstehen.

3 Bio-Speiseeis

Biozertifiziert, ohne Aromastoffe und künstliche Zutaten, fett- und zuckerreduziert, auf Wunsch laktosefrei: In Rheinsberg am Grienericksee hat sich eine Geschäftsidee entwickelt, die mittlerweile deutschlandweit Lizenznehmer gefunden hat: Die Eis-Zauberei, kurz Eiz, des früheren Gastronomen Wolfgang Brasch. Der »Magier« hat eine Maschine entwickelt, die jedem Kunden ein individuelles Eis produziert: extravagant mit Trüffeln, scharf mit grünem Pfeffer und Chili oder mit marktfrischen Kirschen, Möhren oder Beeren – mehr als 365 Sorten, für jeden Tag im Jahr. Die Zutaten stammen aus der Region, das Sanddorn von den Brandenburger Feldern, Teltower Rübchen oder die Kirschen vom ortsansässigen Obstbauern.

Eis-Zauberei, Kurt-Tucholsky-Str. 36, Rheinsberg, Tel. 03 39 31/72 40, Mai–Aug. tgl. 10–20, ab Okt. tgl. 11–18 Uhr, www.eiszauberei.de

4 Knieperkohl

Die Prignitz liegt im nordwestlichen Teil von Brandenburg. Hier sprießt ein besonderes Gemüse – Knieperkohl, auch »saurer Hansen« genannt. »Sprießen« ist allerdings der falsche Ausdruck, denn Knieperkohl wird nicht einfach gesät, sondern aus verschiedenen Kohlsorten zusammengesetzt. Das »Nationalgericht der Prignitz« besteht aus Weiß-, Blau- und Grünkohl, die – geschnitten, gekocht und eingesalzen – mit Wein- und Kirschblättern in einen Topf geschichtet werden, wo sie in vier bis zehn Wochen milchsauer vergären. Die Rezeptur entstand im Dreißigjährigen Krieg, als die Bevölkerung unter Hungersnöten litt. Knieperkohl, dem Sauerkraut nicht unähnlich, wird im Winter mit Speck, Kasseler oder Lungenwurst gegessen. Der ausgefallene Name leitet sich übrigens von »kniepen« (kneifen) ab: Wenn es im Bauch kniept, hat man wohl zu viel davon verspeist …

Deutsches Haus, Havelberger Str. 15, Pritzwalk, Tel. 033 95/30 42 16, Mo–Fr 8–18 Uhr, www.knieperkohl.de

Das Havelland, der westliche Teil Brandenburgs, ist berühmt für den Havel-Zander und die Teltower Rübchen, die nach der Stadt Teltow bei Potsdam benannt wurden. Die kleine Speiserübe mit gelblichem Fleisch und pikantem, rettichartigem Geschmack kann man roh zu Salaten, aber auch gekocht als Beilage verwenden.

5 Spargelmuseum

Die tausend Jahre alte Stadt Beelitz mit ihrem mittelalterlichen Kern feiert zu Ehren des Stangengemüses alljährlich ein großes Fest, das Spargelmuseum in Schlunkendorf und der dortige Lehr- und Wanderweg geben dem Besucher tiefere Einblicke in Anbau, Kultivierung und Genuss der feinen Stangen.

Kulinarisches Lexikon

Fürst-Pückler-Eis: Dreischichtiges Speiseeis aus Schokolade-, Himbeer- und Erdbeerzubereitungen. Zwischen zwei Waffeln als Fürst-Pückler-Schnitte vermarktet.

Gefüllte Schmorgurke: Der Länge nach geteilte und entkernte Gurken, die mit einer Masse aus Hackfleisch, Zwiebel, eingeweichtem Weißbrot sowie Senf und Ei gefüllt, kurz angebraten und danach in einer Brühe geschmort werden.

Klemmkuchen: Teig aus Roggenmehl, der traditionell im Klemmkucheneisen über offenem Feuer gebacken wird. Waffelähnlich gerollt, wird er mit Sahne gefüllt.

Nudl: Name für die Kartoffel in der Uckermark.

Plins, Plinse: Runder, von beiden Seiten goldbraun gebackener, tellergroßer Eierkuchen. Kann süß oder salzig belegt werden.

Sorbische Frühlingssuppe: Hühnerfleischstückchen in einer Brühe, in die Eier, Mehl und Gewürze verquirlt sind.

Spreewaldsauce: Helle Mehlsauce, die mit Sahne, Petersilie und Dill verfeinert und zu gekochtem und gedünstetem Fisch gereicht wird. Fast jeder Koch schwört auf seine eigene Rezeptur.

Werderaner Wachtelberg: Ältestes der 16 brandenburgischen Weinanbaugebiete: Die Aufrebung in Werder/Havel begann 1985. Müller-Thurgau- und Regent-Trauben werden bevorzugt ausgebaut.

Einfach und delikat: Leinsamenöl mit leichtem Nussgeschmack zu Pellkartoffeln und Quark.

Spargelmuseum Beelitz, Kietz 36, Beelitz OT Schlunkendorf, Tel. 03 32 04/421 12, April–Juni tgl. 10–16 Uhr, www.beelitzer-spargelverein.de

Eine von der EU namensgeschützte Spezialität aus Brandenburg sind die **Spreewälder Gurken**. Die feuchten, humusreichen Böden tragen zum Wachstum der Kürbispflanzen bei, ihre Veredelung bleibt allerdings das Geheimnis der Einlegereien. Doch nicht nur Gurken stehen für den Spreewald, auch Senf oder Meerrettich werden hier hergestellt.

6 Bio-Käse

Einzigartige Produkte bieten auch die zahlreichen Hofläden, allen voran die **Gläserne Molkerei** in Münchehofe, etwa 40 km südlich von Berlin. Aus der Milch von Bio-Bauern werden hier zum Beispiel Tilsiter, Butter- und Landkäse sowie ein Camembert unter dem Markennamen »Mönchshof« hergestellt. Gläsern nennt sich der Betrieb, weil er sich und seine Arbeit in Betriebsbesichtigungen der Öffentlichkeit zugänglich macht.

Gläserne Molkerei, Molkereistr. 1, Münchehofe, Tel. 03 37 60/20 77-0, April–Okt. Mo–Fr 10–19, Sa 8–17, Nov.–März Mo–Fr 10–18, Sa 8–15 Uhr, www.glaeserne-molkerei.de

7 Beelitzer Spargel

Südwestlich von Berlin sprießt ein weiteres filigranes Gemüse: der Beelitzer Spargel. Die leichten Böden in der Gegend zwischen Elbe, Havel und Spree bieten ideale Wachstumsbedingungen für das Edelgewächs.

Josef Jakobs Spargelhof, Kähnsdorfer Weg 1a, Beelitz, Tel. 03 32 04/627 27, Restaurant tgl. 8–22, Landladen tgl. 9–18/19 Uhr, www.jakobs-hof.de ▸ Beelitz

8 Leinöl und Pellkartoffel

EU-geschützt ist ebenso das **Lausitzer Leinöl**. Es wird aus Leinsamen kalt gepresst und hat einen feinen Nuss-Geschmack, der am besten im Zusammenspiel mit **Lausitzer Pellkartoffeln** – dazu Quark und Leinöl – zur Geltung kommt.

Lausitzer Ölmühle, August-Bebel-Str. 5, Hoyerswerda, Tel. 035 71/40 62 98, Ladengeschäft Mo–Mi 8–15, Do 8–17, Fr 8–14 Uhr, www.lausitzer-oelmuehle.de

9 Sorbische Spezialitäten

In der Oberlausitz findet man immer wieder sorbische Spezialitäten auf den Speisekarten. Die Sorben sind westslawischen Ursprungs und als nationale Minderheit anerkannt. Wer die Gelegenheit hat, eine Sorbische Hochzeitssuppe mit Eierstich, Fleischklößchen und Gemüsestreifen oder ein Sorbisches Hochzeitsessen zu bestellen, sollte unbedingt zugreifen: Die Küche serviert Falsches Filet vom Ochsen – das ist ein Teilstück der Schulter. Das Fleisch wird in Wurzelgemüsesud gegart, dazu gibt es frisches Marktgemüse, Meerrettichsauce und Petersilienkartoffeln.

Sorbisches Restaurant Wjelbik, Kornstr. 7, Bautzen, Tel. 03591/42060, Di–Sa 11–15, 17.30–23, So 11–15 Uhr, www.wjelbik.de

10 Baumkuchen

Cottbus, nach Potsdam die größte Stadt Brandenburgs, ist bekannt für den Baumkuchen, 1819 von der Tochter eines österreichischen Soldaten »erfunden«. Sie verarbeitete »4 Pfund Butter, 4 Pfund ff. Zucker, selbst gestoßen und gesiebt, 3 Pfund Kraftmehl, 50 Stück Eier, abgeriebene Schalen und Saft von 4 Zitronen, 3 Stangen Vanille, 3/4 Pfund geschälte, geriebene süße Mandeln, 1/4 bittere Mandeln und etwas Salz«.
Cottbuser Baumkuchen Manufaktur, Mühlenstr. 45, Cottbus, Tel. 0355/289 22 73, Laden Mo–Sa 8–18, So 10–18 Uhr, Café tgl. ab 8 Uhr, www.baumkuchen-cottbus.de

Kulinarischer Kalender

APRIL
11 Berliner Bratwurstmeisterschaft
Für die Berliner Fleischerinnung geht's an einem Sonntag Mitte April um die Wurst. Es grillen die besten Metzger Berlins und Brandenburgs, und die Besucher der Domäne Dahlem wählen die besten Würstchen.
www.domaene-dahlem.de ▸ Veranstaltungen

APRIL/MAI
12 Baumblütenfest in Werder
Fruchtiger Obstwein und blühende Gärten, dazu ein großes Volksfest für zehn Tage Ende April/Anfang Mai in der Blütenstadt Werder an der Havel.
www.werder-havel.de ▸ Baumbluetenfest

JUNI
13 Spargelfest in Beelitz
Am ersten Wochenende im Juni dreht sich in Beelitz alles um die zarten Stangen, inklusive Festumzug mit Spargelkönigin und viel Musik in den Straßen der Stadt.
www.beelitzer-spargelfest.de

JULI
14 Potsdamer Erlebnisnacht
Am letzten Sonntag paart Potsdam Kulinaria mit Kultur: Die Besucher erwartet ein breites Angebot an regionalen Köstlichkeiten sowie ein buntes Unterhaltungsprogramm.
http://potsdamer-erlebnisnacht.de

AUGUST
15 Spreewälder Gurkentag
Gurkenkönigin und Gurkenkönig werden am zweiten Wochenende in Golßen gekrönt. Die Zeremonie findet im Rahmen eines Erlebnismarkts mit Spreewälder und Brandenburger Spezialitäten statt. Regionale Heimatvereine demonstrieren dörfliches Brauchtum und handwerkliche Traditionen.
spreewaldverein.de

16 Fischerfest in Lychen
Die Flößerstadt Lychen in der Uckermark feiert am zweiten Samstag das Fischerfest. Gegrillt, geräuchert oder als Suppe gibt es das, was Fischern am liebsten ins Netz geht.
www.lychen.de ▸ Veranstaltungen

17 Brandenburger Spezialitätenmarkt
Am zweiten oder dritten Wochenende bietet die Domäne Dahlem in Berlin kulinarische Besonderheiten. Auch sonst lohnt das agrarhistorische Freilichtmuseum einen Besuch (Mi–Mo 10–18 Uhr), zeigt es doch den Weg der Lebensmittel vom Acker bis zum Verkauf.
www.domaene-dahlem.de ▸ Veranstaltungen

SEPTEMBER/OKTOBER
18 Lausitzer Bauernmarkt
Eine Woche lang – mit einem großen Umzug am Erntedankfest – dreht sich in der Cottbuser Innenstadt alles um Brauchtum, Kultur und Handwerk; dazu bieten rund 20 Erzeuger kulinarische Bio-Produkte feil.
cottbus-tourismus.de ▸ Das gibt's nur hier ▸ Einmalige Veranstaltungstipps

OKTOBER
19 Brandenburger Schlachtefest
Am letzten Wochenende präsentieren in Paaren etwa 50 Anbieter regionale Genüsse vom Spanferkel bis zur Schlachteplatte.
www.proagro.de

Eines der Wahrzeichen der Stadt: die Hackeschen Höfe in Berlin-Mitte, Heimat des Varietés Chamäleon, vieler Büros und einiger betuchter Anwohner.

Berlin

Die Berliner Gastro-Szene ist eine der lebendigsten weltweit. Täglich öffnen neue Restaurants, täglich schließen allerdings auch welche. Längst spielt sich das kulinarische Leben nicht nur in Gaststätten ab. Die Hauptstädter sind anspruchsvoll – und kreativ: Sie paaren Kultur mit Essen und nennen es Burgers & Hip Hop (princecharlesberlin.com). Nachmittags wird im Hof an zig Ständen gegrillt, abends im Club Party gemacht. Der Fantasie sind keine Grenzen gesetzt: Gut gewürzte Spicy Burgers, Pastrami-Sandwiches mit dünnen Scheiben aus Rindfleisch oder Bulgogi Kimchi Burgers mit koreanischem Gemüse machen aus einem geteilten Brötchen mit Grillbeilage ein kulinarisches Erlebnis. Freilich muss der gute Geschmack auch auf die Musik übergreifen, sonst ist der Genuss nur ein halber.

Man spricht Deutsch und viel lieber Englisch – das können die Meisten, und wer nicht, wird es bald lernen (müssen), will er sich in dieser Szene austauschen. Essen ist zum kreativen Event aufgestiegen und heißt längst stylisch »Food«. Donnerstags zwischen 17 und 22 Uhr treffen sich in der Eisenbahnstraße Genießer in der Markthalle Neun in Kreuzberg zum Street Food Thursday. Dort treffen Köche ohne Restaurants auf Gourmets mit nicht allzu viel Geld. Und servieren Tapioka Dumplings (Teigtaschen) wie in Thailand, Kässpatzen wie im Allgäu, Foufou (Maniokbrei) aus Nigeria oder Ceviche (marinierte, rohe Fischteilchen mit Beilagen) aus Peru. Damit die gemeinsame Leidenschaft lange hält, gibt es jeden Donnerstag etwas anderes (www.markthalleneun.de).

1 KaDeWe

Wer nicht findet, was er braucht, muss das KaDeWe aufsuchen. Das Kaufhaus des Westens – 1907 eröffnet – ist berühmt für seine Lebensmittelabteilung. Sie ist mit 34 000 verschiedenen Produkten auf 7000 qm die größte Europas und die zweitgrößte der Welt. Hier werden an 30 Ständen, von der japanischen Sushi-Bar über die Gourmetbar Paul Bocuse bis zur Dependance der berühmten Zuckerbäckerei Lenôtre, frische Speisen zubereitet.

Kaufhaus des Westens, Charlottenburg, Tauentzienstr. 21–24, Tel. 030/21 21-0, www.kadewe.de

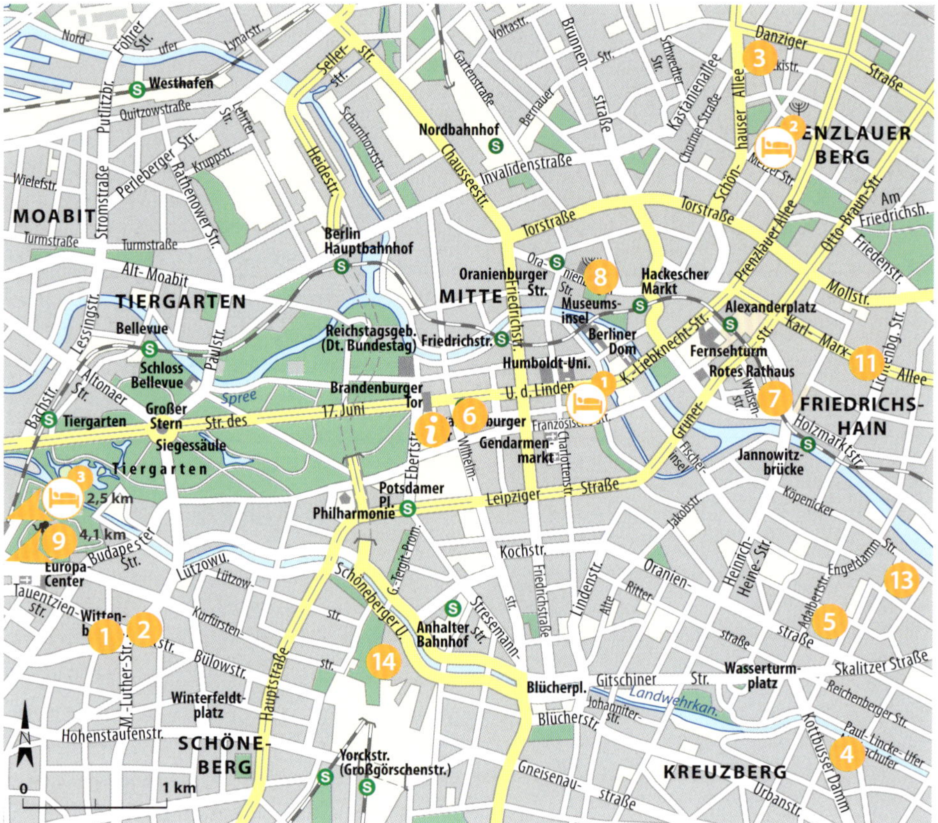

- 1 KaDeWe
- 2 Witty's, Schöneberg
- 3 Konnopke's, Prenzl. Bg.
- 4 Türkischer Markt BIOriental
- 5 Hasir, Kreuzberg
- 6 Alt-Berliner Wirtshaus
- 7 Zur Letzten Instanz
- 8 Gambrinus trifft Bacchus
- 9 Internationale Grüne Woche Berlin
- 10 Craft Spirits Festival Destille Berlin*
- 11 Internationales Berliner Bierfestival
- 12 Berlin Food Week*
- 13 Stadt Land Food
- 14 Bar Convent Berlin
- 15 Cheese Berlin*
- Hotel 1 Regent Hotel
- Hotel 2 Myer's Hotel
- Hotel 3 Art-Hotel Charlottenburger Hof

* an mehreren Orten

2 Bio-Bulette

Der Hauptstädter liebt die Abwechslung. Er schätzt sie so sehr, dass in der Metropole problemlos Gourmettempel und Currywurstbuden wie der Ka-We-Imbiss einträchtig nebeneinander stehen – oder auch mal gegenüber: Auf der anderen Seite der Tauentzienstraße hat Witty's Organic Food als erster Bio-Imbiss in Deutschland Geschichte geschrieben. Würste und Saucen werden selbstgemacht und sind biozertifiziert. Das Angebot ist klassisch und überschaubar: Currywurst ohne und mit Darm (Darm ist würziger!), Bratwurst, Bulette und Pommes. Weitere Standorte am Bahnhof Friedrichstraße und am Flughafen Schönefeld.

Witty's, Schöneberg, Wittenbergplatz (Ecke Ansbacher Str.), Tel. 030/211 94 96, tgl. geöffn., www.wittys-berlin.de

3 Currywurst

Über den Ursprung der Currywurst gibt es verschiedene Geschichten, eine Gedenktafel für Herta Heuwer an der Kantstr. 101 erinnert an die Imbissbudenbetreiberin, die hier 1949 womöglich erstmals eine »Spezial Curry-Bratwurst« kreierte und sich die

Köstlichkeiten neben Köstlichkeiten: Die Lebensmittelabteilung des KaDeWe ist die zweitgrößte der Welt – nur das »Mitsukoshi Nihonbashi« in Tokio bietet mehr Delikatessen.

Sauce später als »Chillup« – Kunstwort aus Chili und Ketchup – patentieren ließ. Sicher ist hingegen, wo die Kultwurst in Ostberlin zuerst – ohne Darm und in Schweineschmalz – gebraten wurde: bei Konnopke's, nur original mit dem falschen Genitiv-s. Die Sauce wurde in der heimischen Küche entwickelt und ist bis heute ein gutgehütetes Familiengeheimnis. Es gibt sie in vier Schärfegraden! Wohl auch deshalb ist der Stand Kult in Berlin.

Konnopke's, Prenzlauer Berg, Schönhauser Allee 42, Tel. 030/442 77 65, Mo–Sa bis 20 Uhr, www.konnopke-imbiss.de

4 Türkischer Markt

Auch an anderen Tagen lohnt ein Besuch der denkmalgeschützten Eisenbahnmarkthalle: Dienstags, freitags und samstags ist hier klassischer Wochenmarkt mit Produkten aus dem Umland. Viele kleine Geschäfte bieten auch internationale Spezialitäten an; hier produzieren eine »gläserne« Bäckerei und eine vegane Käsekuchenmanufaktur. Der größte Berliner Wochenmarkt findet Mi und Sa am Winterfeldtplatz in Schöneberg statt, der exotischste ist aber wohl der **Türkische Markt** am Maybachufer in Neukölln, dessen Vielfalt eine Augenweide ist. Neben deutschen offerieren afrikanische, portugiesische und arabische Imbissstände ihre Spezialitäten.
Türkischer Markt BIOriental, Maybachufer, Di/Fr 11–18.30 Uhr

5 Döner

Wer über Fingerfood spricht, muss über Döner spechen. Sein Siegeszug durch Westeuropa begann in Berlin. Kadir Nur-

Kulinarisches Lexikon

Aal grün: Gekochter Aal mit heller Kräutersauce (Spreewaldsauce) zu (Salz-)Kartoffeln und Gurkensalat.

Berliner: s. Pfannkuchen.

Berliner Weiße: Speziell gebrautes, leicht säuerliches Weizenbier, das unter diesem Namen nur in Berlin hergestellt werden darf. Versetzt mit Waldmeister- oder Himbeersirup als »Weiße mit Schuss« bekannt.

Eierkuchen: Berliner Name für Pfannkuchen – wie er im Rest Deutschlands genannt wird.

Erbspüree: Brei aus gekochten gelben Trockenerbsen, kann in der Berliner Variante Kartoffeln, Röstzwiebeln und Speck enthalten, wird zu Eisbein serviert.

Hackepeter: Mageres, rohes Schweinehackfleisch, belegt ein halbes Brötchen.

Leber Berliner Art: Kalbsleber, Apfelscheiben und Zwiebelringe, in Butter gebraten, gerne mit Kartoffelpüree serviert.

Pfannkuchen: Anderswo heißt ein mit Marmelade gefüllter Teigball »Berliner«, »Krapfen« oder »Kreppel«. In Berlin ist er als »Pfannkuchen« bekannt.

Solei: Hartgekochtes Ei, das mit Schale in Salzlake eingelegt ist. Die Lösung wird mit Zwiebelschalen und Gewürzen wie Kümmel versetzt. Das Ei sollte einige Tage in der Lake ziehen.

Berlin pur: Der BIOriental-Markt am Maybachufer in Kreuzberg heißt mit Berliner Schnauze kurz und knapp »Türkenmarkt«.

man soll 1972 am Bahnhof Zoo das erste Fladenbrot verkauft haben – mit Hackfleisch von Kalb und Lamm sowie Zwiebeln und etwas Salat.
Aktuell ist Mehmet Aygün mit der Hasir-Group Berlins Döner-König. Seine Familie schuf aus einem Imbiss in Kreuzberg ein kleines Imperium mit Gastrobetrieben und Hotels.

Hasir, Adalbertstr. 10, Kreuzberg, Tel. 030/ 6142373, 24 h geöffnet, www.hasir.de

6 Buletten, Rollmops und Co.

Trotz Slowfood und Bio-Burger: Auf zahlreichen Speisekarten ist noch Platz für klassische, deftige Berliner Spezialitäten: Buletten, Rollmops oder (Schweinskopf-) Sülze mit Remoulade und Bratkartoffeln.

Alt-Berliner Wirtshaus, Mitte, Wilhelmstr. 77, Tel. 030/22488205, tgl. geöffn., www.altberliner-wirtshaus.de

7 Berliner Schnitzel

Traditionelle Gerichte wie Berliner Schnitzel oder Kasseler mit Sauerkraut werden im Restaurant Zur letzten Instanz, Berlins ältester, seit 1621 existierender Gaststätte, serviert. Das gepökelte, geräucherte Schweinefleisch hat seinen Namen übrigens nicht von der Stadt Kassel, sondern soll von einem Fleischermeister namens Cassel stammen, der in Berlin, in der Potsdamer Straße, Ende des 19. Jahrhunderts Schweinerücken haltbar machte, indem er ihn in Salz einlegte. Doch auch diese Theorie hat ihre Zweifler: In den Adressbüchern der damaligen Zeit taucht er nämlich nicht auf.

Zur Letzten Instanz, Mitte, Waisenstr. 14–16, Tel. 030/2425528, Mo ab 18, Di–So ab 12 Uhr, http://zurletzteninstanz.com

8 Schnitzel Holstein

Eine fragwürdige Legende weist auch das Schnitzel Holstein auf, ein Kalbsschnitzel mit Spiegeleiern und Kapern zu Bratkartoffeln, serviert mit Lachs, Ölsardinen und Weißbrot. Diese schwere Schlemmerei soll ihren Namen dem Geheimrat Friedrich von Holstein (1837–1909) zu verdanken haben, der sich dieses Gericht im Restaurant »Borchardt« zubereiten ließ. Das Borchardt existiert noch, zählt zu den 80 höchst dekorierten Küchen Deutschlands und würde es deshalb wohl niemals in Erwägung ziehen, ein Holsteiner zu servieren. Da wird man eher im Gambrinus trifft Bacchus fündig, einer Restauration im Souterrain mit altberliner Flair: »Icke, dette, kicke ma«.

Gambrinus trifft Bacchus, Mitte, Krausnickstr. 1, Tel. 030/282 60 43, tgl. 12–2 Uhr, www.gambrinus-trifft-bacchus.de

Kulinarischer Kalender

JANUAR

9 Internationale Grüne Woche Berlin

Die einzigartige Veranstaltung auf dem Berliner Messegelände ist Mitte des Monats ein zehntägiges Schlaraffenland mit Spezialitäten aus mehr als 50 Ländern.
www.gruenewoche.de

MÄRZ/APRIL

10 Craft Spirits Festival Destille Berlin

Keine Massenproduktion, sondern eigenhändig hergestelltes Hochprozentiges: An einem Wochenende im Frühjahr treten in der Kreuzberger Heeresbäckerei 50 Brennereien mit etwa 500 regional verankerten »Craft Spirits« zum Dialog mit dem Kunden an.
www.destilleberlin.de ▸ Craft Spirits Festival Destille Berlin

AUGUST

11 Internationales Berliner Bierfestival

Am ersten Augustwochenende (Fr/Sa) eröffnet auf der Karl-Marx-Allee in Friedrichshain auf 2,2 km Länge der wahrscheinlich größte Biergarten der Welt: 22 Regionen zapfen hier zu Show und Musik ihr kühles Nass.
www.bierfestival-berlin.de

SEPTEMBER

12 Berlin Food Week

Gutes Essen, gesunde Ernährung, nachhaltige Produkte stehen Ende des Monats eine Woche lang im Brennpunkt. 50 Restaurants laden parallel zum originären »Stadtmenü«.
www.berlinfoodweek.de

OKTOBER

13 Stadt Land Food Festival

Werkstätten, Stände, Naschmärkte: In der Markthalle Neun bringt das »Festival für gutes Essen und gute Landwirtschaft« eben genau das näher.
http://stadtlandfood.com

14 Bar Convent Berlin

An einem Wochenende Anfang Oktober treffen Freunde der Cocktails, Mix- und Longdrinks auf Barkeeper und Spirituosenhersteller, die neue Produkte präsentieren.
www.barconvent.com

NOVEMBER

15 Cheese Berlin

Unter dem Motto »Alles, was man aus Milch machen kann« präsentieren am ersten Sonntag mehr als 30 Erzeuger internationale (Käse-) Spezialitäten.
http://cheese-berlin.de

Hotels

1 Regent

Eleganter Fünf-Sterne-Luxus in Berlin Mitte. In den ersten Etagen Zimmer im Biedermeierstil und großzügigen Marmorbädern. Zur 140-qm-Präsidentensuite mit antikem Mobiliar, Kamin und Blick über den Gendarmenmarkt muss man in den achten Stock. Gourmets wird im Restaurant »Fischers Fritz« serviert, Teetrinkern in der »Tea Lounge« zu zeitlosen Pianoklängen.
Charlottenstr. 49, Tel. 030/203 38, ab 200 €, www.regenthotels.de

2 Myer's Hotel

Historisches Gebäude mit klassisch gestalteten Zimmern im angesagten Kiez Prenzlauer Berg, daher natürlich mit Fahrradverleih. Gesund gefrühstückt wird im gelben, geraucht im roten Salon. Wechselnde Ausstellungen von Skulpturen im idyllischen Garten und von Werken lokaler Künstler im Innenhof.
Metzer Str. 26, Tel. 030/44 01 40, ab 87 €, www.myershotel.de

3 Art-Hotel Charlottenburger Hof

Günstige Lage im Herzen Westberlins, nahe Kurfürstendamm mit sehr guter Verkehrsanbindung. An den Wänden viel Kunst, einige Zimmer verfügen über Computer inklusive kostenfreiem Internetzugang. Das hoteleigenen Restaurant »Voltaire« mit sonniger Straßenterrasse bietet mediterrane Küche.
Stuttgarter Pl. 14, Tel. 030/32 90 70, ab 59 €, www.charlottenburger-hof.de

Sachsen-Anhalt

Wein und Kultur: Der bildende Künstler Max Klinger (1857–1920) lebte ab 1903 im sogenannten Radierhäuschen im Weinberg bei Naumburg-Großjena.

Spargel aus Zerbst, Würstchen aus Halberstadt, Baumkuchen aus Salzwedel: Wer über Spezialitäten aus Sachsen-Anhalt nachdenkt, nennt häufig diese drei – nach den Weinen aus dem Anbaugebiet Saale-Unstrut. Hier, in einer der nördlichsten Weinregionen Europas werden trockene, hochwertige Weine mit kräftiger Säure und feinwürzigem Bukett ausgebaut. Der größte Teil des Anbaugebiets liegt im Burgendreieck am Zusammenfluss von Saale und Unstrut im südlichen Sachsen-Anhalt – doch auch der Werderaner Wachtelberg vor den Toren Berlins sowie der Thüringer Weinbau zählen zum Weingebiet Saale-Unstrut. Die 1993 eröffnete gleichnamige Weinstraße führt an reizvollen Flusstälern, Obstplantagen und Weinbergen entlang.

Mit etwa 651 ha Rebfläche zählt das Weinanbaugebiet Saale-Unstrut zu den kleinen in Deutschland. Auf drei Viertel der Fläche wird Weißwein angebaut, hauptsächlich die Rebsorten Müller-Thurgau mit knapp 20 %, Weißburgunder mit 12 und Silvaner mit 8,5 %. Insgesamt laden mehr als zwanzig Rebsorten zum Verkosten ein. Raritäten wie Hölder oder Zweigelt bieten vor allem die vielen kleinen Weingüter an. Am besten lassen sich die edlen Tropfen auf einem der unzähligen Weinfeste versuchen – oder in den Straußwirtschaften, dem saisonal geöffneten Weinausschank direkt beim Winzer. Ein Unikum stellt das Halberstädter Riesenweinfass dar, ein Repräsentationsobjekt aus dem 16. Jahrhundert, das im dortigen Jagdschloss (www.jagdschloss-halberstadt.de) zu besichtigen ist: Es fasst bis zu 145 000 Liter und wiegt knapp 637 Tonnen.

1 Weinprobe für jedermann
2 Weingut Hanke
3 Rotkäppchen Mumm Sektkellereien
4 Halberstädter Werksverkauf
5 Schokoladenmuseum Halloren
6 Café Kruse
7 Abtshof Magdeburg
8 Zuckermuseum
9 Wikana Fabrikverkauf
10 Ratskeller Magdeburg
11 Jungweinwochen*
12 Zerbster Spargelfest
13 Deutscher Sekttag
14 Saale-Weinmeile
15 Knoblauchsmittwoch
16 Tage der offenen Weinkeller und -berge*
17 Weingut Pawis
18 Weinfest Naumburg
19 Hoffest im Landesweingut
20 Bollenmarkt Zerbst
21 Tag der süßen Tour*
22 Brauhaus Lüdde
23 Gommeraner Burgbräu
24 Würchwitzer Milbenkäse Manufaktur
25 Winzerfest Freyburg

* diverse Orte

1 Weinprobe für jedermann

17 Rebsorten bauen die Winzer in Bad Kösen an, darunter Weißer Gutedel und Roter Traminer. Zwischen Ostern und Oktober bietet das Gut gegen einen Unkostenbeitrag jeden Samstag um 15.30 Uhr eine **Weinprobe für jedermann** mit Führung durch Weinberg und Keller sowie einer Verkostung von zwei Weinen.

Landesweingut Kloster Pforta,
Saalberge 73, Naumburg, OT Bad Kösen,
Tel. 03 44 63/30 00, www.kloster-pforta.de

2 Jessener Wein

An der Schwarzen Elster, einem Nebenfluss der Elbe, liegt das Anbaugebiet auf den Jessener-Schweinitzer Bergen. Vermutlich schon im 13. Jahrhundert haben Mönche hier Trauben angepflanzt. 200

Überdimensional: Das größte Cuvée-Fass Deutschlands steht in den Sektkellereien Rotkäppchen Mumm in Freyburg. Es wurde 1896 gebaut und fasst 120 000 Liter.

Jahre später soll die Anbaufläche gar 300 ha betragen haben, nach dem Zweiten Weltkrieg waren es nur noch 1,25 ha. Zurzeit werden etwa 14 ha bewirtschaftet, und der Jessener Wein wartet darauf, von Weinfreunden entdeckt zu werden.

Weingut Hanke, Alte Schweinitzer Str. 80, Jessen, Tel. 035 37/21 27 70, www.weingut-hanke.de

3 Rotkäppchen Sekt

Weltweit bekannt ist der Rotkäppchen Sekt aus der denkmalgeschützten, historischen Kellerei in Freyburg. Über 100 000 Besucher pro Jahr besichtigen die fünfstöckigen, in den Fels getriebenen Sektkeller und nehmen an lehrreichen Führungen und prickelnden Verkostungen teil.

Rotkäppchen Mumm Sektkellereien, Sektkellereistr. 5, Freyburg, Tel. 03 44 64/340, www.rotkaeppchen.de

4 Halberstädter Würstchen

Damit niemand auf die Idee kommt, dass in Sachsen-Anhalt nur getrunken wird: Die weltweit ersten Brühwürste aus der Dose, die Halberstädter Würstchen, kommen aus – wer hat's geahnt? – Halberstadt. Friedrich Heine entwickelte 1896 ein Verfahren zur Haltbarmachung von Würstchen in Dosen. Mit Erfolg: Er steigerte die Produktion von 1000 Paar im Jahr 1890 auf 400 000 Paar pro Tag im Jahr 1914.

Halberstädter Werksverkauf, Große Ringstraße, Halberstadt, Tel. 039 41/312 09, So geschl., www.halberstaedter.de

Kulinarisches Lexikon

Altmärkische Hochzeitssuppe: Klare Hühnerbrühe mit Einlage von Klößchen aus Gehacktem, Eierstich und Spargel.

Bregenwurst: Rohe oder leicht geräucherte Mettwurst aus magerem Schweinefleisch mit Zwiebeln. Auch in Niedersachsen eine Spezialität für Grünkohl-Gerichte.

Brocke: Frühstück aus Brotwürfeln, die mit heißem, gesüßtem Malzkaffee übergossen werden.

Dessauer Speckkuchen: Deftiges Gericht aus Hefeteig mit Speck, Zwiebeln und Ei, Quark und Kümmel.

Harzer Gehacktesstippe: Warme Sauce aus Hackfleisch und Zwiebeln, pikant gewürzt. Wird mit Gewürzgurke zu Salzkartoffeln oder Kartoffelpüree gereicht.

Köthener Schusterpfanne: Mit Kartoffeln und Birnen überbackener Schweinebauch.

Pottsuse: Brotaufstrich aus in Schweineschmalz gegartem, pikant gewürztem Schweinefleisch.

Schierker Feuerstein: In Schierke, einem Stadtteil von Wernigerode, vom Apotheker Willy Drube entwickelter Kräuterlikör. Wird heute in Bad Lauterberg produziert und wurde 2014 zum »Kulinarischen Botschafter Niedersachsen 2014« ernannt.

Weißenfelser Salzknochen: Gepökeltes Schweinefleisch am Knochen mit Meerrettichsauce und Salzkartoffeln.

5 Halloren Schokoladenmuseum

Halloren sind nicht nur die Mitglieder der Salzwirker-Brüderschaft in der Solestadt Halle, danach benannt sind auch die Spezialitäten der ältesten Schokofabrik Deutschlands. Deren Museum verrät beispielsweise, wie die berühmte Halloren-Kugel mit Sahne-Kakao-Creme gefüllt wird. Erlebenswert: die Pralinenseminare, das Galerie-Café und natürlich der Fabrikverkauf.

Delitzscher Str. 70, Halle/Saale, Tel. 03 45/564 21 92, tgl. geöffn., www.halloren.de

6 Baumkuchen

Der nicht minder berühmte **Baumkuchen** stammt aus der Hansestadt Salzwedel in der Altmark. Die Erste Salzwedeler Baumkuchenfabrik produziert ihn nach dem Salzwedeler Urrezept von 1807, bietet ihn aber nicht in einem Ladengeschäft, sondern nur online an (www.baumkuchen-salzwedel.de). Wie die schichtweise aufgebaute und über offener Flamme gebackene Spezialität entsteht, kann man live in der Gläsernen Baumkuchen-Manufaktur (Mo–Fr 10–15 Uhr) beobachten. Wer das Gebäck auch probieren möchte, nimmt nebenan Platz im »Café Kruse«.

Café Kruse, Holzmarktstr. 4–6, Salzwedel, Tel. 03901/422107, tgl. geöffn., www.baumkuchen-kaufen.de

7 Absinth

Nach Aufhebung des Verbots 1998 gab Absinth, das Modegetränk des frühen 20. Jahrhunderts, in Szenekreisen ein rauschendes Comeback. Einer der erfolgreichsten Produzenten der Spirituose aus Wermut, Anis, Fenchel und weiteren Kräutern ist die Destillerie Abtshof Magdeburg. Ihr »Absinth 66« wird in eine Apothekerflasche mit Zinnschild abgefüllt – jede Flasche wird in Handarbeit hergestellt! Beim Werksverkauf kann man freilich auch die anderen Produkte des Unternehmens, die Brände und Liköre oder Wodka, erstehen.

Abtshof Magdeburg, Karl-Schmidt-Str. 13b, Magdeburg, Tel. 0391/4051529, Di/Do 11–16, Fr 11–14:30 Uhr, www.abtshof.de

8 Zuckermuseum

In Wanzleben-Börde informiert das **Zuckermuseum** ganzjährig über Züchtung, Anbau und Verarbeitung der Zuckerrübe von den Anfängen 1838 bis heute. Eine virtuelle Zeitreise führt durch die Geschichte des Zuckerrübenanbaus und das »Zuckerdorf« Klein Wanzleben mit einer der modernsten Zuckerfabriken Europas.

Zuckermuseum, Alte Hauptstr. 39, Wanzleben-Börde, OT Klein Wanzleben, Tel. 039209/69916, Mo 16–18, Di/Do 16–17 Uhr, www.wanzleben.boerde.de

9 Bio-Kekse

Auf Süßes hat sich auch **Wikana** in der Lutherstadt Wittenberg spezialisiert. Schon 1906 verkauft das Unternehmen Schokoladen- und Kakaoerzeugnisse, 1950 kommen Buttergebäckprodukte hinzu. Nach der Wende konzentriert sich die privatisierte Firma auf Kekse und spezialisiert sich auf Bioprodukte, die heute 50% des Umsatzes ausmachen.

Wikana Fabrikverkauf, Dessauer Str. 8, Lutherstadt Wittenberg, Tel. 03491/429860, www.wikana.de

10 Bötel, Lehm und Stroh

Facettenreich zeigt sich die Küche in Sachsen-Anhalt, wenn es um salzige und deftige Genüsse geht. Eine Spezialität aus Magdeburg sind **Bötel, Lehm und Stroh**. Wer das bestellt, bekommt gepökeltes Eis-

Kulinarischer Kalender

APRIL

11 Jungweinwochen

Auf Weingütern, bei Weinbergwanderungen und in Straußwirtschaften wird in der Saale-Unstrut-Region vom 1. April bis zum 1. Mai der neue Wein probiert.
www.weinbauverband-saale-unstrut.de

MAI

12 Zerbster Spargelfest

Zerbst feiert am zweiten Wochenende das feine Gemüse und kürt den »Weltmeister« im Spargelschälen.
www.verkehrsverein-zerbst.de

13 Deutscher Sekttag

Die Rotkäppchen-Sektkellerei in Freyburg öffnet am Samstag vor Muttertag für die Öffentlichkeit ihre Keller.
www.rotkaeppchen.de

MAI/JUNI

14 Saale-Weinmeile

An Pfingsten kann der Weinfreund auf einer 6 km langen Strecke von Bad Kosen bis Roßbach bei Winzern einkehren.
www.saale-weinmeile.de

15 Knoblauchsmittwoch

Auf der Würfelwiese in Halle werden am Mittwoch nach Pfingsten Knoblauchspezialitäten serviert, es wird gefeiert und getanzt.
www.knoblauchsmittwoch.de

AUGUST

16 Tage der offenen Weinkeller und -berge

Am ersten Wochenende öffnen 30 Winzer zwischen Saale und Unstrut die →

17 Weingut Pawis

Gutshoffeste, Weinwanderungen und eine Straußwirtschaft zum Genießen – wer sich für den hiesigen Rebensaft interessiert, ist bei Bernard Pawis richtig. Der Freyburger baute das elterliche Weingut aus und übernahm 2005 das frühere Rittergut in Zscheiplitz hoch über Freyburg.

Weingut Pawis, Auf dem Gut 2, Freyburg OT Zscheiplitz, Tel. 03 44 64/283 15, Gutsladen Mo–Sa 10–12, 13/14–18, So 10–12 Uhr, Straußwirtschaft Mai, Aug.–Okt. Sa 14–20, So 14–19 Uhr, www.weingut-pawis.de

Kulinarischer Kalender

→ Pforten und laden zu Verkostungen, Seminaren und Unterhaltung ein.
www.weinbauverband-saale-unstrut.de

18 Weinfest Naumburg

Auf dem Naumburger Holzmarkt bauen die lokalen Winzer am letzten Wochenende (Fr–So) ihre Weinhütten auf und schenken ihre besten Tropfen aus.
www.naumburg.de ▸ Weinfest & Töpfermarkt Naumburg

SEPTEMBER

19 Hoffest im Landesweingut

Am dritten Wochenende im September treffen sich die Bacchusfreunde im Landesweingut Kloster Pforta in Bad Kösen zu Wein und regionaler Küche, Trestertreten und Livemusik
www.kloster-pforta.de

OKTOBER

20 Bollenmarkt

Am ersten Wochenende im Oktober wird traditionell die Zerbster Zwiebel(Bollen)-Königin gekürt.
www.stadt-zerbst.de ▸ Feste

21 Tag der süßen Tour

Vor mehr als 160 Jahren entdeckten Landwirte in der Magdeburger Börde das »Weiße Gold« der Zuckerrübe für sich. Beim »Tag der süßen Tour« Mitte Oktober bieten ungefähr 40 zuckeraffine Betriebe und Geschäfte in fast 30 Orten Veranstaltungen an, und auch die Gaststätten überlegen sich besondere Events für ihre Kunden.
www.regionmagdeburg.de ▸ Süße Tour

bein, Erbspüree (Lehm) und Sauerkraut (Stroh) zu Salzkartoffeln serviert.

Ratskeller Magdeburg, Alter Markt 6, Magdeburg, Tel. 0391/5682323, tgl. geöffn. (So 11–15 Uhr), www.ratskeller-magdeburg.de

22 Braunbier Pubarschknall

Dazu passt natürlich ein kühles Bier, entweder von der größten und bekanntesten Brauerei der Region, Hasseröder aus Wernigerode, oder aus einer kleinen **Privatbrauerei** wie dem Brauhaus Lüdde in Quedlinburg. Im überdachten, ehemaligen Hof des historischen Gebäudes sitzt man um ein klassisches Zwei-Geräte-Sudwerk, das vier Sorten Bier liefert, darunter das Pubarschknall, ein obergäriges Braunbier, das seit mehr als 100 Jahren als Markenzeichen der Brauerei gilt.

Brauhaus Lüdde, Blasiistr. 14, Quedlinburg, Tel. 03946/705206, tgl. geöffn., www.event-restaurant-harz.de

23 Gommeraner Burgbräu

Die erste **Ökobrauerei** der neuen Bundesländer hat sich in der Wasserburg Gommern, etwa 20 km südöstlich von Magdeburg etabliert. Die Sorten kommen ohne Eiweißstabilisierung, Filtration oder Pasteurisation zur verbesserten Haltbarkeit aus dem Bierhahn. Ab März wird alle zwei Monate ein neues Saisonbier ausgeschenkt, vom Märzen über den Maibock bis zum Räuchermännchen mit Schinkenaroma.

Wasserburg zu Gommern, Walther-Rathenau-Str. 9–10, Tel. 039200/78850, Restaurant tgl. ab 12 Uhr, www.wasserburg-zu-gommern.de

24 Würchwitzer Milbenkäse

Slow Food Deutschland bezeichnete den **Würchwitzer Milbenkäse** einmal als »Trüffel« unter den Käsesorten. Er wird aus getrocknetem Magerquark hergestellt. Der Clou ist der Einsatz von Milben, der üblicherweise bei der Käseproduktion stört, weil er am Laib nagt. In Würchwitz, einem Bauerndorf im Burgenlandkreis, hat man auf Grundlage von mittelalterlichen Rezepturen das weltweit einzige Verfahren entwickelt, bei dem Milben zur Reife herangezogen werden. Nach etwa drei Monaten ist der Milbenkäse schnittfest, bernsteinfarben und hat die Hälfte seines Anfangsgewichts verloren.

Würchwitzer Milbenkäse-Manufaktur, Sporarer Str. 8, Würchwitz, Tel. 034426/21346, www.milbenkaese.de

25 Winzerfest Freyburg

Im September findet das größte Weinfest Mitteldeutschlands statt: Geschichte zum Anfassen mit Gauklern und Spielleuten, dazu Frühschoppen, Wein- und Sektproben und ein großes Feuerwerk. Die Krönung der Gebietsweinkönigin und ein Festumzug runden die Veranstaltung ab.
2. Sept.-Wochenende, Freyburg, Tel. 034464/27260, www.freyburg-tourismus.de ▸ Wein ▸ Weinfeste

Sachsen

Picknick vor historischen Kulissen: Die Dresdner Elbwiesen bieten freie Sicht auf die Frauenkirche und die Brühlsche Terrasse.

Die Sachsen haben durch ihre Nachbarschaft zu Böhmen eine gewisse Affinität zur k.-u.-k.-Monarchie Österreich-Ungarns entwickelt, die sich auch kulinarisch widerspiegelt. So darf sich niemand wundern, wenn die Speisekarten »Ungarisches Paprikagulasch mit böhmischen Knödeln« verheißen. Die Getränkekarte bietet Kaffeeköstlichkeiten, wie man sie sonst nur in Wien oder Triest vermutet: Kaffee »Konsul« (mit Schlagsahne), Kaffee »Mexikanisch« (mit heißer Schokolade und Schlagsahne) oder »À la Pompadour« (mit Schokolade, Sahne, Zimt, Kardamom und Schlagsahne). Früher war im Rest von Deutschland ab und an vom »Kaffeesachsen« die Rede, wenn man deren besondere Vorliebe für das Heißgetränk ironisch umschreiben wollte. Aber es wäre ungerecht, sie alleine darauf zu reduzieren, denn nach den Bayern trinken die Sachsen das meiste Bier in der Republik. Das erste nach dem Reinheitsgebot gebraute Pilsner stammte aus Radeberg.

Unterwegs im Land stößt man immer wieder auf regionale Besonderheiten, die unvergleichlich sind. Im Erzgebirge und im Vogtland wird im Dezember Neinerlaa (Neunerlei) als Weihnachtsessen serviert. Das sind neun Speisen, die unterschiedliche Bedeutung haben: Sauerkraut etwa dient der Gesundheit, Sellerie der Fruchtbarkeit, Linsen stehen für Kleingeld, Klöße für das große Geld im neuen Jahr. Dazu gehören Bratwurst, Kaninchen-, Gänse- oder Schweinebraten, Kompott, Brot und Salz. Ein Originalrezept gibt es nicht, aber immer sind es neun Speisen, auch wenn sie von Ort zu Ort variieren.

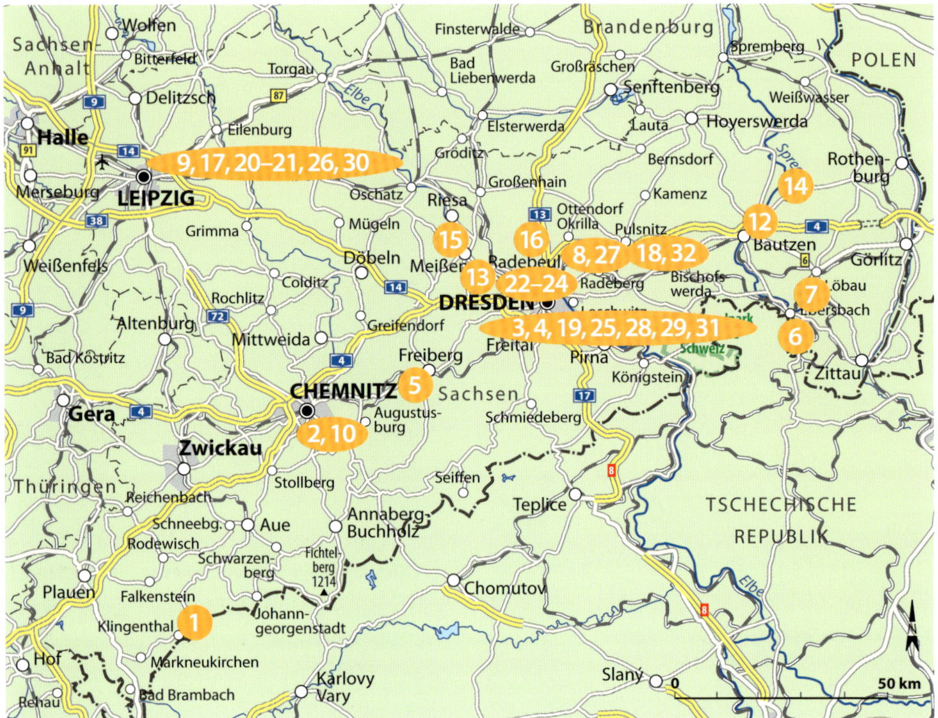

1 Zum Postillion
2 Zur Marketenderie
3 Gänsedieb
4 Café Schinkelwache
5 Café Hartmann
6 Oberlausitzer Leinewebertag
7 Eibauer Bierzug
8 Radeberger Bierstadtfest
9 Weinfest Leipzig
10 Chemnitzer Weindorf
11 Tage des Offenen Weingutes*
12 Bautzener Senfwochen
13 Weinböhlaer Winzerstraßenfest
14 Lausitzer Fischwochen
15 Meißner Weinfest
16 Fisch- und Waldfest Moritzburg
17 Leipzig genießt
18 Pfefferkuchenmarkt Pulsnitz
19 Dr. Quendt Spezialitätenbäckerei
20 Café Kandler
21 Auerbachs Keller
22 Sächsisches Staatsweingut
23 Straußenwirtschaft Am Zitzschewiger Weingarten
24 Herbst- und Weinfest in Radebeul
25 Kurfürstenschänke anno 1708
26 Zum Arabischen Coffe Baum
27 Radeberger Exportbrauerei
28 Dresdner Stollenfest
29 Brauhaus am Waldschlösschen
30 Gosenschenke »Ohne Bedenken«
31 Pfunds Molkerei
32 Pfefferkuchen-Schauwerkstatt

* an der Sächs. Weinstr.

1 Grüne Klöße

Die vogtländische Küche ist einfach und deftig, die Kartoffel in allen möglichen Varianten – gerieben, geschnitten, gebraten oder in Scheiben – steht häufig im Mittelpunkt. Bekannt sind die **grünen Klöße**, die ihren Namen der Tatsache verdanken, dass »grüne«, also roh geriebene Kartoffeln, verwendet werden. Werden gern zu »Onner Saubaa mit Kräh un Kraut« gereicht, »Gegrillter Schweinshaxe mit Meerrettich und Sauerkraut«.

Zum Postillion, Auerbacher Str. 146, Klingenthal, Tel. 03 74 67/54 00, Mo ab 17, Di–Fr 11–14, 17–22, Sa 11–23, So 11–15 Uhr, www.zum-postillion.de

2 Quark mit Leinöl

In der Lausitz, im Erzgebirge, aber auch in Brandenburg gilt **Quark mit Leinöl** an Pellkartoffeln als wahre Delikatesse. Das Leinsamenprodukt macht die Milchspeise haltbarer und dient als Energielieferant. Der nussige und herzhafte Geschmack des Öls wird oft noch mit frischen Kräutern verfeinert.

Zur Marketenderie, Oberfrohnaer Str. 131, Chemnitz/Rabenstein, Tel. 03 71/800 04 08, Mi–Fr ab 17, Sa/So ab 11 Uhr, www.zur-marketenderie.de

3 Quarkkeulchen

Eine süße Köstlichkeit sind die **Quarkkeulchen**, die aus gekochten Kartoffeln,

Spezialität Eierschecke: Sachsen haben ein Faible für süße Leckereien.

Quark und Rosinen zubereitet werden. Gebraten, mit Zimt und Zucker bestreut, kommen sie mit Apfelmus (aus dem Elbtal) auf den Tisch.

Gänsedieb, Weiße Gasse 1, Dresden, Tel. 0351/4850905, tgl. ab 11 Uhr, www.gaensedieb.de

4 Dresdner Eierschecke

In Dresden ist das Angebot an süßem Gebäck zu einem Scheelchen Heeßen – wie eine Tasse Kaffee in Sachsen umgangssprachlich gerne genannt wird – immens. Ausgesprochen schmackhaft ist die beliebte Eierschecke, ein dreischichtiger Blechkuchen aus Hefeteig, der mit einer Masse aus Eiern, Butter, Zucker und Vanille-Quark belegt ist. Das Gebäck ist in Dresden häufig im Angebot, in historischer Kulisse wird es im »Café Schinkelwache« gegenüber der Semperoper serviert. Der Name »Schinkelwache« entspringt dem Volksmund, der, wie so häufig, präzise und einprägsame Namen ersinnt – oder findet irgendjemand den offiziellen Namen »Altstädtische Hauptwache« besser? »Schinkelwache« verweist direkt auf den Erbauer, den Architekten Karl Friedrich Schinkel (1781–1841), der mit seinen klassizistischen Bauten das Berlin des 19. Jahrhunderts prägte – und auch in Dresden bleibenden Eindruck hinterließ.

Café Schinkelwache, Am Theaterplatz 2, Dresden, Tel. 0351/4903909, tgl. 11–23 Uhr, www.schinkelwache-dresden.de

5 Freiberger Eierschecke

Eierschecke ist nicht gleich Eierschecke. In Freiberg haben sie sich die Bezeichnung »Freiberger Eierschecke« schützen lassen. Schließlich gibt es eine Legende, mit der sich die Einzigartigkeit des Kuchens belegen lässt. Als im 13. Jahrhundert die Stadtmauer errichtet wurde, ging allmählich der Lehm zur Neige. Kurzerhand streckten die Arbeiter den Bindestoff mit Quark. Infolgedessen wurde natürlich nun das Milchprodukt knapp, und die Bäcker mussten eine neue Art der Zubereitung entwickeln: Den fehlenden Quark glichen sie aus, indem sie mehr Eier und Zucker sowie erstmals Rosinen verwendeten.

Café Hartmann, Petersstr. 1a, Freiberg, Tel. 03731/22807, Di–Fr 9–18, Sa 9–17, So 13–17 Uhr, www.cafe-hartmann.de

Kulinarisches Lexikon

Bambes (Buttermilch-Kartoffelpuffer): Vogtländer Kartoffelpuffer sind aus rohen Kartoffeln, Zwiebeln und Buttermilch. In Speckfett gebraten, werden sie zu Pilzen oder Braten gereicht.

Bautz'ner Senf: Gewürzpaste aus verschiedenen Senfsaaten in den Geschmacksvarianten mittelscharf und scharf. Wird in Bautzen seit 1930 industriell hergestellt und war größter Senfhersteller der DDR.

Heinrichsthaler Camembert: Weichkäse mit hellem Außenschimmel und einem Fettgehalt von 55 %. Agathe Zeis gründete 1881 die Meierei Heinrichsthal bei Radeberg und produzierte als Erste in Deutschland Camembert.

Meißner Fummel: Rundliches Gebäck aus Oblatenteig. Ohne Füllung, sehr zerbrechlich. Von der EU namentlich geschützt.

Schwammespalken: Vogtländer Pilzeintopf mit gewürfelten Kartoffeln (Spalken) und einer Sauce aus braunem Mehl.

Stupperle: Kartoffelklöße nach Lausitzer Art, häufig mit Schwarzbier-Weißkraut und gebratener Blutwurst serviert.

Teichelmauke: Oberlausitzer Gericht aus Kartoffelbrei (Mauke), kleingeschnittenem Rindfleisch und Sauerkraut. Das Püree wird in einem tiefen Teller so angerichtet, dass in der Mitte eine Öffnung (Teichel) bleibt, die mit Brühe aufgefüllt wird. Dort hinein kommen dann das Kraut und das Fleisch.

Kulinarischer Kalender

MÄRZ/APRIL

6 Oberlausitzer Leinewebertag

In Seifhennersdorf wird am dritten So im März im und am Karasek-Museum vorgeführt, wie aus Flachs Leinfasern entstehen. Dazu gibt es typische Gerichte der Leineweber wie Holundersuppe, Teichelmauke oder Stupperle.
www.karaseks-revier.de

JUNI

7 Eibauer Bierzug

Die kleine Gemeinde, zwischen Zittau und Bautzen gelegen, lädt am letzten Wochenende zum großen Spektakel mit Hopfenkönigin und Pferdegespannen rund um das Genussmittel Bier. Die Eibauer Privatbrauerei war die vergangenen Jahre allerdings nicht dabei.
www.eibauer-bierzug.de

8 Radeberger Bierstadtfest

Am dritten Juni-Wochenende feiern Radeberg und die ansässige Exportbierbrauerei das Bierstadtfest mit Fassbieranstich, Spielmannszügen, Bierfassrollen und jeder Menge Live-Gigs.
www.bierstadtfest.de

JULI

9 Weinfest Leipzig

Am ersten Wochenende im Juli (Do–So) gehört der Leipziger Marktplatz den Weinbauern aus Deutschland, vor allem denen aus Sachsen, Sachsen-Anhalt und der Mosel-Region. 500 Tropfen werden in den Buden feilgeboten.
www.leipzig.de ▸ Freizeit ▸ Weinfeste

JULI/AUGUST

10 Chemnitzer Weindorf

Auf dem Neumarkt vor dem Chemnitzer Rathaus präsentieren 25 deutsche Weingüter ab dem letzten Juli-Wochenende 16 Tage lang ihre besten Tropfen zu Live-Musik und Käse-, Wurst- und Fischspezialitäten.
www.weindorf-chemnitz.de

AUGUST

11 Tage des Offenen Weingutes

Am letzten Wochenende laden die Weingüter entlang der Sächsischen Weinstraße gemeinsam zur Verkostung ein.
www.elbland.de ▸ Reisethemen ▸ Wein-Verführungen

AUGUST/SEPTEMBER

12 Bautzener Senfwochen

Drei Wochen lang kreieren Gaststätten zwischen Hauptmarkt, Kornmarkt und Steinstraße Gerichte mit der hiesigen Spezialität. Das Senfmuseum am Fleischmarkt erklärt, warum das Gewürz auch »den Verstand schärft«.
Mitte Aug.–Mitte Sept., www.feiern-in-bautzen.de

SEPTEMBER

13 Weinböhlaer Winzerstraßenfest

Am ersten September-Wochenende öffnen die Höfe rund um den Kirchplatz von Weinböhla die Pforten und bieten sächsischen Wein der Lage »Weinböhlaer Gellertberg« an.
www.weinboehla.de ▸ Veranstaltungskalender

SEPTEMBER–NOVEMBER

14 Lausitzer Fischwochen

Mehr als 1000 Teiche machen die Oberlausitzer Heide zu einer attraktiven Naturlandschaft. Im Herbst werden die Gewässer um Kamenz und Bautzen herum abgefischt – viele Gaststätten nutzen dies und laden zum deliziösen Fischessen ein.
Ende Sept.–Anfang Nov., www.lausitzer-fischwochen.de

15 Meißner Weinfest

Am dritten Wochenende empfängt die Porzellanstadt Besucher aus nah und fern und feiert mit Festzug, Live-Musik und Feuerwerk die regionalen Tropfen.
www.meissner-weinfest.de

OKTOBER

16 Fisch- und Waldfest Moritzburg

Am letzten Wochenende im Oktober feiern die hiesigen Fischer das Abfischen im Schlossteich der Moritzburg. Im Festzelt bereiten Köche Karpfen, Forelle und Co. zu.
www.kulturlandschaft-moritzburg.de ▸ Events

OKTOBER/NOVEMBER

17 Leipzig genießt

Hiesige Gastronomen setzen Ende Oktober/Anfang November elf Tage lang auf Besonderes: Dann werden im »Sushi Circle« die japanischen Rohfische mit Leipziger Allerlei kombiniert oder nach einer Führung »Auf den Spuren von Goethe und Faust« in »Auerbachs Keller« hausgemachte Rindsroulade mit Rotkraut genossen. Tipp: An zwei Tagen wird in der Alten Handelsbörse mit Leipziger Spezialitäten gehandelt – fair, regional und nachhaltig.
www.leipzig-geniesst.de

NOVEMBER

18 Pfefferkuchenmarkt Pulsnitz

Das duftet! Deutschlands 13. Pfefferkuchenmarkt findet am ersten Wochenende im November in der sächsischen Kleinstadt Pulsnitz unweit von Bautzen statt.
www.pfefferkuchenmarkt.de

Das Café Hartmann backt exklusiv den Freiberger Bauerhasen. Das ist ein Gebäck aus Hefeteig und Rosinen, mit Mandeln gespickt, in Form eines Hasen; erfunden von einem Koch namens Bauer, der einen Streit zwischen Markgraf Friedrich und dem Kaplan schlichtete. Der Herrscher wollte am Fasnachts-Dienstag kurz vor Mitternacht einen Hasenbraten verspeisen, wogegen der Geistliche wegen der beginnenden Fastenzeit protestierte. Der Koch servierte als »Kompromiss« das süße Gebäck.

19 Dominosteine

Eine echte Dresdner Leckerei sind Dominosteine, erfunden 1936 von dem Schokolatier Herbert Wendler (1912–1998). Er wollte Pralinen, die sich damals nur die Schönen und Reichen leisten konnten, für die breite Bevölkerung zugänglich machen und gestaltete einen mit Schokolade überzogenen Lebkuchen-Würfel, gefüllt mit Marzipan, Kirsch- oder Johannisbeer-Gelee und etwas Rum. Wendler gab das Rezept 1996 an Dr. Quendt, den größten Produzenten des Dresdner Stollens. Seither finden sich die Dominosteine im Sortiment der Spezialitätenbäckerei und haben mit dem Dresdner Herrenkonfekt ein kleines Brüderchen bekommen. Dieses Konfekt besteht ebenfalls aus Lebkuchen und Kirschgelee, ist aber mit einer hochprozentigen Rum-Punsch-Masse gefüllt.

Dr. Quendt Werksverkauf, Offenburger Str. 1, Dresden, Tel. 0351/43616-0, Jan.–Sept. Mo–Fr 10–16.30, Do 10–18, Okt.–Dez. Mo–Fr 9–19, Sa 9–12 Uhr, www.dr-quendt.de
▸ Unternehmen

Verkostungen, Seminare, Konzerte: Das Sächsische Staatsweingut Wackerbarth nennt sich »Europas erstes Erlebnisweingut«.

20 Leipziger Lerche

Für süße Genüsse ist auch die größte Stadt des Freistaates Sachsen bekannt: Leipziger Lerche gilt neben dem Leipziger Allerlei als bekannteste Spezialität. Sie wurde erfunden, als König Albert I. 1876 die Jagd auf Singvögel verbot – was damals auf heftige Kritik stieß. Als süßer Ersatz dienen seitdem die kleinen, hellen Mürbeteigtörtchen, die mit Konfitüre und Marzipan gefüllt werden.

Café Kandler, Thomaskirchhof 11, Leipzig, Tel. 0341/2132181, tgl. 10–20 Uhr, www.cafekandler.de

21 Leipziger Allerlei

Das bekannte Leipziger Allerlei findet man fast überall in Sachsen, wenn auch manchmal unter anderem Namen. Die bunte Gemüsemischung aus Erbsen, grünen Bohnen, Karotten und Spargel wird

Es lebe der Wein: Umzug zur Eröffnung des Radebeuler Weinfests in Altkötzschenbroda.

23 Goldriesling

Zwischen Diesbar-Seußlitz und Pirna liegt die Sächsische Weinstraße, die auf 55 km Länge neben Weingütern auch an einst hochherrschaftlichen Anlagen wie Schloss Proschwitz oder dem Dom in Meißen vorbeiführt. Denn die Stadt an der Elbe hat mehr zu bieten als ihr berühmtes Porzellan. Die Meißner Weine, trocken mit fruchtiger Säure, sind Raritäten, die man unbedingt probieren sollte. Sie werden an den Elbhängen in steiler Lage kultiviert, oft in sehr kleinen Parzellen. Eine ganz besondere Spezialität ist der Goldriesling, häufig mit Krebsschwänzen zu deftigen Fleischgerichten serviert. Bekannt ist auch der Sächsische Sauerbraten vom Rind, der mit reichlich Sauce gereicht wird. Überhaupt, die Saucen: Wichtig ist, dass man eintunken (ditschen) kann, ob den Kuchen in den Kaffee oder die Klöße in die Sauce.

Auerbachs Keller, Mädler Passage, Grimmaische Str. 2–4, Leipzig, Tel. 03 41/216 10-0, tgl. ab 12 Uhr, www.auerbachs-keller-leipzig.de

22 Spiel der Aromen

Dresden darf sich einer der schönsten Umgebungen aller deutschen Großstädte rühmen, was eindeutig mit der Lage am Fluss, dem Elbtal mit seinen Obst- und Weingärten zusammenhängt. Etwas abseits der Straße nach Meißen befindet sich das Sächsische Staatsweingut Schloss Wackerbarth, nach eigenen Angaben Europas erstes Erlebnisweingut, das Führungen, Wanderungen, Verkostungen anbietet: Unterschiedliche Veranstaltungen und kurze Seminare in der Wein- und Sektmanufaktur klären über die Arbeit der Winzer und die Qualität ihrer Produkte auf. Jeden ersten Freitag im Monat wird im Barockschloss zudem das Seminar Spiel der Aromen (49 €, mit Menü 78 €) angeboten, eine spielerische Erkundung des eigenen Geruchsinns: Das Bukett verschiedener Weine wird mit dem Duft realer Früchte verglichen.

Sächsisches Staatsweingut, Wackerbarthstr. 1, Radebeul, Tel. 03 51/89 55-0, www.schloss-wackerbarth.de ▸ Verkostungen und Veranstaltungsreihen

24 Herbst- und Weinfest in Radebeul

Meißen und Radebeul konkurrieren am dritten Wochenende im September um die Gunst der Bacchus-Freunde und Liebhaber sächsischer Weine. Während Meißen mit einem Festumzug punktet, öffnet Radebeul den historischen Dorfanger in Altkötzschenbroda für ein internationales Wandertheaterfestival mit rund 70 Vorstellungen. Die Besucher goutieren beide Konzepte: Insgesamt 100 000 Besucher säumen die Straßen, Höfe und Plätze der nur 15 km voneinander entfernt liegenden Städte.

3. Wochenende im Sept., Radebeul-Altkötzschenbroda, Tel. 03 51/83 11-600 (Tourist-Info), www.weinfest-radebeul.de

25 Dresdner Stollen

Die bekannteste süße Delikatesse der sächsischen Landeshauptstadt ist zweifelsohne der Dresdner Stollen: ein nach Butter und Marzipan schmeckender, feucht-schwerer Hefekuchen mit in Rum getränkten Rosinen und Korinthen, Mandeln, Orangeat und Zitronat. Es hält sich hartnäckig die Geschichte, dass der Stollen ursprünglich einem in Windeln gewickelten Baby – dem kleinen Jesus-Kind – nachempfunden sei. Wenn es nicht wahr sein sollte, so ist es doch zumindest nett erfunden.

Seit 2010 darf nur Backwerk aus Dresden und der näheren Umgebung diesen Namen tragen. Doch nicht nur die Herkunft, auch die Rezeptur definiert diese Spezialität. Im Gegensatz zu anderen Stollen sind die Dresdner besonders reichhaltig an Ingredienzen wie Butter und Mandeln. Online ist es möglich, den Brotkuchen ganzjährig zu bestellen, wer es aber konventionell mag, wartet bis zur Saisoneröffnung Mitte September, um den Stollen in einem der traditionsreichen Kaffee- oder Wirtshäuser zu erwerben.

Kurfürstenschänke anno 1708, An der Frauenkirche 13, Dresden, Tel. 03 51/42 44 82 80, tgl. 11–0 Uhr, www.kurfuerstenhof-dresden.de

26 Zum Arabischen Coffe Baum

Das Haus in der Kleinen Fleischergasse in Leipzigs Altstadt steht dort seit dem Jahr 1556. 1711 wurde hier erstmals Kaffee ausgeschenkt, somit ist es eines der ältesten Kaffeehäuser Europas. Seinen Namen verdankt es einer Plastik, die während eines Umbaus in den Jahren 1719/1720 über dem Eingang angebracht wurde. Sie zeigt einen Osmanen mit Turban neben einem Baum, dem ein engelsgleicher Amor eine Tasse reicht. Das legendäre Café bietet neben Kaffeespezialitäten auch regionale Köstlichkeiten, beispielsweise **Leipziger Räbchen**. Das sind Trockenpflaumen, die, mit Marzipan gefüllt, in einem Eierkuchenteig gebacken und anschließend in Zimtzucker gewälzt werden.

Zum Arabischen Coffe Baum, Kleine Fleischergasse 4, Leipzig, Tel. 03 41/961 00 60, tgl. ab 11 Uhr, www.coffe-baum.de

eine Rebsorte, die nur in Sachsen angebaut wird. Sie bekommt man am originellsten in einer Straußwirtschaft, einer kleinen Weingaststätte, in der nur Tropfen verkauft werden dürfen, die selber angebaut und gekeltert wurden.

Straußenwirtschaft Am Zitzschewiger Weingarten, Langenbergweg 4, Radebeul, Tel. 0351/8384963, Mo–Do nach Vereinbarung, Fr 16–22, Sa/So 14–22 Uhr, www.am-zitzschewiger-weingarten.de

27 Radeberger Exportbierbrauerei

Die Exportbierbrauerei importierte die Pilsner Braukunst aus dem entfernten Böhmen. Heute verkauft sie etwa 1,8 Mio. hl Pilsner im Jahr. Bei einer Brauereiführung durch eine der modernsten Brauereien Deutschlands kann man mehr über den Gerstensaft erfahren und ihn natürlich auch kosten.

28 Dresdner Stollenfest

Höhepunkt der Dresdner Stollensaison ist das Stollenfest. Quer durch die Altstadt führt die Stollenprozession mit dem 3–4 t schweren Riesenstollen, bis dann auf dem Striezelmarkt, einem der ältesten Weihnachtsmärkte Deutschlands, der Feststollen angeschnitten und an die Festbesucher verkauft wird.
Sa vor dem 2. Advent, Dresden, Tel. 0351/501501 (Tourist-Info), www.dresdnerstollenfest.de

Radeberger Exportbrauerei, Dresdner Str. 2, Radeberg, Tel. 03528/454-0 (Anmeldung erforderlich), www.radeberger.de

29 Brauhaus am Waldschlösschen

Auf langjährige Bier-Tradition stößt man in Wernesgrün, Einsiedel, Görlitz und Eibau. In Dresden repräsentieren die Brauerei Feldschlößchen und das Brauhaus am Waldschlösschen die alte Schule der Braukunst. Letzteres gibt es seit 1836 und gilt als älteste noch existierende Aktienbrauerei Deutschlands. Hier genießt man auf der beheizbaren Terrasse und im Biergarten neben den Spezialitäten einen tollen Blick auf die Elbe und die berühmte Dresdner Altstadt.

Brauhaus am Waldschlösschen, Am Brauhaus 8b, Dresden, Tel. 0351/6523900, tgl. ab 11 Uhr, www.waldschloesschen.de

30 Gose

Eine besondere Bierspezialität nennt sich »Gose«, da sie ursprünglich aus Golsar stammt. Ein obergäriges, säuerlich und leicht salzig schmeckendes Bier, das vor allem in Leipzig, Dessau und Halle verbreitet ist und der Berliner Weiße ähnelt. Wird häufig und gerne mit Sirup »versüßt«. Traditionell trinkt man Gose aus schlanken, hohen Gläsern. Die Flaschen sahen früher aus wie Bocksbeutel mit einem sehr langen Hals; sie hatten keinen Deckel, da durch die Gärung Hefe emporstieg und die Flasche auf natürlichem Wege verschloss.

Gosenschenke »Ohne Bedenken«, Menckestr. 5, Leipzig, Tel. 0341/5662360, April–Sept. tgl. ab 12, Okt.–März Mo–Fr ab 16, Sa/So ab 12 Uhr, www.gosenschenke.de

31 Pfunds Molkerei

Eine wunderbare Ergänzung zu Bier und Wein ist der regionale **Käse aus dem Elbtal**, den man bei vielen Biobauern direkt, aber auch in **Pfunds Molkerei** im »schönsten Milchladen der Welt« in Dresden probieren und kaufen kann. Die prächtige Ladenausstattung von 1892 beeindruckt mit handbemalten Wandfliesen von Villeroy & Boch. Pfunds Molkerei hat sich zu einem Touristenmagneten entwickelt: Bis zu 1500 Besucher täglich zählt der Laden.

Pfunds Molkerei, Bautzner Str. 79, Dresden, Tel. 0351/808080, Mo–Sa 10–18, So 10–15 Uhr, www.pfunds.de

32 Pulsnitzer Pfefferkuchen

Das kleine Pulsnitz im Kreis Bautzen hat sich überregional einen Namen gemacht, weil hier seit Jahrhunderten Pulsnitzer Lebkuchen gebacken wird. Vor allem in der Adventszeit verströmen die Bäckereien den Duft von Kardamom und Zimt. Schaubäckereien gewähren Einblicke in die Handwerksbetriebe aus der Zeit um 1900 und bieten auch Verkostungen an.

Pfefferkuchen-Schauwerkstatt, Am Markt 3, Pulsnitz, Tel. 035955/44246, Di–Fr 10–17, So 14–17 Uhr, www.ernst-rietschel.com

▸ Pfefferkuchen

Zwiebeln sind nicht nur zum Essen da: Auf dem Weimarer Zwiebelmarkt zeigen mehr als 100 Stände, was man aus dem Gewächs alles machen kann.

Thüringen

Der Thüringer liebt seine Rostbratwurst und feiert sie, wo er kann. Die Bratwurst ist das kulinarische Epizentrum, überall geht es um die Wurst: Der Thüringer hat ein Bratwurstmuseum eröffnet und dokumentiert Geschichte und Kultur, aber auch Kurioses und Kitschiges. Die Macher sind die »Freunde der Thüringer Bratwurst e. V.«. Sie widmen dem Objekt ihrer Begierde sogar ein Bratwursttheater und führen jedes Jahr einen neuen Schwank auf, bei dem sich alles – ja, wirklich – um die Wurst dreht.

Zum Glück gibt es noch andere Gaumeninteressen: Bier – was sonst passt am besten zur Bratwurst?, Klöße – der Legende nach erfunden in Meiningen. Und: Wein, den hier auf den ersten Blick niemand verorten würde, wenn er nicht in den Geschichtsbüchern geblättert hätte: »... selbst die nördlich gelegenen (Anhöhen), der alte Steiger, waren mit Weinbergen bedeckt«, hielt ein Erfurter Stadtchronist 1161 fest. Eine Rechnung des Arnstädter Jungfrauenklosters von 1404 belegt, wie lange die Bratwursttradition in Thüringen zurückreicht; die ältesten Rezepte datieren aus dem frühen 17. Jahrhundert – in Deutschland kann da allenfalls noch Nürnberg oder Regensburg mithalten. Kein Wunder, dass in Thüringen das 1. Deutsche Bratwurstmuseum entstand. Es zeigt die 600-jährige Tradition von der Tierhaltung bis zur Verarbeitung sowie historische Gerätschaften und eine alte Klosterküche. Und es vermittelt eine Erkenntnis: Bis aus Schlachttieren grillfertige Rostbratwürste werden, bedarf es vieler Schritte mehr, als es sich Hans Wurst an der Fleischtheke vorstellen kann.

1 1. Deutsches Bratwurstmuseum

Eine mobile Wurstmanufaktur demonstriert, wie das Grillgut in früheren Zeiten gefertigt wurde. Bewirtet wird in der Bratwurstscheune, unterhalten im Bratwursttheater mit Schwänken wie »Hans Wurst und die Liebesbratwurst«.

Hinter dem Gute 2, Amt Wachsenburg/ Holzhausen, Tel. 036 28/60 44 12, April–Okt. Di–So 11–18 Uhr, www.bratwurstmuseum.de

Auch viele Feste und Veranstaltungen widmen sich dem Grillgut, das seit 2004 durch eine EU-Verordnung namentlich geschützt ist. Thüringer Rostbratwurst darf sich feines Schweinehack nennen (manchmal mit Rind oder Kalb vermengt), das mit Salz, Pfeffer, Majoran, Knoblauch und Kümmel gewürzt und in Naturdärme gefüllt wird. Sie muss mindestens 15 cm lang sein. Der Fettgehalt liegt bei 20 %, darf aber um bis zu 5 % abweichen.
Übrigens: Früher mussten mindestens 51 % der Bestandteile aus dem Freistaat stammen. 2011 wurde dieser Passus wieder gestrichen, weil die »Eigenschaften des Produktes« davon nicht abhingen.

- 1 1. Deutsches Bratwurstmuseum
- 2 1. Deutsche Grill- & BBQ-Schule
- 3 Born Senf-Laden & Senf-Museum
- 4 Zum Mühlenwirt
- 5 Gasthof Lumpzig
- 6 Ratskeller Altenburg
- 7 Thüringer Spezialitätenmarkt
- 8 Köstritzer Schwarzbierbrauerei
- 9 Thüringer Weingut Sonnenburg
- 10 Echter Nordhäuser Traditionsbrennerei
- 11 Rostkultur
- 12 Köstritzer Brauereifest
- 13 Hütesfest
- 14 Erfurter Weinfest
- 15 Thüringer Weinfest
- 16 Weimarer Weinfest
- 17 Trad. Federweißerfest
- 18 Bratwurstiade
- 19 Weimarer Zwiebelmarkt

2 Grill- und BBQ-Schule

Der Koch und frühere »Grillweltmeister« Hans-Joachim Fuchs – der diese Disziplin mutmaßlich erfand – gründete in Erfurt die 1. Deutsche Grill- und BBQ-Schule, die bis heute interessierten Laien jene Fachkenntnisse vermittelt, mit denen die nächste Grillparty ein genüsslicher Erfolg wird. Neben Basis-, Aufbau- und Masterkurs gibt es Spezialseminare zum Umgang mit Fisch oder einem American Barbecue.

1. Deutsche Grill- & BBQ-Schule, Leipziger Str. 158, Erfurt, Tel. 03 61/241 16 11, www.grillweltmeister.de

3 Born Senf

Wo es Bratwurst gibt, darf der Senf, natürlich aus Thüringen, nicht fehlen: In Erfurt hat der Hersteller Born – gegründet 1820 – dem zumeist scharfen Begleiter in bester

Erst delikater Senf macht die Bratwurst perfekt: Borns Gewürzpasten aus Erfurt haben seit 1820 einen guten Ruf.

Lage einen **Senf-Laden** inklusive Museum eingerichtet. Am Wenigemarkt darf man kosten: beispielsweise vom Knoblauch-Petersilie- oder vom Mango-weißer-Balsamessig-Senf.

Born Senf-Laden & Senf-Museum, Wenigemarkt 11, Erfurt, Tel. 0361/740340, Jan./Feb. Mo–Fr 11–18, Sa 11–16, März–Dez. Mo–Fr 10–19, Sa 10–16 Uhr, www.born-feinkost.de

4 Senfmühle

In Kleinhettstedt im Ilmkreis wurde nach der Wende die alte **Senfmühle** liebevoll restauriert, deren Besuch ebenso lohnt wie die mit Senf verfeinerten Gerichte des Mühlenwirts im selben Haus.

Zum Mühlenwirt, Kleinhettstedt 44, Ilmtal, Tel. 03629/801062, Di–So 11.30–20 Uhr, www.zummuehlenwirt.de

5 Mutzbraten

Mutzbraten wird ein Stück Fleisch genannt, das aus der Schulter oder dem Kamm des Schweines stammt und in Birkenholzrauch gegart wird.

Gasthof Lumpzig, Eisenbergerstr. 3, Lumpzig, Tel. 034495/7945-0, Mo–Fr 9–14.30, Sa/So 9–14 Uhr, www.gasthof-lumpzig.de

6 Rostbrätel

Kaum weniger bedeutend als die Thüringer Bratwurst ist das **Rostbrätel**, in mancher Gegend, wie in Jena, auch »Brätchen« genannt. Wenn bei einem Fest Bratwürste gegrillt werden, darf man sicher sein, das sie daneben liegen, die marinierten Nackenstücke vom Schwein: Gepfeffert und gesalzen (zuweilen noch mit Kümmel und Knoblauch gewürzt), wird das Fleisch mit Senf bestrichen sowie mit Zwiebeln belegt und dann bis zu 48 Stunden in eine (Schwarz-)Biermarinade eingelegt. Danach gerät das Brätel, auf einem eingefetteten Holzkohlengrill immer wieder mit Bier befeuchtet und langsam gegrillt, zur deftigen Delikatesse.

Kulinarisches Lexikon

Altenburger Ziegenkäse: Milder Weichkäse mit Kümmelnote. Darf nur in Gera sowie den Landkreisen Altenburger Land, Burgenland und Leipzig hergestellt werden.

Biersuppe: Bier und Wasser werden mit Zucker, Salz und Zimt gekocht und mit Mehl und Milch eingedickt.

Datsch oder Detscher: Kartoffelpuffer.

Eichsfelder Feldgieker: Grobkörnige Wurstsorte: Das gehackte und gewürzte Schweinefleisch wird schlachtwarm in handgenähte, blasenähnliche Hüllen aus der Fetthaut des Schweins gefüllt. Reift bis zu einem Jahr lang.

Erfurter Schittchen: Weihnachtsstollen, einer der ältesten Christstollen Deutschlands, 1329 erstmals urkundlich erwähnt.

Greußener Salami: Salami, die nach verschiedenen Rezepten, aber immer in Greußen im Kyffhäuserkreis, hergestellt wird. Geschützte Herkunftsbezeichnung.

Hüllerchen: Kleine Kartoffelbällchen in Speck und Zwiebeln gebraten.

Saure Klebchen: Traditionelles Faschingsessen im Eichsfeld. Eintopf mit gekochtem Eisbein, Pfoten, Schwanz, Schnauze und Rippen vom Schwein, Zwiebeln und Essig, angerichtet mit einer Honigkuchen-Sauce.

Weimarer Zwiebelkuchen: Kuchen aus Hefeteig mit in Öl angedünsteten Zwiebelringen. Wird noch warm verzehrt.

In Thüringen dreht sich alles um die Rostbratwurst: Die Spezialität wurde auf einer Propstei-Rechnung von 1404 erstmals urkundlich erwähnt.

Ratskeller Altenburg, Markt 1, Altenburg, Tel. 03447/311226, Mo–Sa ab 10, So ab 11 Uhr, www.ratskeller-altenburg.de

7 Thüringer Spezialitätenmarkt

Der Thüringer Spezialitätenmarkt auf der berühmten, bebauten Krämerbrücke in Erfurt im Haus »Zum Schwarzen Roß« vermittelt einen kompakten Überblick zu den Köstlichkeiten thüringischer Herkunft: z. B. Pfeffersalami, Senföl, Nougat sowie Wein und Sekt aus Bad Sulza und Kaatschen, Gewürzbitter aus Neudietendorf und unfiltriertes Bier aus der kleinen Brauerei Schmiedeknecht in Herschdorf. Dependance in Weimar.

Thüringer Spezialitätenmarkt, Krämerbrücke 19, Erfurt, Tel. 0361/34634-95, Mo–Sa 10–18, So 11–17 Uhr, www.thueringer-spezialitaeten.de

8 Köstritzer Schwarzbier

Unter den zahlreichen Bieren Thüringens – als Geheimtipp gelten die kleinen Privatbrauereien auf dem Lande – sei hier nur das untergärige Köstritzer Schwarzbier genannt. Die Brauerei in Bad Köstritz (Ostthüringen) besteht seit 1543.

Köstritzer Brauereibesichtigung, Heinrich-Schütz-Str. 16, Bad Köstritz, Tel. 036605/200623, Mo 17, Do 15 und 17 Uhr

9 Thüringer Weine

Eine Besonderheit ist die Weinregion Saale-Unstrut, an der Thüringen mit Sachsen-Anhalt und Brandenburg Anteil hält. Von den gut 770 ha Rebfläche liegen 115 in Thüringen. Unter den Weißweinen bringen die Rebsorten Müller-Thurgau,

Weißburgunder, Kerner und Riesling den größten Ertrag, bei den Rotweinen sind es Regent, Blauer Zweigelt, Cabernet Dorsa und Blauer Spätburgunder. Manche Jahrgänge erringen gar internationales Niveau. Auf dem idyllischen gelegenen Weingut »Sonnenburg« sind es zwei Tropfen aus den Jahren 2006 und 2010.
Thüringer Weingut Sonnenburg, Dorfstr. 17, Bad Sulza, Tel. 03 64 61/20 60-0, Mo–Fr 10–18, Sa 10–16, So 10–13 Uhr, www.thueringer-wein.de

10 Echter Nordhäuser Traditionsbrennerei

Seit 1507 wird in Nordhausen, 75 km nördlich von Erfurt, Korn gebrannt, seit 1789 nach dem Reinheitsgebot: 2/3 Korn, 1/3 Gerste oder Malz. Im 18. und 19. Jahrhundert gab es hier bis zu 69 Brennereien. In DDR-Zeiten zum Kombinat verschmolzen, gehört die Brennerei heute zur Rotkäppchen-Mumm-Gruppe. Etwa 1 km südlich der Traditionsbrennerei liegt das Betriebsgelände von **Nordbrand Nordhausen**. Hier bieten sie ihre Spirituosen – von der »Nordbrand Goldkrone«, einem Weinbrand, über den »Nordfjord Vodka« bis zum »Sarotti Schokoladenlikör« im Werksverkauf an.
– Grimmelallee 11, Nordhausen, Tel. 036 31/99 49 70, Führungen Mo–Sa 10–16 Uhr (Führungen 14 Uhr), www.traditionsbrennerei.de
– Nordbrand Nordhausen, Einfahrt Sundhäuser Str., Nordhausen, Tel. 036 31/636-0, Di/Do 13–17.30 Uhr, www.nordbrand-nordhausen.de

Kulinarischer Kalender

MÄRZ

11 Rostkultur

Mit einer große Wochenendveranstaltung auf dem Erfurter Domplatz wird die Grillsaison eröffnet: Die Bratwurst (in zahlreichen Varianten) gibt einen Vorgeschmack auf die nächsten Monate.
www.erfurt-tourismus.de ▸ Märkte & Feste

MAI

12 Köstritzer Brauereifest

Am letzten Wochenende lädt die Brauerei zum Fest auf ihrem Gelände ein: Livemusik, Bierfrühstück und Fassbieranstich.
www.koestritzer.de ▸ Aktionen ▸ Brauereifest

JUNI ODER JULI

13 Hütesfest

An einem Wochenende feiert die Stadt Meiningen mit rund 30 000 Besuchern Thüringer Klöße – die Hütes –, die hier erfunden worden sein sollen.
www.thueringen-tourismus.de ▸ Veranstaltungen

AUGUST

14 Erfurter Weinfest

Auf dem Domplatz schenken Winzer verschiedener Anbaugebiete vier Tage lang ihre aktuellen Weine aus.
www.erfurt-tourismus.de ▸ Märkte & Feste

15 Thüringer Weinfest

Trockene Weine fließen reichlich am dritten Augustwochenende in der Weinstadt Bad Sulza, die zur Weinregion Saale-Unstrut gehört. Mit Festumzug, Markt und Auftritt von Weinkönig und -königin.
www.bad-sulza.de ▸ Tourismus ▸ Veranstaltungen

16 Weimarer Weinfest

Die »Thüringische Landeszeitung« zeichnet am Wochenende (Do–So) um des Dichterfürsten Geburtstag (28. August) verantwortlich für das Weimarer Weinfest. Unter dem Motto »Auf einen Schoppen bei Goethe« schenken regionale und überregionale Winzer am Frauenplan vor Goethes Wohnhaus reinen Wein ein.
www.weimar.de ▸ Kultur & Freizeit ▸ Märkte & Feste

SEPTEMBER

17 Traditionelles Federweißerfest

Am letzten Wochenende begrüßt das Thüringer Weingut in Bad Sulza-Sonnendorf den frischen Federweißen und serviert dazu Zwiebelkuchen.
www.thueringer-wein.de ▸ Veranstaltungen ▸ Events

OKTOBER

18 Bratwurstiade

Kultiges Fest am 3. Oktober in Holzhausen mit Spaß-Wettkämpfen, bei denen es um die Wurst geht – die auch auf dem Grill nicht zu kurz kommt.
www.bratwurstmuseum.de ▸ Projekte ▸ Bratwurstiade

19 Weimarer Zwiebelmarkt

Als eines der ältesten kulinarischen Volksfeste in Deutschland findet seit 1653 dieser Markt am zweiten Wochenende statt. Über 100 Stände verkaufen Zwiebelspezialitäten.
www.zwiebelmarkt.org

Im Süden

»Der Mensch lebt nicht vom Brot allein, es muss auch Wurst und Schinken sein.«

Volkstümliche Abwandlung nach der Bibel, Matthäus 4, Vers 4

Wein und Wahrheit: Viele Winzer bieten Führungen durch ihre Weinberge.

Franken

Im Norden des bayerischen Freistaats wohnt ein stolzes Volk: die Franken. Sie verstehen sich nicht als Bayern und schon gar nicht als Nordbayern. Sie sind Unter-, Mittel- oder Oberfranken – im Besonderen Würzburger, Nürnberger oder Bamberger. Gemeinsam ist ihnen die Leidenschaft für gutes Essen und Trinken, am liebsten in geselliger Runde. Was auf den Tisch kommt, ist bodenständig und unprätentiös, genussvoll und von großer lokaler Vielfalt geprägt. Während im unterfränkischen Westen der Wein dominiert – **Weinfranken** –, steht im Osten und Süden der Gerstensaft im Vordergrund – die ober- und mittelfränkischen Gegenden werden weitgehend **Bierfranken** zugerechnet.

Im Steigerwald treffen die fränkischen Regierungsbezirke und Regionen aufeinander. Hier prägen Weinberge, Hopfenflure, Karpfenteiche, Spargelfelder und scheinbar nicht enden wollende Wälder das grüne »Herz« Frankens zwischen Würzburg, Nürnberg und Bamberg.

Es sind nicht nur landschaftliche Schönheit, alte Städte und kulturelle Attraktionen, mit denen Franken aufwarten kann. Das Land zwischen Donau und Rhön, zwischen Spessart-Main-Odenwald und Fichtelgebirge hat gerade kulinarisch viel zu bieten – weit mehr als Bier, Bocksbeutel und (die zugegebenermaßen unvermeidliche) Bratwurst. Küche und Keller sind von Traditionsbewusstsein und lokalem Eigensinn ebenso geprägt wie vom Anspruch auf internationale Spitzenleistungen. Das Ergebnis sind außergewöhnliche Genussmomente.

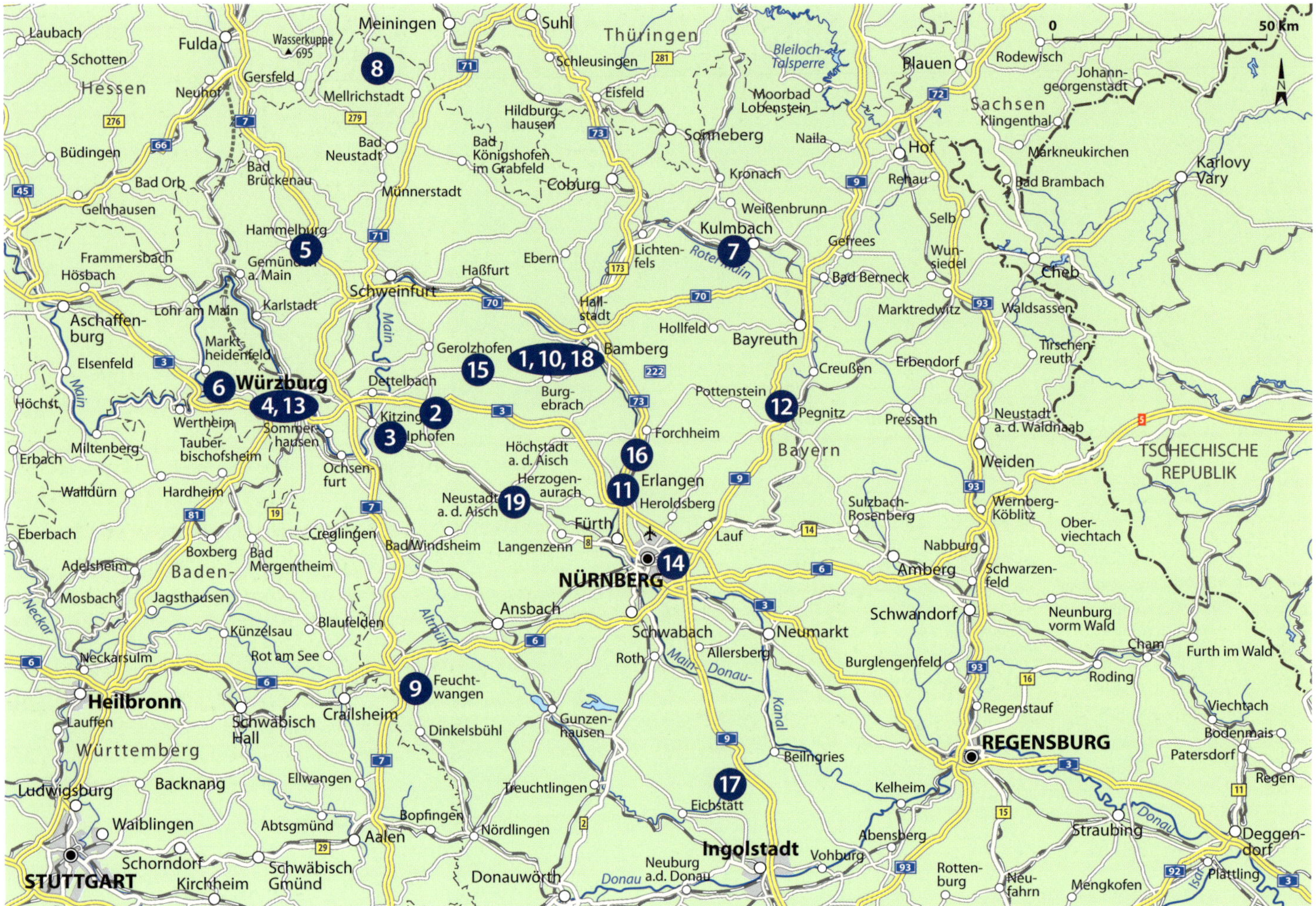

1 Brauerei Schlenkerla, Aischgründer Bierstraße

2 Casteller Weinfest

3 Feinschmeckermesse, Weinfreundschaften

4 Würzburger Weindorf

5 Wein- und Gaumenfreuden

6 Homburger Weinfest

7 Kulmbacher Bierwoche

8 Rhöner Wurstmarkt

9 Fisch- & Wildtage Feuchtwangen

10 Fränkisches Brauerei-museum, Bayerisches Brauereimuseum

11 Bergkirchweih Erlangen, Annafest, Forchheim

12 Bratwurstgipfel

13 Bürgerspital Weinhaus

14 Schäufelewärtschaft

15 Landgasthaus Der Brunnenhof

16 Meerrettich-Museum

17 Viehabtrieb im Naturpark Altmühltal

18 Bäckerei Seel

19 Aischgründer Karpfenmuseum

Hopfen und Malz: Im Kulmbacher Brauereimuseum wird live gebraut.

1 Land der Brauereien

Franken verzeichnet die höchste Brauereidichte der Welt. Allein in Oberfranken gibt es 200 Brauereien, die auf ihre Eigenständigkeit pochen und charaktervolle Biere wie das **Bamberger Rauchbier** produzieren. Dessen markanter Geschmack nach frisch Geräuchertem beruht darauf, dass das Malz im Buchenholzrauch gedarrt wurde.

Brauerei Schlenkerla, Dominikanerstr. 6, Bamberg, Tel. 0951/56050, tgl. geöffn., www.schlenkerla.de

Handwerkliche Braukunst und lokale Vielfalt machen fränkische Biere aus. Von einer zur nächsten Dorfbrauerei ist es meist nicht weit. Im Landkreis Neustadt/Aisch-Bad Windsheim haben sich sieben Brauereien zur **Aischgründer Bierstraße** zusammengetan und bieten »Erlebnis-Trips« mit Rad- und Wanderwegen an, die in die nahe Natur und zu Braugasthöfen führen, wo man ein »Seidla« (0,5 l Bier) genießen kann.

Aischgründer Bierstraße, Tel. 09162/12424, Mai–Okt. Busverbindung via »Aischgründer Bierexpress«, www.bierstrasse.de

2 Casteller Weinfest

Die »Casteller Jahreszeiten« gehören zu den Höhepunkten im fränkischen Genusskalender: Jedes Jahr Ende Juli wird der prächtige Schlossgarten der Grafen von Castell, in der Nähe von Würzburg angelegt vom Gartenarchitekten Carl von Effner, zum Schauplatz für ein besonderes Weinfest, das von Konzerten und Theateraufführungen begleitet wird.
3. und 4. Juliwochenende, Schlosspl. 5, Castell, Tel. 09325/60160, www.castell.de

Kulinarischer Kalender

MÄRZ

3 Fränkische Feinschmeckermesse

Die Weinstadt Iphofen bei Kitzingen lädt jedes zweite Jahr im März zur **Fränkischen Feinschmeckermesse**. Ein Wochenende lang präsentieren die besten Direktvermarkter und Feinkostlieferanten der Region lokale Produkte, Gerichte und Weine. Alternierend gehören die anderen Jahre den **Iphöfer Weinfreundschaften**, einschließlich »Genusswandeln« zwischen historischer Altstadt und den Weinbergen.

2. Märzwochenende, Feinschmeckermesse in geraden Jahren, Weinfreundschaften in ungeraden, www.iphofen.de ▸ Neues & Termine ▸ Regelmäßige Veranstaltungen

MAI/JUNI

4 Würzburger Weindorf

Spanferkel oder Mainzander, fränkischer Bauernschmaus oder Holunderküchle – wenn das Würzburger Weindorf am letzten Freitag im Mai für neun Tage öffnet, werden edle Frankenweine aus dem Umland ebenso serviert wie typische Speisen aus Unterfranken.

www.weindorf-wuerzburg.de

JUNI

5 Wein- und Gaumenfreuden

Kulinarisches Weinfest der lokalen Direktvermarkter Mitte des Monats (Sa–Mo) rund um Frankens ältesten Renaissance-Marktbrunnen in Hammelburg an der Fränkischen Saale.

www.hammelburger-wein.de

JULI/AUGUST

6 Homburger Weinfest

Am letzten Juli- und ersten Augustwochenende öffnet der romantische Schlosshof am Main seine Tore für edle Tropfen aus Spitzenlagen und beste lokale Küche.

www.homburger-weinfest.de

7 Kulmbacher Bierwoche

Zünftiges fränkisches Essen, ausgelassene Stimmung und Festbiere der vier Kulmbacher Brauereien kennzeichnen die traditionelle Bierwoche. Im Feststadel unterhalb der Plassenburg genießen jedes Jahr Hunderttausende oberfränkische Spezialitäten und musikalische Unterhaltung.

www.kulmbacher-bierwoche.de

OKTOBER

8 Rhöner Wurstmarkt

Alle »geraden« Jahre dreht sich in Ostheim vor der Rhön alles um Wurst und Schinken. Entlang der idyllischen Marktstraße zeigen Erzeuger aus der fränkischen, hessischen und thüringischen Rhön, was die grenzüberschreitende Region zu bieten hat.

www.rhoener-wurstmarkt.de

NOVEMBER

9 Fisch- & Wildtage Feuchtwangen

Anfang November steht das mittelfränkische Feuchtwangen ganz im Zeichen heimischer Spezialitäten. Wild aus lokalen Revieren und Fisch aus Teichen und Flüssen stehen nicht nur auf den Speisekarten, sondern eine Woche lang im Mittelpunkt zahlreicher Veranstaltungen. Bei der Schlemmertour genießen die Gäste jeden Gang eines 6-Gänge-Menüs in einem anderen Feuchtwanger Wirtshaus. Den Abschluss bildet der große Martinimarkt auf dem Marktplatz.

www.feuchtwangen.de ▸ Kultur & Tourismus ▸ Feste & Märkte

10 Brauereimuseen

In Bamberg informiert das »Fränkische Brauereimuseum« über die Kunst des Brauens in den Gewölben der ehemaligen, 1122 gegründeten Benediktiner-Braustätte des Klosters Michaelsberg. Schöner Nebeneffekt: Auf dem Gelände genießen Besucher eine herrliche Aussicht über die Stadt, die wie Rom auf sieben Hügeln erbaut wurde.

Fränkisches Brauereimuseum, Michaelsberg 10f, Bamberg, Tel. 0951/53016, April–Okt. Mi–Fr 13–17, Sa/So 11–17 Uhr, www.brauereimuseum.de

Das »Bayerische Brauereimuseum« in Kulmbach bietet nicht nur eine faszinierende Reise durch die Biergeschichte, hier wird tatsächlich Bier gebraut – und den Besuchern auch ausgeschenkt.

Bayerisches Brauereimuseum, Hofer Str. 20, Kulmbach, Tel. 09221/80514, Di–So 10–17 Uhr, www.kulmbacher-moenchshof.de ▸ Brauereimuseum

11 Auf den Kellern

Was den Bajuwaren ihre Biergärten, sind den Franken ihre **Bierkeller**. Sobald die Witterung es zulässt, strömen die Massen nicht unter die Erde, sondern »auf den Keller«. Oberhalb der alten Lagergewölbe genießt man im Schatten der Bäume frisch Gezapftes zu mitgebrachter Brotzeit oder den Angeboten des Wirts. Typisch sind z.B. **Ziebeleskäs**, **Gerupfter** oder **Presssack** (s. Kulinarisches Lexikon). Das

Gut gebraten: Kronacher »Wörschdla« mit Kraut.

⑫ Bratwürste

An der Bratwurst kommt man in Franken nicht vorbei. Allein schon deshalb, weil Bratwurstduft durch jede Fußgängerzone strömt, ein fest aufgebauter Grillstand für das fränkische Nationalgericht scheint Teil der hiesigen Bauordnung zu sein.
Und doch gibt es »die« fränkische Bratwurst eigentlich gar nicht. Weder auf Größe, Gewicht, Zutaten, Würze, ja nicht einmal auf die Zubereitungsart können sich die Franken einigen. Fast jede Region verfügt über ihre eigene Variante, etliche Städte rühmen sich ihrer speziellen Bratwurst-Version. Die Länge variiert zwischen Fingergröße in Nürnberg und stolzen 31 cm in Coburg, das Wurstbrät ist in evangelischen Regionen gröber als in katholischen, die Hofer lieben ihre Wurst besonders dünn und mager, während die Ansbacher Würste 3 cm dick sind. Im Bamberger Land kocht man sie gerne »blau« im Essigsud, serviert sie sogar als Bratwurstsülze, gewürzt wird mit Majoran, Pfeffer, Kümmel, Knoblauch, Zitrone, Macis und Ingwer – oder auch nicht …
Die Vielfalt der Bratwurstrezepturen scheint nahezu unbegrenzt. Einigkeit besteht in der allgemeinen, fast schon identitätsstiftenden Wertschätzung des Lebensmittels und seiner Allgegenwart: ob als schnelle Zwischenmahlzeit auf die Hand, zur gemütlichen Brotzeit, als vollständige Mahlzeit mit Kraut und Bratkartoffeln oder als Beilage zum Spargel, ob vom Grill, aus der Pfanne oder dem Sud, zu jeder Jahreszeit und vielen Gelegenheiten – vom sommerlichen Grillvergnügen bis zum Heiligabend-Klassiker.
Die Vielfalt fränkischer Bratwürste kann man alljährlich in Pegnitz erleben, wenn Metzgereien aus Unter-, Mittel- und Oberfranken darum wetteifern, wer die beste Bratwurst zu bieten hat.

»Bratwurstgipfel«, Wiesweiherpark, Pegnitz, So vor Pfingsten, www.genussregion.oberfranken.de
▸ Tourismus

⑬ Frankenwein

Von Bamberg bis Aschaffenburg sprießen in Franken Weinreben. Die wichtigsten Anbaugebiete liegen in Unterfranken, in den Tälern von Main, Wern und Fränkischer Saale, aber auch an den Hängen der Frankenhöhe und des Steigerwalds in Mittelfranken gedeihen Trauben, aus denen Tropfen mit dem charakteristisch hohen Mineralstoffgehalt gewonnen werden. Den größten Teil der Rebfläche bewirtschaften Winzer, die eigenständig produzieren und ihre Weine selbst vermarkten. Sie setzen vor allem auf Silvaner, die fränkische Traditionsrebsorte schlechthin, und, noch etwas häufiger, auf die pflegeleichte Müller-Thurgau-Traube. Fränkische Weine werden häufig recht trocken ausgebaut – was hier als »trocken« bezeichnet wird, hat dabei nur halb so viel Restzucker wie üblich. Seitdem der Würzburger Stadtrat vor etwa 250 Jahren beschloss, die besten Weine des Bürgerspitals ausschließlich in bauchig-flache Flaschen mit kurzem Hals abzufüllen, ist der »Bocksbeutel« zum Markenzeichen für Frankenwein geworden, obwohl längst nicht alle fränkischen Tropfen in Bocksbeutel abgefüllt werden. Zumal wenn bereits der noch gärende Traubenmost – als Federweißer – den Weg in durstige Kehlen findet.

Bürgerspital Weinhaus, Ecke Theater-/Semmelstraße, Würzburg, Tel. 09 31/350 34 03, Mo 9–18, Di–Sa 9–24, So 11–24 Uhr, www.buergerspital.de ▸ Weingut ▸ Zu Gast im Weingut ▸ Weinhaus

Runder Genuss: Bocksbeutel gibt es in verschiedenen Größen, in der Regel sind 0,75 l Wein drin.

Kellervergnügen auf die Spitze treiben im Frühsommer die großen Volksfeste, im Juli das **Annafest** in Forchheim oder zu Pfingsten die traditionsreiche **Bergkirchweih** – der »Berch« – in Erlangen: Da feiern Jung und Alt zwölf Tage lang ausgelassen auf den Bierkellern des Burgbergs.

– Bergkirchweih, Burgberg, Erlangen, ab Do vor Pfingsten, tgl. 10–23 Uhr, www.berch.info
– Annafest, Kellerberg, Forchheim, 10 Tage um den 26. Juli, Mo–Fr 13–23.30, Sa/So 11–23.30 Uhr, www.anna-fest.de

⓮ Schäufela

Das Schäufela (auch: Schäufele) ist in Franken ein unentbehrlicher Sonntagsbraten. Ein Schulterstück vom Schwein wird komplett mit Knochen – dem namensgebenden Schulterblatt – und Fettschwarte knusprig braun gebraten und mit Kartoffelklößen und würziger Natursauce serviert. Ganz und gar dem Paradestück fränkischer Fleischeslust verschrieben hat sich die **Schäufelewärtschaft** in Nürnberg, wo jede Woche rund 400 fleischbepackte Gelenke verspeist werden.

Schäufelewärtschaft, Schweiggerstr. 19, Nürnberg, Tel. 0911/4597325, Mo–Sa 12–14, 17–22, So 11–22 Uhr, www.schaeufele.de ▸ Das Gasthaus

⓯ Spargel und mehr

In allen fränkischen Bezirken baut man Spargel an, mit Schwerpunkt in Unter- und Mittelfranken. **Fränkischer Spargel** ist ein geschütztes Herkunftsprädikat der EU. Von Anfang Mai bis zum Johannistag am 24. Juni wird das Königsgemüse mit Hingabe und in verschiedenen Varianten genossen: oft mit **Bratwürsten** und Kartoffeln, aber auch gerne als leicht warmer Spargelsalat mit Essig, Öl und Schnittlauch. Was könnte man besser dazu trinken als den **Wein** der Region. Im Schweinfurter Umland zwischen Main und Steigerwald haben sich Bauern, Winzer und Gastwirte zur Vereinigung **Espargo** (www.espargo.de) zusammengeschlossen und bieten unter dem Motto »Sehen, riechen und schmecken« Erlebnisse für alle Sinne. Vom Spargelstechen oder der

Kulinarisches Lexikon

Backstaakäs: Da Form und Farbe an Ziegelsteine erinnern, werden sowohl Limburger als auch Romadur als »Backsteinkäse« bezeichnet.

Baggers/Bäggersla: Kartoffelpuffer/Reibekuchen, oder in Bayern: Reiberdatschi.

Blaue/saure Zipfel: Bratwürste, die in einem Sud aus Zwiebeln, Essig, Lorbeer und Gewürzen garziehen, wie sie im Bamberger Raum gerne serviert werden.

Gerupfter: Das fränkische Pendant zum bayrischen »Obazda«: reifer Camembert, der mit Butter, fein geschnittener Zwiebel, Paprikapulver, Kümmel und typischerweise auch einem Anteil Romadur verrührt wird.

Hecken-/Häckerwirtschaften: Hier schenken Winzer vor Ort eigenen Wein oder Most aus und dürfen kleine Speisen servieren. In anderen Weingebieten werden diese Strauß(en)- oder Besenwirtschaft genannt.

Kerwa: Kirchweihfest; es ist nicht nur willkommene Gelegenheit zu feiern, sondern gesellschaftlicher Höhepunkt und Anlass zu großen kulinarischen Anstrengungen.

Musik: Gerichte »mit Musik« werden mit einer Marinade aus Essig, Öl und Zwiebeln serviert, vor allem Fleischwurst, Presssack oder Backstaakäs.

Presssack: Ob in »Weiß« oder »Rot« (mit frischem Schweineblut hergestellt), ist dies (auch: Weiß- bzw. Rotgelegter) eine Kochwurstsorte aus Schweinefleisch. Sie wird nach dem Kochen durch Pressen verdichtet.

Rauchbier: Geräuchertes Malz sorgt für das charakteristische rauchige Aroma dieser Bamberger Bierspezialität. Es heißt, erst das dritte Seidla schmecke so richtig.

Seidla: Ein Seidel ist ein Krug oder Glas, das einen halben Liter fasst.

Weckla, Laabla, Kipfla: Brötchen; wo die bayerischen Nachbarn mit dem Wort »Semmel« auskommen, differenzieren Franken nach Form und Art.

Ziebeleskäs: Mit Salz, Pfeffer, Zwiebeln und evtl. frischem Schnittlauch angemachter Quark. »Ziebele« werden frisch geschlüpfte Küken genannt, die, so heißt es, einst mit Frischkäse aufgepäppelt wurden.

Scharfe Wurzel: Frisch gerieben ist Meerrettich am aromatischsten.

Weinlese schreitet man zum Genusserlebnis. Während der Spargel das Frühjahrsprogramm bestimmt, haben Wein und Weinberge das ganze Jahr über Saison.

Landgasthaus Der Brunnenhof, Handthal 6, Handthal, Tel. 093 82/998 28, Mo/Di geschl., www.der-brunnenhof.de

16 Meerrettich

Die scharfe Meerrettich-Wurzel ist aus der fränkischen Küche nicht wegzudenken. Bratwürste kann man natürlich mit Senf essen, doch typisch fränkisch gehört unbedingt Meerrettich dazu, auch wenn er vor Ort **Kren** oder **März** heißt. Gesottenes Rindfleisch mit Meerrettichsauce ist ein beliebtes Sonn- und Feiertagsessen. Meerrettich wird in Franken nicht nur konsumiert, sondern auch produziert: Baiersdorf im Landkreis Erlangen-Höchstadt ist das traditionsreiche Zentrum des deutschen Meerrettichanbaus. In der »Meerrettichstadt« informiert das weltweit einzige Meerrettich-Museum umfassend und unterhaltsam über alle Aspekte der Wunderwurzel.

Meerrettich-Museum, Judengasse 11, Baiersdorf, Tel. 091 33/60 30 40, Sa/So 10.30–17 Uhr, www.schamel.de
▸ Meerrettich ▸ Meerrettich-Museum

17 Altmühltaler Lamm

Die typische Landschaft des Naturparks Altmühltal ist durch jahrhundertlange Schafbeweidung entstanden. Weideschafe (und -ziegen) sorgen auch heute für die unverzichtbare Landschaftspflege – und bieten zugleich gesellige Anlässe und kulinarische Highlights. Im Frühjahr und Herbst werden der Auftrieb und vor allem der Abtrieb des Weideviehs groß gefeiert und Lammspezialitäten aufgetischt. Das höchstens sechs Monate alte **Altmühltaler Lamm** liefert zartes, aromatisch-mildes Fleisch außerordentlicher Qualität, das die einheimische Gastronomie trefflich zuzubereiten weiß.

Viehabtrieb im Naturpark Altmühltal, z. B. bei Kipfenberg-Böhming, nördl. von Ingolstadt, Tel. 084 65/94 10 40 (Tourist-Info), Ende Sept.–Mitte Okt. tgl. ab 10 Uhr, www.altmuehltaler-lamm.de

18 Bamberger Hörnla

In jedem Fall ein Genuss! Doch der Name »Bamberger Hörnchen« bezeichnet zwei ganz unterschiedliche fränkische Spezialitäten. Zum einen eine der ältesten deutschen **Kartoffelsorten**: Die kleinen länglich-krummen »Bodaggn« sind aufwendig anzubauen, aber unnachahmlich aromatisch. Ein ganz anderes Aroma, nämlich feinen Buttergeschmack, entfaltet das gleichnamige **Plundergebäck**. Das Hörnchen ist krosser und schlanker als der französische Verwandte, das Croissant. Am besten probiert man es vor Ort, und am allerbesten in der ältesten Bäckerei Bambergs (seit 1417), wo es unvergleichlich schmeckt.

Bäckerei Seel, Lugbank 8, Bamberg, Tel. 09 51/579 85, www.baeckerei-seel.de

⑲ Karpfen

Im Mittelalter wurde der Karpfen als Fastenspeise der fränkischen Klöster heimisch, die Gewässer zur Fischzucht anlegten. Fast 2000 Teiche soll es allein im mittelfränkischen Aischtal geben, in denen die weitgerühmten Aischgründer Karpfen heranwachsen. In der Saison, also den Monaten mit »R« im Namen, ist man gut beraten, in den Restaurants reservieren zu lassen. Traditionell wird der Spiegelkarpfen der Länge nach halbiert und paniert in Butterschmalz ausgebacken oder »blau« im Essigsud zubereitet. Im September und Oktober bieten Wirte im Aischgrund ihren Fisch in besonderen kulinarischen Variationen an; nirgendwo sonst findet man Karpfenspezialitäten in einer solchen Vielfalt (www.karpfenschmeckerwochen.de). In Neustadt an der Aisch existiert seit einigen Jahren sogar ein Karpfenmuseum, das die mehr als 1250-jährige Geschichte der Aischgründer Teichwirtschaft beleuchtet.

Aischgründer Karpfenmuseum im Alten Schloss, Untere Schlossgasse 8, Neustadt a.d. Aisch, Tel. 091 61/666 14 (Tourist-Info), Sa 10.30–13, So 14–17, Di 19–21 Uhr, www.karpfenmuseum.de

Nürnberg
kulinarisch entdecken

Ein Stück Mittelalter: die Handwerkerhäuser der Weißgerbergasse.

Bratwürste, Lebkuchen und Christkindlesmarkt – das ist der kulinarische Dreiklang, den alle Welt mit der fränkischen Metropole in Verbindung bringt. Mit Nürnberg verknüpft man jahrhundertealte Tradition. All das zu Recht. Aber nicht nur. Denn die Tradition ist keineswegs altfränkisch-angestaubt, sondern quicklebendig, und die kulinarische Landschaft reicht weit über den Horizont berühmter Selbstverständlichkeiten hinaus. Nürnberg pflegt und lebt seine Traditionen, ist aber auch eine moderne, kosmopolitische Halbmillionenstadt. Der gemeinsame Nenner ist die ausgeprägte Lust am guten Essen (und Trinken), verbunden mit dem beharrlichen Anspruch auf ehrliche Qualität.

Nicht vom schönen Schein und Chichi lassen sich die Nürnberger beeindrucken, sondern von handwerklicher Redlichkeit und geschmacklicher Überzeugungskraft. Städtische Qualitätsstandards für Lebensmittel gibt es schon seit Jahrhunderten. Bratwürste und Lebkuchen werden inzwischen auch von der EU geschützt: Nur wenn sie in Nürnberg nach lokalem Brauch produziert wurden, dürfen sie den Namen der Stadt führen.
Und schmecken muss es natürlich. Gerne isst man deftig – Geschmack geht immer vor, die Kalorienzahl ist nie ein Hinderungsgrund. Was in Nürnberg auf den Tisch kommt, ist meist kräftig und immer mit großer Sorgfalt gewürzt. Hier hat der beherzte Einsatz von Kräutern und Spezereien lange Tradition. Schon das mittelalterliche Nürnberg war ein wichtiges Zentrum des Gewürzhandels. Das schmeckt man bis heute.

Von Anis bis Zimt: Auf das rechte Maß der Lebkuchengewürze kommt es an. Sorgsam hütet jeder Bäcker seine spezielle Rezeptur.

1 Lebkuchen

Man könnte meinen, er sei in der Stadt erfunden worden, doch wurde er hier »nur« berühmt. Seine Lage prädestinierte Nürnberg zur **Lebkuchenstadt**: Über die Haupthandelsroute aus Venedig kamen Gewürze aus dem Orient, die weitläufigen Wälder um die Stadt waren eine reichhaltige Honig-Quelle. Schon seit dem 14. Jahrhundert wurde die »Lebküchnerei« professionell betrieben. Heute produzieren mehrere Großunternehmen in Spitzenzeiten täglich 1 Mio. Lebkuchen. Und das nicht nur zur Weihnachtszeit: In Nürnberg werden Lebkuchen ganzjährig produziert, verkauft – und gegessen. Es gibt sie typischerweise mit Schokolade überzogen (»schokoliert«), mit Zuckerglasur (»weiß«) oder ohne Überzug (»natur«). Je höher der Anteil gemahlener Mandeln und Nüsse und je geringer der Mehlanteil, desto hochwertiger; Spitzenkategorie sind die **Elisenlebkuchen** mit höchstens 10 % Mehl. Dabei kommen die besten Nürnberger Lebkuchen nicht aus den Fabriken der großen Hersteller vom Fließband, sondern entstehen in den Backstuben kleiner Handwerksbetriebe. So produziert die »Burg-Bäckerei & Lebküchnerei Düll« in reiner Handarbeit nach geheimen Familienrezepturen unnachahmlichen Genuss.

Burg-Bäckerei & Lebküchnerei Düll,
Bergstr. 23 (und vier weitere Filialen),
Mo–Sa, Tel. 09 11/55 28 34,
www.lebkuchen-nuernberg.com

2 Nürnberger Rostbratwurst

Sie ist kaum größer als ein kleiner Finger, doch das tut ihrer Berühmtheit keinen Abbruch, dem Genuss erst recht nicht.

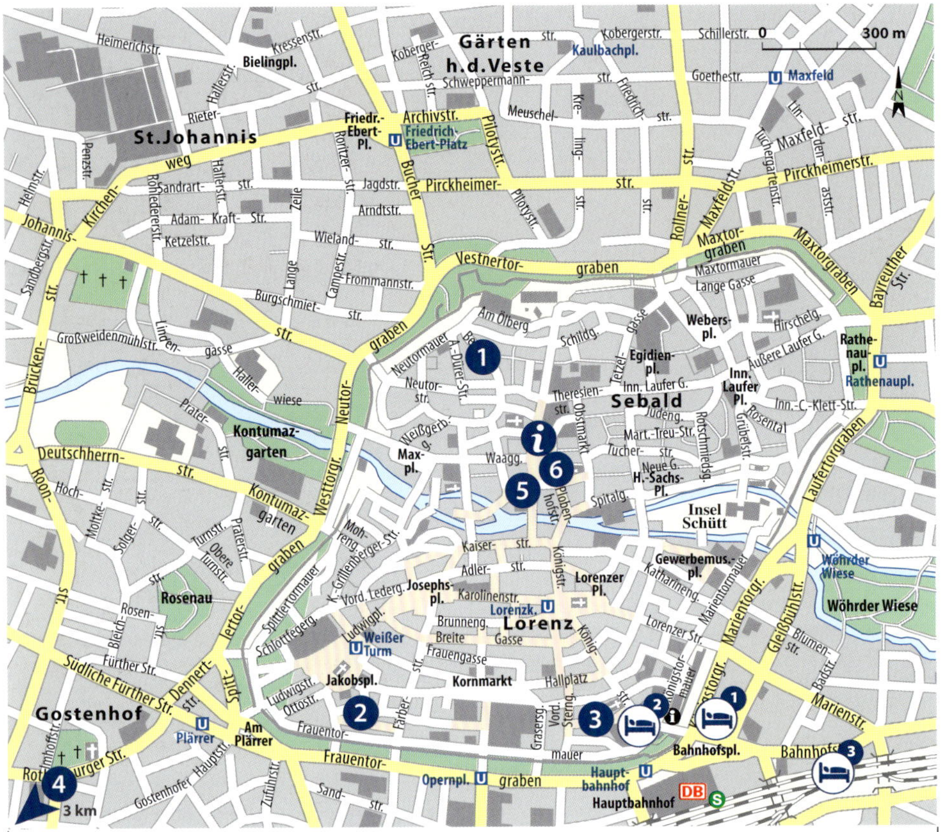

❶ Burg-Bäckerei & Lebküchnerei Düll
❷ Zum Gulden Stern
❸ Wurst-Durst
❹ Gasthaus Rottner
❺ Madlon Scharff
❻ Christkindlesmarkt
Hotel 1: Le Méridien Grand Hotel
Hotel 2: Hotel Victoria
Hotel 3: Motel One Nürnberg City

Die originale »Nürnberger« aus reinem Schweinefleisch (mit feiner Majoran-Würzung) wiegt höchstens 25 g. Also müssen es immer mehrere sein. Drei Stück (im aufgeschnittenen Brötchen) sind es beim beliebten fränkischen Fastfood **Drei im Weggla**. Im Lokal bestellt man mindestens ein halbes Dutzend der kleinen Köstlichkeiten, die meist auf Zinntellern serviert werden (bei zehn Stück oder mehr hat der Teller Herzform). Klassische Beilagen sind Sauerkraut, Kartoffelsalat und frischer Meerrettich. Damit die Rostbratwürste ihrem Namen gerecht werden, müssen sie in rohem (ungebrühtem) Zustand auf dem Rost gegrillt werden, traditionell über offenem Buchenholzfeuer. Im **Gulden Stern**, der ältesten original erhaltenen Bratwurstküche, brutzeln die Würstchen schon seit 1419 über lodernder Glut.

Zum Gulden Stern, Zirkelschmiedsgasse 26, Tel. 0911/2059288, tgl. geöffn., www.bratwurstkueche.de

❸ »Wurst-Durst«

Nicht überall wo »Wurst« draufsteht, gibt es in Nürnberg Rostbratwürste. Denn Nürnberg kann auch **Currywurst**! Was angesichts der hiesigen Gewürz-Tradition nicht verwunderlich ist und sensationell schmeckt. Nürnbergs puristischer Kult-Imbiss »Wurst-Durst« macht aus vier verschiedenen Wurstsorten und hauskomponierten Saucen einzigartige Currywürste, die sich mit belgischen Pommes und fränkischem Bier bestens vertragen.

Wurst-Durst, Luitpoldstr. 13, Tel. 0911/99285880, Di–Do 11–18, Fr/Sa 11–5 Uhr, www.wurstdurst.info

❹ Fachwerk und Kochkunst

Nicht nur die Wurstliebhaber werden in Nürnberg verwöhnt. Kreative und saisonale Regionalküche auf höchstem Niveau bietet Stefan Rottner am südwestlichen Stadtrand. Schon in siebter Generation bewirtschaftet die Familie Rottner das **Traditionsgasthaus** im idyllischen Sandstein-Fachwerk-Anwesen. Die gleichermaßen bodenständige wie gehoben raffinierte Küche kann man im Sommer auch im romantischen Restaurantgarten unter alten Linden genießen.

Der Tradition zuliebe: Einheitliche Holzbuden und rot-weiß gestreifte Planen sind Vorschrift für das Erscheinungsbild des Christkindlesmarktes.

Gasthaus Rottner, Winterstr. 15,
Tel. 09 11/61 20 32, Mo/Sa Mittag und So geschl., www.rottner-hotel.de

5 Gewürze und Kräuter

Der Gewürzhandel hat Nürnberg jahrhundertelang geprägt. Auch heute bieten etliche Händler eine außergewöhnliche Auswahl. **Madlon Scharff** ist nicht das größte, aber das älteste Fachgeschäft der Stadt und eine Institution. Gleich am Hauptmarkt bietet dieser urige Tante-Emma-Laden der Aromen auf knapp 20 qm ein exquisites Sortiment hochwertiger Gewürze, Kräuter und Tees – und ein wunderbar altmodisches Einkaufserlebnis.

Madlon Scharff, Tuchgasse 4,
Tel. 09 11/22 40 02

6 Christkindlesmarkt

Er ist nicht nur der berühmteste aller Weihnachtsmärkte, sondern hat auch eine einzigartige Atmosphäre. Wie er duftet und schmeckt, trägt entscheidend dazu bei. So stellt das städtische Marktamt akribisch sicher, dass genügend Buden auf dem Nürnberger Hauptmarkt weihnachtliche Back- und Süßwaren wie **Lebkuchen**, **Spekulatius** oder **gebrannte Mandeln** anbieten (es sind über ein Viertel) und ausschließlich traditionelle Speisen und Getränke (ca. ein Fünftel der Stände) – **Bratwürste** und fein gewürzter **Glühwein** dürfen dabei natürlich keinesfalls fehlen.

Christkindlesmarkt, Hauptmarkt,
Tel. 09 11/233 61 35 (Tourist-Info),
Fr vor dem 1. Advent bis 24. Dez.,
www.christkindlesmarkt.de

Hotels

1 Le Méridien Grand Hotel

Das traditionelle Nürnberger Fünf-Sterne-Grandhotel wurde umfassend renoviert. Zentrale Lage gegenüber des Hauptbahnhofs am Tor zur Altstadt. Komfortable, umfassend ausgestattete Zimmer, Sauna/Solarium, Fitnessbereich. Ambitioniertes Hotelrestaurant, Bar mit Jugendstilinterieur. Hotelgäste haben kostenlosen Eintritt in das Neue Museum.
Bahnhofstr. 1, Tel. 09 11/232 20, ab 124 €, www.lemeridiennuernberg.com

2 Hotel Victoria

Charmantes inhabergeführtes Vier-Sterne-Stadthotel am Rand der Altstadt. Hinter historischer Sandsteinfassade erwarten modern und gut ausgestatte Zimmer mit unterschiedlicher Gestaltung den Gast. Man kann zwischen sechs Design-Kategorien wählen. Zum Hotel gehören auch ein Café mit Freiterrasse, eine Bar und ein Irish Pub.
Königstr. 80, Tel. 09 11/2 10 50, ab 92 €, www.hotelvictoria.de

3 Motel One Nürnberg City

Design-Hotel der Low-Budget-Klasse in der Nähe der Altstadt, die ebenso wie das Naherholungsgebiet »Wöhrder Wiese« gut zu Fuß erreichbar ist. Klimatisierte Zimmer in Türkisblau mit dunklen Holzböden, ausgestattet mit Flachbild-TV und Regendusche im Bad. Kostenloser WLAN-Zugang.
Bahnhofstr. 18, Tel. 09 11/274 31 70, ab 69 €, www.motel-one.com

Bayern

Die bayerische Küche gilt in weiten Teilen der Welt als Inbegriff deutscher Kulinarik. Die hiesige Gasthauskultur ist ein Exportschlager, Wirtshäuser nach bayerischem Vorbild gibt es in Peking und Las Vegas. Im Freistaat selbst pflegen die politisch dazugehörenden Franken eine eigene kulinarische Identität, und auch in Altbayern und (Bayrisch-)Schwaben legt man Wert auf den regionalen Status, schließlich wusste man geschickt, die Einflüsse der Nachbarregionen (Franken, Böhmen, Österreich und Schwaben) kulinarisch zu integrieren. Essen und Trinken sind ein Herzstück des bayerischen Lebensgefühls. Ihre weißblaue Heimat gilt den Einheimischen als Paradies auf Erden: eine gewachsene Kulturlandschaft, geprägt von fischreichen Flüssen, tiefblauen Seen und schneebedeckten Bergspitzen, mit historischen Städten, dörflichem Idyll und gelebter Tradition.

So heimatverbunden die Bayern sind, so überzeugt sind sie von ihrer Küche. Sorgsam bewahrte Rezepte aus Omas Kochbuch bilden die Basis der traditionellen Speisekarten. Sie sind gleichzeitig aber auch das Fundament für raffinierte Kreationen der bayerischen Starköche wie Bobby Bräuer, Christian Henze oder Alfons Schuhbeck, die moderne Feinschmecker begeistern und Michelin-Sterne oder Gault-Millau-Punkte einheimsen. Die bayerische Küche wurzelt fest in ihren Traditionen, ohne neue Wege zu scheuen. Natürlich gibt es in jedem Wirtshaus **Schweinsbraten mit Knödeln** oder knusprige **Schweinshaxe**, aber zu den Biergarten-Schmankerln gehören inzwischen auch »Spareribs«.

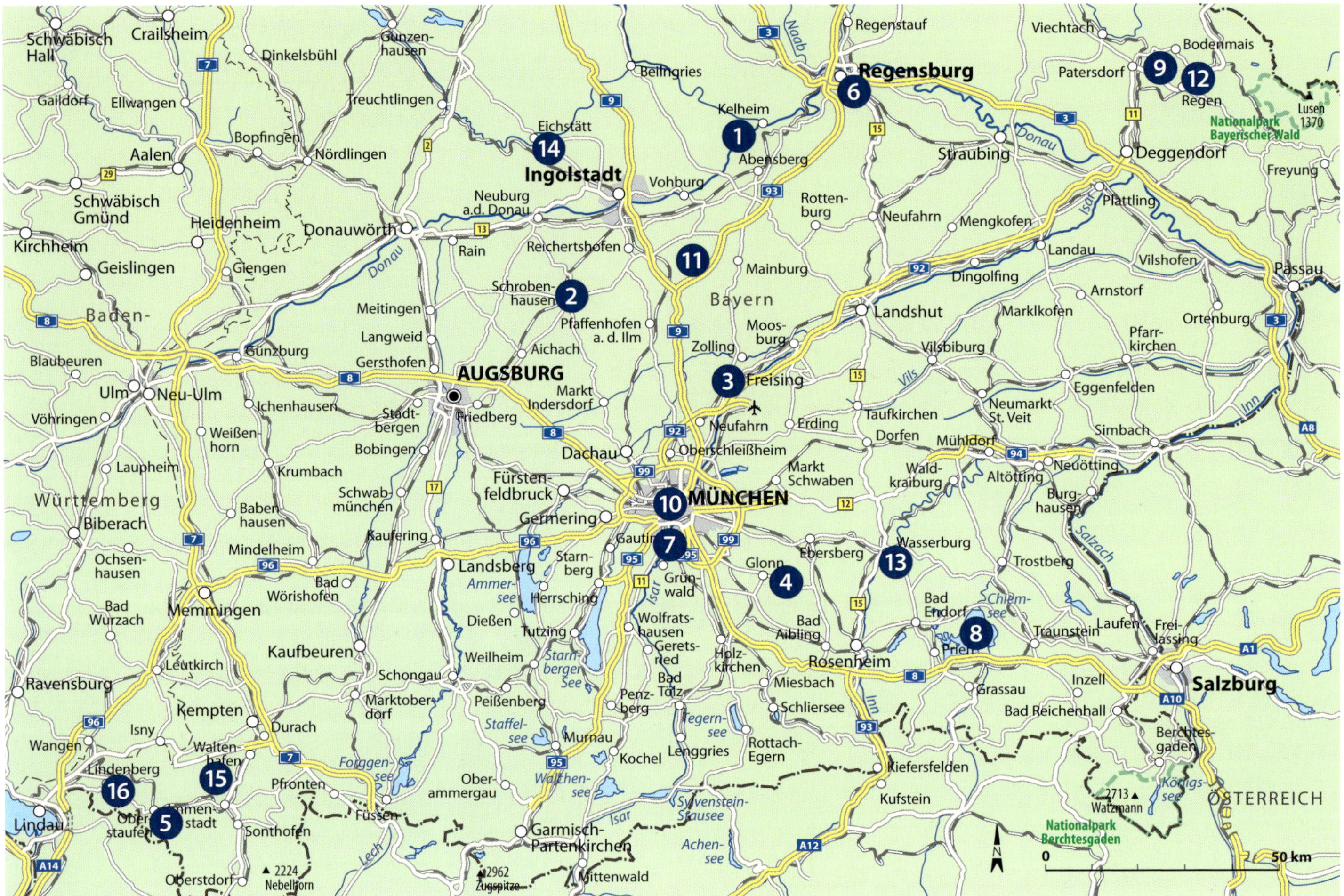

1 Klosterschenke Weltenburg

2 Europäisches Spargelmuseum

3 Bayerische Staatsbrauerei Weihenstephan, Bräustüberl Weihenstephan

4 Herrmannsdorfer Landwerkstätten

5 Altstaufner Einkehr

6 Wurstkuchl

7 Waldwirtschaft Großhesselohe

8 Thomas Lex Fischräucherei

9 Schnaps-Museum »Gläserne Destille«

10 Tag des Bayerischen Bieres

11 Hallertauer Spargelwochen (Landkreise Pfaffenhofen a. d. Ilm, Kelheim, Freising, Landshut)

12 Pichelsteinerfest

13 Weinfest Wasserburg

14 Eichstätter Fischerfest

15 Kräutermarkt Niedersonthofen

16 Käse- & Gourmetfest

17 Kirchweih (ges. Altbayern)

Urig und feurig: die historische »Wurstkuchl« in Regensburg.

1 Weltenburger Bier

»Bayerisches Bier« ist weltberühmt. Das »Bayerische Reinheitsgebot« wird als älteste, bis heute gültige Lebensmittelvorschrift gefeiert. 1516 hatten die bayerischen Herzöge verordnet, »allein Gerste, Hopfen und Wasser« dürften zum Bierbrauen verwendet werden. Auch die älteste noch existierende Brauerei der Welt liegt zweifellos in Bayern und geht auf ein frühmittelalterliches Kloster zurück. Nur auf welches? Die Brauerei der niederbayerischen Benediktinerabtei **Weltenburg** in Kelheim an der Donau beruft sich auf das Jahr 1050 (und braut mit Wasser aus einem 80 m tiefen Brunnen im Jurakalk fantastische Biere).

Klosterschenke Weltenburg, Asamstr. 32, Kelheim, Tel. 094 41/675 70, Mitte März–20. Dez. geöffnet, April–Nov. tgl. 9–19 Uhr, www.klosterschenke-weltenburg.de

2 Europäisches Spargelmuseum

Die Region Schrobenhausen ist das renommierteste und größte Spargelanbaugebiet Bayerns. In einem Turm der alten Schrobenhausener Stadtmauer beeindruckt das Europäische Spargelmuseum mit einer umfangreichen und informativen Sammlung. Auch Führungen auf Spargelhöfen werden angeboten. Zur Spargelzeit kann man im Anschluss das frische Gemüse in einer der zahlreichen Gaststätten der Umgebung genießen.

Mai/Juni tgl. 10–17, Juli–April Mi, Sa/So 14–16 Uhr, Am Hofgraben 1a, Schrobenhausen, Tel. 082 52/902 14, www.museen-schrobenhausen.byseum.de

3 Brauerei Weihenstephan

Die Bayerische Staatsbrauerei **Weihenstephan** im oberbayerischen Freising war einst ebenfalls Teil einer Benediktinerabtei. Als verbrieftes Gründungsdatum nennt man hier das Jahr 1040. Da es Vorwürfe gibt, die entsprechende Urkunde sei eine uralte Fälschung, muss unentschieden bleiben, welcher Brauerei der Rang der Ältesten tatsächlich zukommt. Entscheidender ist aber, dass heute auch in Weihenstephan geschmacklich hervorragende Biere entstehen. An drei Tagen der Woche kann man das bei Führungen durch die historischen Gewölbe der Brauerei hautnah miterleben.

Bayerische Staatsbrauerei Weihenstephan, Alte Akademie 2, Freising, Tel. 081 61/53 60, Führungen Mo–Mi 10, Di 13.30 Uhr, www.weihenstephaner.de

Im **Bräustüberl** und seinem urigen Biergarten lässt sich Weihenstephaner Bier dann frisch gezapft genießen. Dass hier in den 1920er-Jahren auch der **Obazda** erfunden wurde, ist nur eine Legende. Tatsache ist, dass das Rezept der damaligen Wirtin für die traditionelle Käsezubereitung große Beliebtheit erlangte – und nach wie vor wunderbar schmeckt.

Bräustüberl Weihenstephan, Weihenstephaner Berg 10, Freising, Tel. 081 61/130 04, tgl. geöffnet, www.braeustueberl-weihenstephan.de

4 Der bayerische Burger

Was den Amerikanern ihr Burger, ist den Bayern ihre Leberkässemmel. Ob in der Mittagspause, als Imbiss, Pausenbrot oder unterwegs. Die dicke Scheibe warmer Le-

Kulinarisches Lexikon

Auszogne: Rundes, goldbraunes Schmalzgebäck, das auch gerne an Volksfesten, Fest- und Feiertagen gereicht wird.

Bayerischer Leberkäs(e): Die in eckiger Pastetenform gebackene Wurst kommt in Bayern ohne das »e« am Wortende aus und ohne die Zutat Leber. Drin sind gepökeltes Rind- und Schweinefleisch, Speck und Gewürze.

Brezn: Das symmetrisch-verschlungene Laugengebäck, das anderswo Brezel oder Breze heißt, ist im Bayerischen stets eine »Brezn« und ein unentbehrlicher Begleiter zu Weißwurst, Bier und Brotzeit.

Helles: Das untergärige, vollmundige Lager-/Exportbier ist neben dem Weißbier die beliebteste Biersorte in Bayern.

Knödel und Semmelknödel: Klöße. Entweder aus Kartoffeln gemacht oder aus altbackenen Semmeln (hochdeutsch: Brötchen) sind sie die Lieblingsbeilagen der Bayern.

Obazda/Obatzder: Der Name dieses Biergarten-Klassikers bezieht sich auf das »Anbatzen« (in etwa: das Zerdrücken) der Zutaten. Camembert wird dabei mit Butter oder Frischkäse, Zwiebeln, Kümmel und Paprikapulver vermengt, gerne auch mit etwas Bier.

Pichelsteiner: Aus dem Bayerischen Wald stammender Eintopf aus verschiedenen Gemüse- und Fleischsorten (Rind, Schwein, Hammelfleisch), im Schwäbischen auch mit Knochenmark.

Radi: Die weiße Lieblingswurzel der Bayern ist hochdeutsch ein Rettich und gehört wie die kleine rote Verwandtschaft, das Radieserl (Radieschen), zur bayerischen Brotzeit.

Radler und Russ: Bier und klare Zitronenlimonade, zu gleichen Teilen gemischt, ergeben in Bayern »Radler« (Helles+Limo) oder »Russ« (Weißbier+Limo).

Rohrnudeln: Die im Ofen in der Form gebackenen Hefeballen (auch Buchteln genannt) gibt es mit süßer Füllung oder ungefüllt. Serviert werden sie gerne mit Vanillesauce.

Schmankerl: Bayerisch für einen Leckerbissen, eine besondere Delikatesse.

Schwammerl(n): Pilze, meist Champignons. Als »Rahmschwammerl« gesellen sie sich gern zu Semmelknödeln.

Steckerlfisch: Besonders in Biergärten und bei Volksfesten beliebter Grillfisch. Auf ein Stöckchen (bayerisch: »Steckerl«) gespießte Fische (unterschiedliche Sorten, kräftig gewürzt) werden im Ganzen gegrillt.

Süßer Senf: Zur Weißwurst unverzichtbar (daher auch: »Weißwurstsenf«), ist diese bayerische Spezialität aber auch zu Leberkäs und vielem anderen sehr beliebt.

Weißbier: In verschiedenen Varianten (hell, dunkel, klar, hefetrüb) gebrautes, meist obergäriges Weizenbier. Ein Weißbier oder kurz: »eine Weiße« wird im hohen, schlanken Glas serviert. Angestoßen wird mit dem verstärkten Fuß des Weißbierglases.

berkäs in einer aufgeschnittenen Semmel – gerne mit Senf – ist die bayerische Universalverpflegung für alle Gelegenheiten. Leberkässemmeln bekommt man an jeder Ecke, in Metzgereien, sogar in vielen Bäckereien. Den »besten Leberkäse der Welt« (so die Fachpresse) – in feinster Bio-Qualität – packen die Läden der **Herrmannsdorfer Landwerkstätten** in die Semmel.

Herrmannsdorfer Landwerkstätten, Herrmannsdorf 7, Glonn (zahlreiche Filialen im Raum München), Tel. 080 93/90 94 34, www.herrmannsdorfer.de

5 Allgäuer Spezialitäten

Braune Kühe auf waldgesäumten Weiden vor alpiner Kulisse. Das Allgäu ist nicht nur landschaftlich ein Idyll, die grüne Hügel- und Berglandschaft im Südwesten Bayerns kann sich auch schmecken lassen. Hier, in Bayerisch-Schwaben, verbinden sich baye-

6 Wurstkuchl

Nicht nur Nürnberger und Münchner verstehen etwas von Würsten: auch die Regensburger! Seit über 500 Jahren brutzeln in der historischen »Wurstkuchl« bei der Steinernen Brücke hausgemachte Schweinswürstel auf dem offenen Holzkohlengrill; serviert werden sie mit Sauerkraut aus dem eigenen Gärkeller und scharfem Senf nach altem Rezept.
Wurstkuchl, Thundorfer Str. 3, Regensburg, Tel. 09 41/46 62 10, www.wurstkuchl.de

Maßhalten: Bayerisches Bier gibt es oft nur im 1-Liter-Krug.

7 Biergärten

Bayern ohne Biergärten ist schlicht nicht vorstellbar. So sind diese denn auch eine echt königlich-bayerische Erfindung: Anfang des 19. Jahrhunderts legten private Brauer Keller an, um Bier kühl zu lagern, pflanzten darüber Kastanienbäume als Schattenspender, schenkten hier bald auch Bier aus und boten Speisen an. Als Gastwirte gegen diese unliebsame Konkurrenz protestierten, traf König Ludwig I. 1812 eine salomonische Entscheidung. Den Brauern war der Ausschank unter Bäumen weiter erlaubt, aber Essen anzubieten untersagt. Stattdessen durfte nun jeder Gast seine Verpflegung mitbringen. Das Biergartenprinzip war geboren. Längst bieten Wirte auch vollwertige Küche, aber bis heute kann man in einem traditionellen bayerischen Biergarten zum frischen Bier die eigene Brotzeit genießen. 1999 wurde diese Tradition in einer »Bayerischen Biergartenverordnung« nochmals ausdrücklich festgeschrieben und solchen Biergärten Ausnahmen von Lärmschutzregeln zugestanden. Anlass der Regelung waren massive Bürgerproteste (»Biergartenrevolution«) gegen eine zuvor angeordnete Sperrzeitverkürzung im legendären Jazz-Biergarten **Waldwirtschaft** im Isartal gewesen.

Waldwirtschaft Großhesselohe,
Georg-Kalb-Str. 3, Pullach,
Tel. 089/74 99 40 30, tgl. geöffn.,
www.waldwirtschaft.de

8 Chiemsee-fisch

»Meer« und frischen Fisch gibt es auch in Bayern. Fischerei hat eine lange Tradition am Chiemsee, dem 18 km langen und bis zu 14 km breiten »bayerischen Meer«. Mittendrin, auf der Fraueninsel, lebt seit acht Generationen die Familie Lex, die »Wicklfischer«, vom Fischfang – eine von heute 16 Fischerfamilien rund um den See. Das Wasser hat Trinkwasserqualität und beherbergt 28 Fischarten, vom Aal bis zum Zander. Beliebteste Spezialität und »Brotfisch« der Seefischer ist die aromatische Chiemsee-Renke, die als Steckerlfisch gegrillt, in Butter gebraten oder geräuchert wird. Fangfrisch räuchert Thomas Lex und verkauft im kleinen Laden am Westufer der Fraueninsel, was der See jeden Tag hergibt. Geräucherte Renkenfilets und solche, die nach Matjes-Art einlegt sind, gibt es auch in der Semmel auf die Hand. Eine Delikatesse! Man verspeist sie an einem der schönsten Flecken Bayerns und genießt die traumhafte Aussicht.

Thomas Lex Fischräucherei, Haus 31 (Nähe Nordsteg), Frauenchiemsee, Tel. 080 54/479, Ostern–Okt. tgl., www.chiemseefischerei-lex.de

Familienfischerei: Thomas Lex und sein Vater Holmer (links) beim morgendlichen Renkenfang.

rische und schwäbisch-württembergische Traditionen. **Leberknödelsuppe** trifft **Flädlesuppe** (die mit den Pfannkuchenstreifen). Wie in Württemberg liebt man **Maultaschen** – Fleischbrät im Teiggewand – und die typischen Schwabennudeln, **Spätzle**, in vielen Spielarten. Mit lokalem Käse werden daraus wunderbare **Kässpätzle/Kässpatzen**. Allgäuer Weidekühe liefern die Milch für aromatische Käsesorten wie Bergkäse, Emmentaler oder Weißlacker. Das Prädikat **»Allgäuer …«** dürfen sie nur tragen, wenn ausschließlich regionale Milch verwendet wurde. Regionale Produkte und das ganze Spektrum der Allgäuer Küche kommen auch in einem der traditionsreichsten Restaurants des Allgäus auf den Tisch. Im uralten und urgemütlichen Bauernhaus der **Altstaufner Einkehr** werden überlieferte Rezepte immer wieder neu interpretiert.

Altstaufner Einkehr, Bahnhofstr. 4, Oberstaufen, Tel. 083 86/71 93, Mo geschl., www.altstaufnereinkehr.de

9 Bärwurz

Wild und kraftvoll wie die Landschaft des Bayerischen Waldes ist eine hochprozentige Spezialität der Region: **Bärwurzschnaps**, traditionell in Steingutflaschen abgefüllt. Das farblose Destillat aus der Wurzel der Heilpflanze Bärwurz erinnert im Aroma an Wald und Moos. Mehr über die Bärwurzbrennerei erfährt man im Penninger Schnaps-Museum bei Bodenmais.

Schnaps-Museum »Gläserne Destille«, Eck 1, Böbrach, Tel. 099 23/80 20 33, www.penninger.de ▸ Museen

Kulinarischer Kalender

APRIL

10 Tag des Bayerischen Bieres

Jedes Jahr am 23. April wird in München das bayerische Nationalgetränk gefeiert. Dann sprudelt von 11 bis 14 Uhr aus dem Bierbrunnen des Brauerbundes Freibier für alle – Oskar-von-Miller-Ring 1. Dazu gibt es Festreden und ein buntes Unterhaltungsprogramm.
www.bayerisches-bier.de

APRIL–JUNI

11 Hallertauer Spargelwochen

In den Landkreisen Pfaffenhofen an der Ilm, Kelheim, Freising und Landshut dreht sich von Mitte/Ende April bis in den Juni alles um den Spargel: Höhepunkte bilden Märkte, Events und kulinarische Aktionswochen.
www.hallertauer-spargelwochen.de

JULI

12 Pichelsteinerfest

Das größte Volksfest in Regen im Bayerischen Wald lockt in der letzten Juliwoche seine Gäste mit dem gleichnamigen »Nationalgericht« der Region und einer ganzen Reihe von Attraktionen wie Feuerwerk oder Wasserspiele.
www.pichelsteinerfest.com

13 Weinfest Wasserburg

Auf der romantischen Halbinsel am Inn wurden schon Mitte des 15. Jahrhunderts 43 Weinschänken gezählt. Jedes Jahr am letzten Samstag im Juli knüpft die vom Donau-Nebenfluss umspülte historische Altstadt an diese Tradition an.
www.wasserburg.de ▸ Veranstaltungen & Termine

14 Eichstätter Fischerfest

Immer am dritten Juli-Wochenende wird in Eichstätt zum Fischerfest auf der Seminarwiese geladen (Fr bis So). Auf den Grill und/oder Teller kommt eine breite Palette von See- und Süßwasserfischen.
www.eichstaett.de ▸ Veranstaltungen ▸ Freizeit & Unterhaltung

AUGUST

15 Kräutermarkt Niedersonthofen

Ganzjährig gibt es im Allgäuer »Kräuterdorf« Niedersonthofen Kräuterwanderungen und -veranstaltungen. Höhepunkt ist an Mariä Himmelfahrt (15. August) der traditionelle Kräutermarkt im Dorfpark.
www.niedersonthofen-see.de ▸ Kräuterdorf ▸ Kräutertermine

16 Käse- & Gourmetfest

Am letzten Wochenende im August (Fr/Sa) steht Lindenberg im Westallgäu ganz im Zeichen von Käsegenuss und Gaumenfreuden, die Innenstadt wird zur Gourmetmeile. Beim Internationalen Kase- & Gourmetfest warten über 80 Anbieter aus acht Ländern mit vielfältigen kulinarischen Köstlichkeiten auf.
www.lindenberg.de ▸ Kultur

OKTOBER

17 Kirchweih

In Altbayern, das in etwa den Regierungsbezirken Oberbayern, Niederbayern und Oberpfalz entspricht, feiert man seit dem 19. Jahrhundert den Kirchweihtag (»Kirta«) einheitlich am dritten Sonntag im Oktober. Traditionell wird überall Gänse- und/oder Entenbraten (mit Knödeln und Blaukraut) aufgetischt, sowie »Auszogne«.

München
kulinarisch entdecken

Weltstädtisch: Am Chinesischen Turm im Englischen Garten trifft man sich beim bayerischen Bier

»München leuchtet« (Thomas Mann) auch in gastronomischer Hinsicht. In keiner anderen deutschen Stadt prangen so viele Guide-Michelin-Sterne wie hier – lässt man Berlin einmal außer Acht (worin die Bayern Meister sind). Ganze zwölf Münchner Restaurants sind 2015 sternengekrönt, bei dreien glänzen sogar zwei, und im Umland (Rottach-Egern, Aschau, Tegernsee, Starnberg) blinkt ein weiteres halbes Dutzend Sterne. Weit über die Region hinaus reichen Ruhm und mediale Präsenz der hiesigen Starköche.

Doch Münchens Ruf als »Genussstadt« beruht auf mehr als nur der **Spitzengastronomie**. Tatsächlich scheint sich – seit eh und je – das Stadtleben im Wesentlichen ums Essen und Trinken zu drehen. Hier wurde Epochales begründet – vom Reinheitsgebot über Hofbräuhaus, Oktoberfest und Weißwurst bis zum Biergartenwesen. Speis und Trank spielen hier – in allen Schichten, Lebenslagen und Geschmacksrichtungen – eine entscheidende Rolle. Wo gegessen und getrunken wird, ist diese Stadt ganz bei sich. So gehören zum Lebensgefühl unabdingbar auch **Bier und Brezn**. Wenn das Wetter es erlaubt (und da ist der Münchner in der Interpretation großzügig), gerne auch unter freiem Himmel: In den Sommermonaten bietet die Münchner Gastronomie nach offizieller Zählung sage und schreibe 180 000 Sitzplätze im Freien. Natürlich vor allem in den vielen Biergärten, aber auch in zahllosen Terrassenlokalen und Straßencafés. Man spürt ein Flair von Dolce Vita, und in keiner anderen deutschen Stadt fühlt man sich Italien so nah.

Täglich frisch: An sechs Tagen der Woche bekommt man an den Marktstandln feinste »Viktualien«, also Lebensmittel.

1 Starkbierzeit

Die »fünfte Jahreszeit« geht auf Mönche zurück, die in der Fastenzeit nach der Devise »Flüssiges bricht Fasten nicht« ein besonders kräftiges, nahrhaftes Bier brauten. Die Münchner Brauereien setzen diese Tradition fort und schenken im März/April ihr Stark- bzw. Bockbier aus (6–7 % Alkohol), dessen Name traditionell auf **»-ator«** endet.
Am bekanntesten ist der **Salvator** der Spaten-Brauerei, die alljährlich den Starkbieranstich auf dem Nockherberg als feucht-fröhliches Medienereignis zelebriert: Vor versammelter Politprominenz dürfen Kabarettisten die Mächtigen aufs Korn nehmen (»derblecken«). Ansonsten werden auf dem Nockherberg keine Fastenambitionen gepflegt, sondern traditionelle bayerische Gastlichkeit.

Paulaner am Nockherberg, Hochstr. 77, Tel. 089/4599130, tgl. 10–1 Uhr, www.nockherberg.com

2 Viktualienmarkt

Münchens kulinarisches Herz schlägt auf dem Viktualienmarkt. Seit dem Umzug vom Alten Markt, dem Marienplatz, im Jahr 1807 handelt man hier mit Essbarem. Obst und Gemüse aus dem Umland, Fleisch, Fisch, Käse und inzwischen auch internationale Spezialitäten werden von den Marktkaufleuten feilgeboten. Allein das Spektrum an Gerüchen macht Appetit. Zum Glück lassen sich Hunger und Durst gleich mittendrin stillen, unter Kastanien im stimmungsvollen Biergarten.

www.viktualienmarkt.de

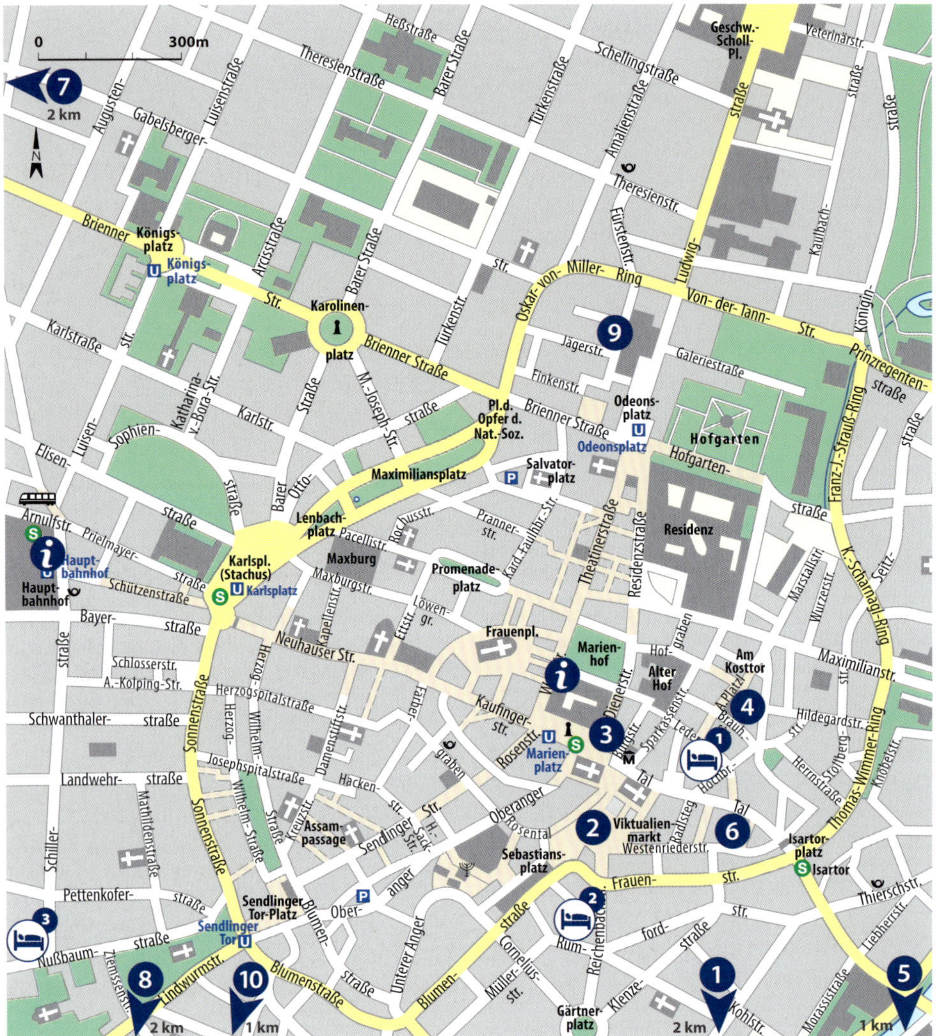

1 Nockherberg

2 Viktualienmarkt

3 Dallmayr

4 Hofbräuhaus, Schuhbeck-Imperium

5 Auer Dult

6 Bier- und Oktoberfestmuseum

7 Sarcletti

8 Gaststätte Großmarkthalle

9 Konditorei und Café Erbshäuser

10 Paulaner Bräuhaus

Hotel 1 Cortiina Hotel

Hotel 2 Hotel am Viktualienmarkt

Hotel 3 Hotel Mariandl

3 Dallmayr Kaffee

Die Kulisse im Werbespot ist echt: Die historischen Verkaufsräume sind einzigartig, und der Kaffee wird mit der Balkenwaage bemessen. **Dallmayrs** Stammhaus bietet 14 Abteilungen mit kulinarischen Spitzenerzeugnissen. Das meiste ist selbst produziert: 70 (!) Köche bereiten die Delikatessen zu, die im Erdgeschoss geschmackvoll präsentiert werden. Der Feinkosttempel verwöhnt nicht nur den Gaumen, sondern auch die anderen Sinne.

Dallmayr, Dienerstr. 14–15, Mo–Sa 9.30–19 Uhr, Tel. 089/21 35 1 30, www.dallmayr.de

4 Alles an einem Platzl

Stand die Adresse »Platzl« lange vor allem für die rustikale Kulinarik des **Hofbräuhauses**, hat sich hier seit 2003 das Gourmet-Imperium des **Alfons Schuhbeck** ausgebreitet. Der Starkoch betreibt am Platzl neben seinem mit einem Michelin-Stern ausgezeichneten Restaurant »Schuhbecks Südtiroler Stuben« auch das Lokal »Orlando«, eine Kochschule, einen Partyservice, einen Schokoladenladen, eine Eisdiele sowie einen Gewürzladen.

www.hofbraeuhaus.de, www.schuhbeck.de

5 Auer Dult

Drei Mal im Jahr findet auf dem Mariahilfplatz im Stadtteil Au für jeweils neun Tage ein unnachahmlicher Jahrmarkt (»Dult«) statt. In einer faszinierenden

Mischung von Volksfest und Markt kann man sich (unter anderem) an traditionellen Schmankerln laben (von **Reiberdatschi** über **Steckerlfisch** bis zu gebrannten Mandeln), Kräuter und Tees einkaufen oder Geschirr und Küchengerätschaften aller Art erwerben (einschließlich neuer »Küchenwunder«).

Maidult (April/Mai), Jakobidult (Juli/Aug.), Kirchweihdult (Okt.), www.auerdult.de

6 Oktoberfestmuseum

An den insgesamt 16 Oktoberfest-Tagen werden jedes Jahr nicht nur Millionen Liter Bier getrunken, sondern auch klassische »Wiesn«-Spezialitäten in gewaltiger Menge verzehrt. Zuletzt waren das rund 510 000 gebratene **Hendl**, 116 ganze **Ochsen**, 120 000 Paar **Schweinswürstl** und einiges mehr. Wissenswertes über das Oktoberfesttreiben vermittelt ganzjährig ein liebevoll gestaltetes Museum in einem der ältesten Bürgerhäuser Münchens. Im **Museumsstüberl** gibt's dazu Bier und Wiesn-Schmankerl.

Bier- und Oktoberfestmuseum, Sterneckerstr. 2, Tel. 089/24 23 16 07, Di–Sa 13–18 Uhr, www.bier-und-oktoberfestmuseum.de

7 Exotisches Gelato

Eis aus Pitahaja-Granatapfel? Litchie-Sauerrahm oder Sesam-Knäcke? Bereits 1879 hat ein 22-jähriger Italiener in München erstmals selbstgemachtes Gelato verkauft. Heute bietet sein Urenkel italienisches

Nach Art des Hauses: Von erlesenem Geschmack sind bei Dallmayr Produkte und Präsentation.

❽ Weißwurst

Der (zweifelhaften) Legende nach wurde sie im Jahr 1857 aus einer Not heraus geboren. Unzweifelhaft gehört die Weißwurst zu den berühmtesten Münchner Spezialitäten und wird von Münchnern, die etwas auf sich halten, stets vor 12 Uhr verzehrt. Auch wenn diese Tradition aus Zeiten mangelnder Kühlmöglichkeiten stammt, als die Kalbswurst noch roh verkauft und erst zum Verzehr gebrüht wurde.
Auch an der Art des Verspeisens lassen sich traditionsbewusste Münchner erkennen, wenn sie die Wurst mit der Hand zum Mund führen und geschickt das Brät aus der Haut »zuzeln« (in etwa: saugen). Doch der Einsatz von Messer und Gabel ist ebenfalls akzeptabel, wenn man die Pelle der Länge nach anschneidet und den Inhalt mit dem Besteck geschickt herauslöst. In jedem Fall gehören eine **Brezn, süßer Senf** und ein **Weißbier** dazu.
Wer in München die besten Weißwürste serviert, ist natürlich umstritten, die **Gaststätte der Großmarkthalle** gehört dabei aber gewiss zu den ganz heißen Favoriten.

Gaststätte Großmarkthalle,
Kochelseestr. 13,
Tel. 089/76 45 31, So geschl.,
www.gaststätte-grossmarkthalle.de

Traumpaar: Die Brezn gehört zur Weißwurst unbedingt dazu.

Lebensgefühl zum Schlecken – und eine enorme Sortenvielfalt, bei der auch Allergiker und Leckermäuler mit Lebensmittelunverträglichkeiten fündig werden. Das **Sarcletti** ist eine Institution in der bayerischen Hauptstadt.

Sarcletti, Nymphenburger Str. 155 (Nähe Rotkreuzplatz), Tel. 089/15 53 14, Feb. 9–21, März, Okt. 9–22, April, Sept. 9–23, Mitte Mai–Aug. 9–23.30 Uhr, www.sarcletti.de

9 Prinzregententorte

Hier erfunden und hochgerühmt: Was die Sachertorte für Wien, ist für München die Prinzregententorte. Der **Konditor Heinrich Erbshäuser** schuf sie 1886 zu Ehren des Prinzregenten Luitpold, der Bayern nach dem Tod von »Märchenkönig« Ludwig II. viele Jahrzehnte lang regierte. Erbshäuser türmte seinerzeit acht dünne Bisquitböden übereinander, strich dazwischen jeweils eine dicke Schicht Schokoladenbuttercreme und überzog alles mit einem speziellen Fondant-Schokoladenguss. Das Ergebnis fand so viel Anklang, dass der Meister zum **Hoflieferanten** ernannt wurde. Von Meisterhand wird das süße Prachtstück bis heute von der Konditorei Erbshäuser nach dem Originalrezept hergestellt. Und man muss nicht auf einen festlichen Anlass warten, um sich ein Stück zu gönnen.

Konditorei und Café Erbshäuser, Glückstr. 1, Tel. 089/28 44 29, Mo–Fr 7.30–18, Sa 11–18, So 12–18 Uhr, www.erbshaeuser.de

Qual der Wahl: Bei Sarcletti darf man sich zwischen mehr als 50 Sorten entscheiden.

10 Münchner Helles

Bis in die Prinzregentenzeit trank man in München vor allem dunkles Bier. Den Siegeszug des **Münchner Hellen** – ein untergäriges, mit Bitterhopfen gebrautes Bier – leitete das 1889 errichtete »Thomasbräu« ein (das später mit Paulaner fusionierte). In der »Schwemme« mit ihrem hohen Kreuzrippengewölbe und großen Rundbogenfenstern – ebenso wie unter den Kastanien des Biergartens – verbinden sich Brauhaustradition, frisch Gezapftes aus der Hausbrauerei und echte Schmankerln auf das Feinste.

Paulaner Bräuhaus, Kapuzinerpl. 5, Tel. 089/544 61 10, tgl. ab 11 Uhr, www.paulaner-brauhaus.de

Hotels

1 Cortiina Hotel

Exklusives Designhotel in bester Altstadtlage, zwischen Marienplatz und Isartor. Das stylische Einrichtungskonzept lässt die 1960er-Jahre anklingen und setzt auf natürliche Materialien: Jura-Naturstein, dunkle Mooreiche, Matratzen aus reinem Naturkautschuk und Bettwäsche aus unbehandelter Baumwolle. Angesagtes Bar-Restaurant im Haus.

Ledererstr. 8, Tel. 089/242 249 0, ab 179 €, www.cortiina.com

2 Hotel am Viktualienmarkt

Das gepflegte Hotel im Herzen der Stadt ist familiengeführt und liegt günstig zwischen dem Viktualienmarkt und dem Gärtnerplatz. Modern eingerichtete und funktional ausgestattete Zimmer, nur Frühstück.

Utzschneiderstr. 14, Tel. 089/231 10 90, ab 99 €, www.hotel-am-viktualienmarkt.de

3 Hotel Mariandl

Individualistisches Hotel in zentraler Lage mit Wiener Charme. Denkmalgeschützter Sandsteinbau mit Türmchen und Erkern, romantisches Interieur mit Stuckdecken und zusammengewürfeltem Antikmobiliar. Wie in der »guten alten Zeit« gibt es auch weiterhin weder Lift noch Fernsehgeräte. Das 1899 eingerichtete stimmungsvolle Kaffeehaus im Erdgeschoss fungiert gleichzeitig als Rezeption.

Goethestr. 51, Tel. 089/552 91 00, ab 78 €, www.mariandl.com

Baden

APPELLATION PETIT CHABLIS
Mise en Bouteilles
TREMBLAY
DES ILES

»Stich den Spargel nie nach Johanni.« Die Saison endet in Deutschland am 24. Juni, damit sich die Pflanzen regenerieren können.

Wer Baden kulinarisch entdecken will, sollte schon mal den hiesigen Zungenschlag üben und vorsorglich ein »le« dranhängen. Da gibt es **Brägele** und **Knöpfle**, **Läberle** und **Schneckensüpple**, **Schupfnudle** und **Gschwelldi** (siehe Kulinarisches Lexikon, S. 115). Dazu passt immer und überall ein Viertele, gemeint ist ein gutes Glas Wein, das man hier nicht trinkt, sondern schlotzt. Und wo Viertele auf der Karte steht, ist oft auch noch ein echtes Viertel drin! Nur wenn etwas »a Gschmäckle« hat, sollte man sich davor hüten, denn das riecht nach Vetterleswirtschaft, und die hat hier wie an anderen Orten keinen guten Ruf. Viele Kulinaria aus der lokalen Küche haben auch die Speisekarten jenseits der Grenzen erobert: »Exportiert« werden Schwarzwälder Schinken, Räucherspeck und die Forellen aus der Gegend. Zum Kaffee serviert man eine üppige **Schwarzwälder Torte**, nach deren Genuss man gerne ein Schwarzwälder Kirschwasser als Digestif bestellt.

Fast so berühmt wie das Naschwerk ist der badische **Spargel**. Während der Saison können Besucher auf zahlreichen Festen die feinen Stangen mit einem guten Glas Weißwein genießen. Spargel braucht einen lockeren, sandigen, nicht zu feuchten Boden und vor allem viel Wärme. Wo könnte das Gemüse also besser wachsen als hier – in der sonnigsten Region Deutschlands. So weit, so bekannt. Doch wer weiß schon, wie **Kratzete** schmecken, was man unter **Striebli** versteht und warum es hier **Nonnenfürzle** gibt. Etwas eleganter werden die frittierten, mit Marmelade gefüllten Bällchen auch als Nonnenseufzer angebo-

1. Weingut Fritz Blankenhorn
2. Schloss Neuweier
3. Straußenwirtschaft und Weingut Gretzmeier
4. Strauße zum Poldi
5. Freiburger Weinfest
6. Weingut Köbelin
7. Weingut Martin Wassmer
8. Schwetzinger Spargelfest
9. Badische Weinmesse
10. Spargelfest Bruchsal
11. Mittelalterliche Winzertage
12. Regionales Markgräfler Weinfest
13. Weinfest Kaiserstuhl und Tuniberg
14. Oechsle-Fest Pforzheim
15. Bühler Zwetschgenfest
16. Kulinarischer Weinwandertag Bühlertal
17. Hausbrauerei Feierling
18. Markthalle Freiburg
19. Forellenstüble
20. Bäckerei und Konditorei, Café Müller

ten. Ein Biss in diese süße Sünde entlockte nicht nur den Nonnen einen Wonneseufzer, zumal die fette Speise früher kurz vor der Fastenzeit gereicht wurde und einen letzten Genuss ohne Reue bedeutete.

Einen Tipp noch für »Reigschmeckte« (Hochdeutsch: Zugereiste): Die Leute aus Baden wollen Badener und nicht Badenser genannt werden. Letzteres empfinden sie als despektierlich. Wer es dennoch tut, riskiert eine harte Replik, wie vor Jahrzehnten ein Heilbronner Abgeordneter erfahren musste. So drohte sein badischer Kollege, ihn zukünftig Heilbronnser zu nennen, was für einheimische Ohren ganz nah bei »Bronzer« liegt und mit »Pinkler« oder »Pisser« übersetzt werden kann.

1 Grauburgunder und Gutbürgerliches

Baden, die wärmste und sonnigste Weinbauregion Deutschlands bringt exzellente Tropfen hervor, die durch Feinfruchtigkeit und spielerische Eleganz beeindrucken. Die südlichste Weinbauregion Deutschlands erstreckt sich von Tauberfranken, der Badischen Bergstraße und dem Kraichgau in Nordbaden über die Ortenau und das Breisgau bis ins Markgräflerland im Dreiländereck. Das größte Anbaugebiet liegt am Kaiserstuhl. Dort zählt in Breisach der Badische Winzerkeller – eine Genossenschaft, die pro Jahr 500 bis 600 Weine ausbaut – zu den größten Weinproduzenten Europas. Die fruchtbare Lößschicht am Kaiserstuhl, die Ablagerungen des Vulkangebirges und mildes Klima bringen feurige **Burgunder** hervor. Der hier ausgebaute **Ruländer**, ein

Saftiger Kirschplotzer: eine wunderbare Verwertung von hart gewordenem Brot.

Grauburgunder aus hochreifen, manchmal edelfaulen Trauben, besticht durch seine kräftigen Aromen. Wer guten Wein mit regionaler Küche verbinden will, kehrt in die »Gutsschänke Blankenhorn« ein.
Weingut Fritz Blankenhorn, Basler Str. 2, Schliengen, Tel. 07635/82000, Mo–Fr 8–12, 14–18, Sa 9–13 Uhr, www.gutedel.de

2 Lokale Weine zur Haute Cuisine

Das Weinbaugebiet Ortenau, zwischen Baden-Baden und Lahr gelegen, ist von schmalen Tälern, sanften Hügeln und Obstbäumen geprägt. Neben frischen **Rieslingen** – hier Klingelberger genannt –, feinem Müller-Thurgau und anspruchsvollen Gewürztraminern ist die Ortenau für ihre Spezialität, den **Clevner** (Roter Traminer), bekannt. Im Markgräflerland wächst der **Gutedel**, eine Rebe, die Großherzog

Kulinarisches Lexikon

Apfelküchle: In Teig getauchte, ausgebackene Apfelscheiben.

Bibiliskäs/Bibbeleskäs: Kräuterquark.

Brägele: Bratkartoffeln.

Buebespitzli: Schupfnudeln, aus Kartoffeln hergestellt.

Kilwiküchle: Schmalzgebäck, das anlässlich der »Kilwi«, des Kirchweihfestes, gebacken wird.

Kirschenplotzer: Süßer Auflauf mit altbackenem Brot und Kirschen.

Knöpfle: Dicke, knopfförmige Spätzle.

Kratzete: Salziger Pfannkuchen, der wie Kaiserschmarrn zerrupft wird; oft als Spargelbeilage serviert.

Riebele: Suppeneinlage; etwa körnergroße, klein geriebene Nudelteigstückchen.

Schäufele: Gepökelte oder geräucherte Schweineschulter, deren Form einer Schaufel ähnelt.

Scheiterhaufen: Süßspeise, bei der in Scheiben geschnittene, alte Brötchen in einem Eier-Milch-Mix mit Rosinen, Zucker und Zimt geschichtet und gebacken werden.

Sulz: Sülze.

Wähe: Flacher runder Kuchen aus Mürbeteig; mit Obst, Gemüse oder Käse belegt.

Markgraf Karl Friedrich von Baden um 1780 aus Vevey (Schweiz) hierherbrachte. Die trockenen Tage im Hochsommer, gepaart mit nächtlichen, kühlen Fallwinden vom Südschwarzwald, lassen die Trauben ideal gedeihen. Das Ergebnis ist ein leichter, feinfruchtiger Weißwein. Im Schloss Neuweier, am Fuße der schlosseigenen Reben, lässt die Karte keine Wünsche offen.

Schloss Neuweier, Mauerbergstr. 21,
Tel. 07223/800870, tgl. außer Di,
www.armin-roettele.de

3 Besenwirtschaften

Am originellsten lassen sich die Tropfen in den zahlreichen Strauß(en)wirtschaften probieren – den meist von Winzern während der Saison betriebenen Stuben, die sich dort befinden, wo ihre Rebsäfte die Reife erlangt haben. Manchmal heißen sie auch Besenwirtschaften. Früher sollen die Winzer auch schon mal die gute Stube oder den Viehstall dafür leergeräumt haben. Bei **Weinproben** wird häufig Vulkanbrot gereicht, das nur mit Zutaten aus der Region gebacken wird.

Straußenwirtschaft und Weingut Gretzmeier,
Wolfshöhle 3, Merdingen, Tel. 07668/94230,
Ende März–Anfang Mai, Mitte Aug.–Ende Okt.,
Sa geschl., www.gretzmeier.de

4 Burgunder und Brägele

Hier geht es zünftig zu. Die umgebaute Scheune dient als Schankraum. Lange Tische und Bierbänke lassen Freunde und solche, die es werden können, näher zu-

Rund ums Münster herum:
der Wochenmarkt in Freiburg.

5 Freiburger Weinfest

Anfang Juli steht Freiburg sechs Tage lang im Zeichen des badischen Weins. Beim alljährlichen Weinfest verwandelt sich der Münsterplatz in eine große Probierstube mit angeschlossenem Gourmetrestaurant. Dort werden über 400 Tropfen aus den südbadischen Weinbaugebieten sowie Köstlichkeiten der badischen Küche gereicht.

6 Tage ab dem 1. Do im Juli, Freiburg, Info-Tel. 0761/388101, www.freiburger-weinfest.de

sammenrücken. Geschlotzt wird der Wein aus eigener Herstellung: **Weißburgunder**, **Grauburgunder** und **Spätburgunder** im Barrique. Als gute Grundlage empfiehlt der Wirt überbackene Seelen, einen Kräuterrollbraten oder panierte Schnitzel mit **Brägele**, an heißen Tagen auch die Vesperplatte. Oder doch lieber etwas Süßes? Dafür stehen **Apfel-Flammkuchen** oder cremiger Kirsch-Quark auf der Karte. Dass die Zutaten von den Bauern der Region stammen, gehört zum Selbstverständnis des Hauses.

Straußе zum Poldi, Friedhofstr. 1, Niederrimsingen, Tel. 07664/1226, Ende März–Mitte Juni, Mitte Juli–Ende Okt., www.poldistrausse.de

6 Rivaner, Riesling & Co.

Grau-, Weiß- und Spätburgunder sind die Hauptrebsorten des Weinguts Köbelin. **Rivaner**, **Riesling**, **Scheurebe**, **Gewürztraminer** und **Muskateller** bereichern das Sortiment. Hier hat man in letzter Zeit ziemlich viel richtig gemacht, denn Jahr für Jahr bekommen die Winzer vom Weinführer Eichelmann Sterne verliehen und lobende Worte vom Gault & Millau und der Zeitschrift »Feinschmecker«: Da »trumpft der Eichenlaub-Spätburgunder auf«, sind Sauvignon Blanc und Muskateller »reintönig und zupackend«. Kompliment! Bitte weiter so!

Weingut Köbelin, Altweg 131, Eichstetten am Kaiserstuhl, Tel. 07663/1414, Do/Fr 9–12, 15–18, Sa 9–12 Uhr, www.weingut-koebelin.de

7 Chardonnay & Spätburgunder

Zu den aufsteigenden Betrieben der Region zählt auch das Gut von Martin Wassmer. Die Reben auf seinen Weinbergen haben stolze 500 Jahre und mehr auf dem Buckel. Sie produzieren eine intensiv schmeckende Traube, deren Kunst der Weiterverarbeitung seit vielen Generationen von den Vätern auf die Söhne übertragen wird. »Demut und Liebe, Leidenschaft und Hingabe«, all das ist nötig, so Martin Wassmer, um großartige Weine zu erstellen. Ob **Chardonnay**, **Spätburgunder** oder **Pinot Blanc**, die Erzeugnisse aus dem Hause Wassmer werden dem Ruf der Region mehr als gerecht.

Weingut Martin Waßmer, Am Sportpl. 3, Bad Krozingen, Tel. 07633/15292, Mo–Sa 9–18, in der Spargelzeit auch So 8–20 Uhr, www.weingut-wassmer.de

Kulinarischer Kalender

MAI

8 Schwetzinger Spargelfest

Am ersten Samstag und Sonntag feiert Schwetzingen »seinen« Spargel mit Musik, Schälwettbewerben und Kochvorführungen in der Innenstadt.

www.schwetzingen.de ▸ Schwetzingen erleben ▸ Spargelstadt

9 Badische Weinmesse

Am ersten Wochenende präsentiert die Messe Offenburg-Ortenau heimische Weine, Sekte und Obstbrände.

www.badische-weinmesse.de

JUNI

10 Spargelfest Bruchsal

Die badische Region ist für ihren Spargel berühmt. Bruchsal, die (selbst ernannte) Spargelhauptstadt Europas, veranstaltet zahlreiche Feste und Aktionen während der Saison von Mitte April bis 24. Juni. Einen der Höhepunkte stellt das Spargelfest Anfang Juni mit Biergarten, Festzelt und kulinarischen Spargelvariationen dar.

1. Juniwochenende, www.bruchsal-erleben.de

11 Mittelalterliche Winzertage

Die historischen Gassen Steinbachs verwandeln sich am ersten Wochenende in ein Mekka für Weinliebhaber.

www.winzertage-steinbach.de

AUGUST

12 Regionales Markgräfler Weinfest

Von Freitag bis Montag bewirten die Winzer des Markgräflerlandes am ersten →

Kulinarischer Kalender

→ Wochenende die Besucher in der Altstadt von Staufen mit den Tropfen der Region. Viel Programm im Umfeld.
www.touristik-staufen.de
▸ Veranstaltungen

13 Weinfest Kaiserstuhl und Tuniberg

Vom letzten Freitag im August bis zum folgenden Montag feiert Breisach am Rhein in der Innenstadt die Weine vom Kaiserstuhl und Tuniberg.
www.weinfest-breisach.de

AUGUST/SEPTEMBER

14 Oechsle-Fest Pforzheim

Das nach dem Pforzheimer Ferdinand Oechsle – Erfinder der Mostwaage – benannte Fest bietet ab dem letzten Wochenende im August an zwölf Tagen rund 200 verschiedene Weine und 180 Gerichte.
www.pforzheim.de ▸ Öchslefest

SEPTEMBER

15 Bühler Zwetschgenfest

Am zweiten Wochenende empfängt die Zwetschgenkönigin (auch »Blaue Königin«) auf den Straßen Bühls die Besucher zum traditionellen Heimat- und Dankfest.
www.buehl.de ▸ Zwetschgenfest

SEPTEMBER/OKTOBER

16 Kulinarischer Weinwandertag Bühlertal

Am 3. Oktober lädt das Bühlertal im Rahmen der fast vier »Weinwochen« zum Wandertag mit Einkehr, Verkostung und kulinarischen Themen.
www.buehlertal.de

17 Tannenzäpfle und Inselhopf

Bei all der Qualität an edlen Tropfen mutet es merkwürdig an, dass Jahren ausgerechnet ein Bier zum Exportschlager gemausert hat: Das **Tannenzäpfle** aus Rothaus im Hochschwarzwald hat sich zum Kultbier entwickelt. Das Logo des Pils' ist seit 1967 unverändert – und auf klassische Werbung hat Rothaus lange Jahre verzichtet. Das Tannenzäpfle steht natürlich auf fast jeder Getränkekarte, auch in den mit Sternen dekorierten Häusern rümpft man nicht mehr die Nase, wenn zum feinen Menü ein Bierchen gewünscht wird.
Wer statt Sternen eher ein legeres Ambiente bevorzugt, das zum zünftigen Getränk passen soll, kehrt in den **Biergarten Feierling** an. Hier ist schon der Name Programm. Der älteste Biergarten in Freiburg lockt von März bis in den Spätherbst zum Vespern und hausgebrautem **Inselhopf**, ein untergäriges, helles Vollbier mit einer Stammwürze von ca. 13%. Wer mehr darüber wissen will, nimmt an einer Brauereiführung teil (bitte mit Voranmeldung).

Hausbrauerei Feierling, Gerberau 46, Freiburg, Tel. 0761/243480, Mo–Fr 18–24, Sa/So ab 11 Uhr, www.feierling.de

18 Flammkuchen und Maultaschen

In Baden wird man leicht zum Grenzgänger: Die Nachbarschaft zum Elsass und zu Württemberg schlägt sich auch in Gerichten wie dem Elsässischen Flammkuchen (mit Zwiebeln, Speck und Rahm belegter Sauerteig) oder den schwäbischen Maultaschen (mit Hackfleisch gefüllte Teigtaschen) nieder. Wer für einen solchen Kurztrip keine Zeit hat, kehrt zum Imbiss in die **Markthalle** in Freiburg ein. An 22 Ständen werden hier überregionale und regionale Speisen geboten und an den Abenden und Wochenenden DJs und Livemusik.

Markthalle, Grünwälderstr. 4, Freiburg, Mo–Do 8–20, Fr/Sa 8–24 Uhr, www.freiburg-geniessen.de

19 Fisch und Fleisch

Herzhafte Gerichte wie Ochsenbrust mit Meerrettich und badisches **Schneckensüpple** (auf Butter-Sahne-Basis mit vielen Kräutern) werden hier genauso gerne gegessen wie Barsche, Karpfen, Hechte und Aale aus dem Bodensee – besonders beliebt sind **Bodenseefelchen**, die zu den Forellenfischen gehören. Wer sich »seine« **Forelle** selbst aussuchen möchte, geht ins gleichnamige **Stüble**. Zugegeben, eine Renovierung würde der Hütte gut tun, und jeder Mensch über 1,80 m Länge muss sich schon beim Eintreten bücken, um in die niedrigen Räume zu gelangen, denen man das Alter durchaus ansieht. Hier ist alles schlicht: die Räume, die Tische, das Gedeck. Aber genau das schätzen viele, um nicht von der Hauptsache abgelenkt zu werden: der Forelle – blau, geräuchert oder gebraten, dazu Salzkartoffeln und ein grüner Salat.

Forellenstüble, Im Vorhof 6/1, Freiamt, Tel. 07645/345, Mo, Mi–So ca. 11–13.30, 17–21 Uhr, www.forellenstueble.de

Auf Platz 1: Die Schwarzwälder ist die meistverkaufte Sahnetorte in Deutschland.

⑳ Schwarzwälder Kirschtorte

Die echte Torte gibt es natürlich nur im Schwarzwald. Das ist unstrittig. Das »Café Schäfer« im kleinen Triberg wähnt sich gar im Besitz der Originalrezeptur, die aus der Feder des mutmaßlichen Erfinders Josef Keller stammen soll. Aber auch andere Konditoren nehmen das »Original« für sich in Anspruch. Dabei gibt es heute fast so viele Varianten wie Hersteller. Bäcker Stephan Müller aus Durbach ist einer davon, der eine große Symbolik in der Torte erkennt. So ist die Optik der Kalorienbombe der Tracht der Region nachempfunden: Der dunkle, in Kirschwasser getränkte Biskuitboden ist der schwarze Rock, die dicke Sahneschicht entspricht der weißen Bluse. Die Sauerkirschen im Teig erinnern wiederum an die roten Bollen auf dem Hut. Und die Schokosplitter obendrauf? Na gut, die gehören nicht mehr zur Tracht, aber zum Schwarzwald schon, denn sie symbolisieren die reichlich vorhandenen Tannennadeln. Die Torten von Meister Müller gehören mit 1,6 kg zu den Schwergewichten, dazu tragen 800 g Sahne, 80 g Flüssigzucker und 0,05 l hochprozentiges Kirschwasser bei. Vor Ort schmecken sie übrigens immer noch am besten.

Bäckerei und Konditorei, Café Müller,
Tal 31, Durbach, Tel. 07 81/427 08,
6.30–18 Uhr, Mi geschl.,
www.suessevielfalt.de

Württemberg

Kein schöner Land: Neckartal bei den Hessigheimer Felsengärten.

Im Neckartal widerlegt sich ein altes Vorurteil: Die Schwaben können nicht nur Häusle (an)bauen, sie kultivieren auch hervorragende Weine – und die eigene Lebensart. Die Bewohner dieser Region können ebenso charmant wie derb sein, großzügig wie geizig, maulfaul wie redselig. Doch all dies paart sich mit einer liebenswerten Selbstironie, die spätestens seit dem Slogan: »Wir können alles außer Hochdeutsch!« weit über die Landesgrenzen hinaus bekanntgeworden ist. Ja, ja, das Ländle, das Diminutiv le ist hier mindestens genauso geläufig wie in Baden. Man sagt den Schwaben außerdem einen Humor nach, der sie in allen Lebenslagen davor schützt, die eigene Situation zu dramatisieren. So wird von einem ehrwürdigen Pfarrer, Jahrgang 1911, erzählt, er habe seinen Pfleger am Ende seines Lebens mit den Worten verblüfft: »Wisset Se: We ma mit fascht 104 Jahr schtirbt, isscht Hebamm' nemme schuldig!« (Für Nicht-Schwaben: »Wenn man mit fast 104 Jahren stirbt, ist die Hebamme nicht mehr schuldig.«)

Schwaben essen gerne gut, vielseitig und üppig. Doch weder während des Essens noch danach fühlt man sich genötigt, viel Aufhebens darum zu machen. Die Wirtsleute und Kellner nehmen's gelassen: »Nix gsagt, isch gnug globt.« (»Nix gesagt/gemeckert, ist genug gelobt.«) Dass man hier gute Tropfen kredenzt und eine gute Küche pflegt, scheint den Schwaben als etwas, das ihnen einfach gebührt. »Zuagroaste« (Zugereiste) loben oft wortreich. Ein Schwabe genießt und schweigt. Meistens jedenfalls. Dabei gibt es wirklich genug Grund, das Ländle auch für diese Gaben zu loben.

1 Weingut Drautz-Able
2 Weingut Wöhrwag
3 Hofgut Steinbachhof
4 Süddeutscher Käsemarkt
5 Kuchen- und Brunnenfest
6 Tübinger Sommerinsel am See
7 Stuttgarter Sommerfest
8 Stuttgarter Weindorf
9 Heilbronner Weindorf
10 Nacht der Keller
11 Filderkrautfest
12 Sieben-Keltern-Fest
13 Gipfeltreffen der Weine
14 Biohotel-Restaurant Rose
15 Gasthaus Kuntzer's Öxle
16 Ritter Sport
17 Brezel Bäck
18 Besenwirtschaft Reinhard Beck
19 Mauganeschtle
20 Restaurant Wielandshöhe
21 Gutsschänke Meersburg
22 Weinstube Mögle
23 Raubs Landgasthof
24 Hotel Bareiss
25 Esslinger Zwiebelfest

1 Trollinger

Die meisten Weingärten Württembergs liegen in geschützten, fruchtbaren Flusstälern am Neckar und seinen Nebenflüssen Rems, Enz, Kocher, Jagst und Tauber zwischen Heilbronn im Norden und Tübingen im Süden. So vielschichtig die Böden, so vielseitig die Weine: Nahezu jeder Ort kann mit einem typischen Tropfen aufwarten. Etwa 70 % entfallen auf Rotwein. Kein Wunder, denn der süffige **Trollinger**, den man nicht umsonst das »Nationalgetränk der Württemberger« nennt, ist der beliebteste Wein im Ländle. Die ausschließlich in Württemberg angebaute spätreifende Rotweinsorte zeichnet sich durch einen herzhaft-kernigen Charakter aus. Gelobt wird beispielsweise der »Drei-Trauben-Trollinger« aus dem Hause Drautz-Able.

Weingut Drautz-Able, Faißstr. 23, Heilbronn, Tel. 07131/177908, Mo–Fr 8–12, 13.30–18, Sa 9–16 Uhr, www.drautz-able.de

2 Riesling

Der Riesling ist der wichtigste Weißwein Württembergs und nimmt etwa ein Fünftel der Rebfläche ein. Im Portfolio der Winzer finden sich darüber hinaus zarte, aber füllige Schwarzrieslinge, kräftige Lemberger sowie der oft als König unter den Rotweinen bezeichnete Spätburgunder. Den Rest der Rebfläche teilen sich Kerner – eine Kreuzung von Trollinger und Riesling, benannt nach dem schwäbischen Dichter Justinus Kerner –, Silvaner, Müller-Thurgau sowie der Dornfelder als

Mühevolle Handarbeit: Weinlese im Remstal, östlich von Stuttgart.

Trollinger, Riesling oder Rivaner? Auf dem Heilbronner Weinfest umfasst die Karte 320 verschiedene »Tropfen« aus der Region.

jüngste württembergische Rebsorte (seit 1955). Liebhaber von Raritäten sollten den noch jungen Acolon (Kreuzung aus Lemberger und Dornfelder) oder den Samtrot verkosten: Diese seltene Mutation des Schwarzrieslings machte schon im Mittelalter die Neckarweine bekannt. Eine echte regionale Weinspezialität ist der Württemberger Schillerwein, der aus gemeinsam gekelterten blauen, roten und weißen Trauben gewonnen und am liebsten im Sommer genossen wird. In Sichtweite zum Daimler-Stadion wachsen neun verschiedenen Rebsorten, die zum Weingut Wöhrwag gehören, darunter **Lemberger**, **Trollinger** und **Riesling**. Die Weine von hier werden für ihre gleichbleibend gute und hohe Qualität gelobt.

Weingut Wöhrwag, Grunbacher Str. 5, Untertürkheim, Tel. 07 11/33 16 62, Mo–Fr 8–12, 15–18.30, Sa 10–16 Uhr, www.woehrwag.de

3 Lemberger

Die wärmespeichernden Muschelkalkterrassen im Mittleren Neckartal um Stuttgart bieten tiefgründige, nährstoffreiche Böden. Dort entfalten sich vor allem fruchtige und füllige Weine wie Trollinger, Lemberger, Silvaner, Riesling und Müller-Thurgau. Brauner Jura und vulkanischer Boden prädestinieren die Weine des Oberen Neckartals in Metzingen und Neuffen. Die hauptsächlich weißen Tropfen Silvaner, Kerner und Müller-Thurgau haben eine feine, frische Säure. Der im wahrsten Sinne des Wortes »steinalte« Steinbachhof, erstmals 1178 urkundlich erwähnt, bietet neben viel Fachwerk und altem Gemäuer jede Menge Auszeichnungen, etwa die vom »Feinschmecker«, ganz allgemein als einem der besten Winzer Deutschlands und auch speziell für seinen **Blaufränkisch/Lemberger**. Wer hier degustieren, tagen, feiern und übernachten will, kann das sehr angenehm tun. Das nahe gelegene Kloster Maulbronn ist nur einen Katzensprung entfernt.

Hofgut Steinbachhof 1, Vaihingen/Enz-Gündelbach, Tel. 070 42/37 05 87-0, tgl. geöffn., www.weingut-steinbachhof.de

Kulinarischer Kalender

MAI

❹ Süddeutscher Käsemarkt

Im Hohenloher Freilandmuseum in Schwäbisch Hall-Wackershofen stehen Mitte Mai ein Wochenende lang über 200 traditionell hergestellte regionale Käsespezialitäten zum Kosten und Kaufen bereit.
www.wackershofen.de

PFINGSTEN

❺ Kuchen- und Brunnenfest

Einmal im Jahr erinnert sich Schwäbisch Hall an seine Geschichte als Salinenstadt. Die Tradition des Salzsiedens lebt mit historischen Umzügen, Salutparaden, musikalischer Unterhaltung, Tanz und »gesalzenen« Spezialitäten an Pfingsten wieder auf und zieht Publikum aus der ganzen Welt an.
Pfingstwochenende, Schwäbisch Hall,
Zug des Siederhofes, So 10.30 Uhr,
Präsentation des Siederkuchens,
Mo 14.30 Uhr (Ende mit Salutschießen),
Tel. 0791/751246 (Tourist-Info),
www.schwaebischhall.de ▸ Termine

JULI/AUGUST

❻ Tübinger Sommerinsel am See

An den Ufern des Tübinger Anlagensees bitten Spitzengastronomen Ende Juli/Anfang August zehn Tage lang zum kulinarischen Streifzug
www.tuebingen-info.de ▸ Veranstaltungen & Tickets

AUGUST

❼ Stuttgarter Sommerfest

Ab dem ersten Donnerstag berauschen 30 Gastronomen und viele Livemusiker zwischen Neuem Schloss und Opernplatz für vier Tage bis in die Nacht hinein die Innenstadt. Die Bandbreite reicht von Austern bis Pizza und von Champagner bis Cocktail. Damit das alles nicht anschlägt: wird Rock'n'Roll, Salsa oder Freestyle getanzt.
www.sommerfest-stuttgart.de

AUGUST/SEPTEMBER

❽ Stuttgarter Weindorf

Das Stuttgarter Weindorf ist eines der größten und schönsten Weinfeste Deutschlands. Ende August verwandelt sich die Stuttgarter Innenstadt vom Rathaus bis zum Schillerplatz für zwölf Tage in ein geselliges Weindorf mit rund 120 gemütlichen, in schwäbischer Tradition geschmückten Weinlauben. Dort können die »Viertelesschlotzer« rund 250 verschiedene Württemberger Weine verkosten – unter anderem Trollinger, Riesling, Kerner, Müller-Thurgau, Schwarzriesling oder Lemberger.
Aug./Sept., 12 Tage, Stuttgart,
Info-Tel. 0711/2228240,
www.stuttgart-tourist.de

SEPTEMBER

❾ Heilbronner Weindorf

Bei der »großen Weinprobe« rund ums Rathaus schenken Winzer Mitte September an neun bis zehn Tagen 320 Weine aus dem Großraum Heilbronn aus. Wer nicht viel reden möchte, hört einfach Musik: Blaskapellen, Pop-, Big- und Coverbands.
www.heilbronn-marketing.de ▸ Feiern

❿ Nacht der Keller

Die Winzer von Weinstadt, knapp 20 km östlich von Stuttgart gelegen, öffnen am dritten Wochenende im September ihre Keller und laden zur langen Nacht.
www.weinstadt.de ▸ Gast/Feste

OKTOBER

⓫ Filderkrautfest

Am dritten Wochenende dreht sich in den Straßen Leinfelden-Echterdingens alles um das feine Filderkraut und die damit verfeinerten lokalen Spezialitäten.
www.leinfelden-echterdingen.de

⓬ Sieben-Keltern-Fest

Die sieben Keltern, in denen in früherer Zeit der Wein gepresst wurde, sind das Wahrzeichen der Stadt Metzingen am Fuße der Schwäbischen Alb. Die Äußere Stadtkelter wird in der dritten Oktoberwoche zum Bes'n und Schauplatz des Sieben-Keltern-Festes. An neun Tagen teilen die Winzer der Region neuen und »alten« Wein aus. Dazu gibt es schwäbische Spezialitäten, Musik und Unterhaltung.
3. Woche im Okt., ab Sa, Äußere Stadtkelter, Metzingen, Tel. 07123/925326 (Tourist-Info),
www.veranstaltung-baden-wuerttemberg.de
▸ sieben-keltern-fest-metzingen

NOVEMBER

⓭ Gipfeltreffen der Weine

Nur die Besten: Um im November in der Harmonie, dem Konzert- und Kongresszentrum von Heilbronn, antreten zu können, müssen sich die Württemberger Wengerter im Rahmen der Landesweinprämierung qualifizieren. Es präsentieren schließlich mehr als 50 Genossenschaften, Kellereien und Weingüter bis zu 600 – im wahrsten Sinne – ausgezeichnete Weine.
2. Wochenende im Nov., Allee 28, Heilbronn, Sa/So 13–19 Uhr, Tel. 07131/562271 (Tourist-Info), www.wvwue.de
▸ Termine

⑭ Linsen

Das schwäbische Nationalgericht sind Linsen mit Spätzle. Wie viele der traditionellen Gerichte entstand es als »Arme-Leute-Essen«, denn im Gegensatz zu Fleisch waren Linsen günstig. Heute werden sie am liebsten mit Saitenwürsten verzehrt – dem regionalen Pendant zum Wiener oder Frankfurter Würstchen. Natürlich ist es (k)eine Linsenweisheit, dass es bei diesem Gericht auf die richtige Wahl der Hülsenfrucht ankommt. Zu den besonders feinen Sorten zählt Leisa 1 und 2, eine Linse von der Alb, die als ausgestorben galt und erst 2007 in einer Genbank in St. Petersburg wiederentdeckt wurde. Slow Food nahm die Pflanzenart in die Arche der bedrohten Arten auf. Doch seitdem sich vor allem der Bioland-Hof Mammel um die neue Aussaat der Gattung verdient gemacht hat, ist das Überleben gesichert. Nach mühevollster Arbeit sind die Alb-Leisas gerettet und werden wieder regional vermarktet. Wie geschmackvoll gerade diese Gattung der Lens culinaris sind, kann man vor allem im Herbst u. a. im **Bio-Hotel Rose** selber schmecken.

Biohotel-Restaurant Rose, Aichelauer Str. 6, Hayingen-Ehestetten, Tel. 073 83/949 80, Mo–Fr 11.30–14, 17.30–21, Sa/So ca. 11.30–20 Uhr, Di geschl., Nov.–März Mo/Di geschl., www.tress-gastronomie.de
▸ Rose-Biohotel

Die Leisa-Linse (zweite von unten) war fast ausgestorben: Inzwischen kann man sie wieder auf der Speisekarte finden.

Liebevoll verpackt:
Maultaschen mit Spinat.

15 Einkehr in Esslingen

Das Neckartal ist jedoch nicht nur alte Weinanbauregion, sondern auch idyllisches natur- und geschichtsträchtiges Kulturgebiet. Am schönsten können sich Reisende dieses beim Wandern erschließen. Der etwa 420 km lange **Württembergische Wein-Wanderweg** beginnt im bayerischen Aub, geht durch das Tauber- und Kochertal nach Süden, das Neckartal entlang ins Bottwartal und über das Remstal und Stuttgart bis nach Esslingen. Er führt dabei durch eine hügelige Landschaft mit reizvollen Aussichtspunkten. Dazwischen laden immer wieder malerische Residenzstädte zum Verweilen ein: Zu ihren schönsten Vertreterinnen gehört Weikersheim, berühmt durch sein Renaissanceschloss und den Barockgarten. Noch toller ist am Ende nur die Einkehr im **Öxle** in Esslingen. Hier wird schwäbische Küche mit südlicher Würze kombiniert (Reservierung empfohlen, nur 30 Plätze!).

Gasthaus Kuntzer's Öxle, Marktpl. 4, Esslingen, Tel. 07 11/351 04 51, Sa/So geschl.

16 Schokoladen

Der »SchokoLaden« von Ritter Sport ist ein Muss für Fans der süßen Tafeln. In der Ausstellung erfahren Besucher mit allen fünf Sinnen Wissenswertes über Schokolade. In der Werkstatt können Kinder und Jugendliche ihre eigene Lieblingssorte kreieren – im »SchokoShop« gibt es eine riesige Auswahl an köstlichen süßen Sorten.

Ritter Sport, Alfred-Ritter-Str. 27, Waldenbuch, Tel. 071 57/977 04, Mo–Fr 8–18.30, Sa 9–18, So, Feiertag 11–18 Uhr, Werkstatt: Di–So nach Vereinbarung, www.rittersport.de

17 Laugenbrezel

Von der Wanderung in der idyllischen Landschaft erholt man sich unterwegs am besten bei einem zünftigen Vesper in einem der gemütlichen Weingärtnerdörfer am Rande der Strecke – einer Brotzeit mit geräuchertem Schwarzwälder Schinken, Kirschwasser und frischem Bauernbrot oder einer **schwäbischen Laugenbrezel**, die vor dem Backen in Natronlauge getaucht wird und so ihre braune Farbe und den charakteristischen Geschmack erhält. Viele Geschichten ranken um dieses Gebäck, die schönste erzählt von einem Bäckerlehrling: In früheren Zeiten wurde Natronlauge zur Reinigung der Backstube genutzt. Der Stift soll aus Versehen den Doppelkringel in die Flüssigkeit getaucht und so aus Zufall die Brezel »erfunden« haben. Das Thema Brezn ist auch bei den bayerischen Nachbarn hoch aufgehängt. So bat der Freistaat die Beamten der EU, sich damit zu beschäftigen, und siehe da, das Gebäck wurde im Jahr 2014 mit dem Titel »geschützte geographische Angabe« geadelt. Die Bayern wehren sich auf diese Weise gegen den lätscherten Teig einiger Imitate aus den USA. Ob nun die Brezn oder die Brezel besser schmeckt, das kann nur jeder für sich entscheiden. Für die

Kunstvoll: Patissier Stefan Leitner aus dem »Hotel Bareiss« kreiert ein Dessert.

Schwaben ist die Antwort klar! Und für besonders gute Exemplare, wie beim **Brezel Bäck** in Stuttgart, stellt man sich gern auch mal in die Schlange. Wer schon mal da ist, sollte sich das Roggenschrotbrötchen oder das Walnussbrot nicht entgehen lassen.

Brezel Bäck, Schwabstr. 104, Stuttgart, Tel. 07 11/636 47 73, Di–Fr 6.30–18.30, Sa 6.30–14 Uhr, www.brezelbaeckbosch.de

18 Besenwirtschaft

Die Württemberger sind jedoch nicht nur bekennende Genießer des Rebensaftes, den sie auf nahezu 200 Festen im Jahr gebührend zu feiern verstehen. Auch ihre Küche steht für schwäbische Lebensart. Regionale Spezialitäten ebenso wie die neuen Weine genießt man landestypisch am originellsten in den urigen, saisonalen Besenwirtschaften – die nicht als Gaststätten gelten und nur vier Monate im Jahr geöffnet sein dürfen **(www.besenfuehrer.de)**. Nicht selten sitzt man hier beim Winzer im umfunktionierten Wohnzimmer und genießt zu regionalen Spezialitäten die neuen Tropfen seines Weinanbaus. Doch ein echter »Besa« hat noch mehr zu bieten: Im Frühling lockt köstlicher Spargel, traditionell mit Kartoffeln, Butter und Schinken, im Herbst deftiger Zwiebelkuchen (Mürbeteig mit Belag aus saurer Sahne, gekochten Zwiebeln, Speck und Kümmel), dazu wird ein »Viertele« neuer Wein »g'schlotzt«.

Besenwirtschaft Reinhard Beck, Gaiernweg 60, Stetten im Remstal (Gemeinde Kernen), Tel. 071 51/428 11, Ende April–Anfang Mai, Do–Sa, 12–24, So 11–24 Uhr, www.sylvanus.de

19 Maultaschen

Die traditionelle schwäbische Küche ist herzhaft und deftig. Spezialitäten wie Spätzle (ins kochende Wasser geschabter Teig aus Mehl, Eiern, Wasser und Salz), Kässpätzle (Spätzle und würziger Käse geschichtet), Schupfnudeln (Röllchen aus Kartoffelbrei) und »Suur essen« (saure Innereien wie Leber oder Kutteln) haben die Württemberger mit ihren regionalen Nachbarn, den Badenern, gemeinsam.
Am berühmtesten sind wohl die mal als Fastenspeise entstandenen Maultaschen. Ihr Ursprung soll im Kloster Maulbronn liegen. Dort fanden Mönche einen originellen Weg, das (Hack-)Fleisch vor dem lieben Gott im Nudelteig zu verstecken. Deshalb nennt der Volksmund seine Maultaschen auch liebevoll »Herrgottsbscheißerle«. Gegessen werden sie bevorzugt in der Brühe oder mit Ei geröstet. Es gibt kaum eine Speisekarte, auf der die schwäbische Variante der Ravioli fehlt, daher ist die Qual der Lokal-Wahl hier besonders schwer: **Das Mauganeschtle** in Tübingen ist auf jeden Fall eine gute, wenn auch nicht ganz preisgünstige Adresse für schwäbische Klassiker wie Flädlesuppe (mit Pfannkuchenstreifen) oder Maultaschen in 26 Variationen. Außerdem sitzt man hier wunderschön mit Blick auf die Altstadt bis hinunter zum Ammertal.

Mauganeschtle, Burgsteige 18, Tübingen, Küchenzeiten: Mo/Di 18–22 Uhr, Mi–So 12–14.30, 18–24 Uhr, Tel. 070 71/929 40, www.hotelamschloss.de ▸ Restaurants

⑳ Schwäbisch-Hällisches Landschwein

Traditionelle Fleischgerichte wie der Zwiebelrostbraten (Lendenstück des Rinds in einer Rotwein-Zwiebel-Sauce) oder das »Schäufele« von der Schulter des Schwäbisch-Hällischen Landschweins (geht auf eine Kreuzung mit dem chinesischen Maskenschwein 1820 zurück) werden mit viel Sauce gereicht. Selbstironisch bezeichnen sich die Schwaben für diese Vorliebe auch als »Nass-Esser«. Wie die Alb-Linsen stand es auch um diese Baura-Sau (Bauern-Sau) Jahrzehnte nach dem Krieg echt schlecht. Die Rasse fiel in Ungnade (zu fett!) und wäre fast ausgestorben. Man experimentierte wild herum: »Die deutsche Landrasse wurde mit dem mageren, aus Belgien stammenden Pietrain-Schwein gekreuzt … Irgendwann sah das Schwein in Deutschland aus, als hätte es im Windkanal trainiert«, meint Spitzenkoch und Sauliebhaber **Vincent Klink**. In wirklich allerletzter Minute begriffen die Bauern, dass mit dem Schwein der Region auch ein Stück Identität verlorengeht. Inzwischen ist die Rasse rehabilitiert und erobert die Speisekarten auch jenseits von Württemberg. Der Philosoph unter den Köchen, Klink, hat den Tieren schon lange einen Ehrenplatz in der Liste der besonderen Rezepte eingeräumt. Wer seine Kreationen genießen möchte, ist auf und in der **Wielandshöhe** richtig.

Restaurant Wielandshöhe, Alte Weinsteige 71, Stuttgart-Degerloch, Tel. 07 11/640 88 48, tgl. außer So/Mo 12–13.30, 18–20.30 Uhr, www.wielandshoehe.de

㉑ Bodenseefelchen

Was haben die norddeutschen Maränen, die bayerischen Renken und die schwäbischen Felchen gemeinsam? Alle drei sind regionale Bezeichnungen für ein und denselben Fisch aus der Gattung der Coregonus, einem wohlschmeckenden Süßwasserfisch. Die Vertreter der Bodenseefelchen haben noch einen Vorteil: die Weltnaturschutzunion sieht sie weder aktuell noch in Zukunft unter den bedrohten Arten. Und ganz sicher gehört die auch Blaufelchen genannte Lachsart zu den Lieblingen der Fischer und Feinschmecker, die das helle und feste Fleisch loben und es mal gebraten, mal gedämpft oder geräuchert gustieren. Während ihre dünnheutige Verwandte, die Forelle, gleich in Pfanne oder Topf springen kann, haben die Felchen gröbere Schuppen und Fettflossen, die man zusammen mit der Haut vor der Zubereitung besser entfernt. Puristen lieben das Fischfilet ohne großen Schnickschnack: gebraten mit Mandelbutter und Salzkartoffeln. Aber natürlich gibt es auch Varianten wie Felchen-Matjes mit Sauerrahm, Mayonnaise, Zwiebeln, Cornichons und Äpfeln. All dies offeriert die **Gutsschänke** in Meersburg, die dazu einen Weißen Burgunder von der Chorherrnhalde empfiehlt. Den Ausblick von der Terrasse auf die Stadt und das »Schwäbische Meer« gibt es gratis dazu.

Gutsschänke, Seminarstr. 4, Meersburg, Tel. 075 32/80 76 30, Küchenzeiten tgl. 11–14.30, 17–21.30 Uhr, www.gutsschaenke-meersburg.de

22 Gaisburger Marsch & mehr

Die schwäbischen Salate folgen ihrer Neigung zur Feuchtigkeit. Der Schwäbische Wurstsalat (in dünne Streifen geschnittene Schwarz- und Fleischwurst, sogenannte »Wursträdle« mit Zwiebeln) und der allseits geliebte Schwäbische Kartoffelsalat – lauwarm gegessen – werden mit einer »Briah« (Brühe) aus Essig, Öl und Fleischbrühe zubereitet.

Darüber hinaus lieben die Schwaben Saucen und Suppen. Der Gaisburger Marsch, ein schmackhafter Eintopf mit Suppenfleisch, Kartoffeln und Spätzle, sowie die »Flädlesupp« sind die bekanntesten Vertreter. Für Letztere werden »Flädle« – knusprige Pfannkuchen – dünn geschnitten und als Suppeneinlage verwendet. Die **Weinstube Mögle** dekliniert die schwäbische Küche rauf und runter und bietet mit Kachelofen, Holz und historischen Bildern auch den richtigen Rahmen zur Speisekarte. Hier ist es einfach »saugmütlich«, wie der Schwabe sagt.

Weinstube Mögle, Dieterlestr. 32, Stuttgart, tgl. außer Di 17.30–2 Uhr, Tel. 0711/853174

23 »Ebbis« Süßes

Zum Nachtisch ebbis (etwas) Süßes? Da sagt man ungern nein, selbst wenn die Desserts ebenso sättigend sein können wie ein Hauptgang. Je nach Verlangen dürfen die traditionellen Dampfnudeln (Klöße aus süßem Hefeteig mit Vanillesauce) oder der Ofenschlupfer, ein Auflauf aus geschichteten Apfelschnitten und altbackenen, in einem Mix aus Milch, Eiern und Zucker getränkten Brötchenscheiben, alternativ zum Hauptgang verspeist werden. Aber auch der Träubleskuchen aus Mürbeteig mit Eischnee-Johannisbeer-Mischung sowie der beliebte Hefezopf, mal mit Rosinen oder Mandeln, mal mit Schokolade oder einer Nussfüllung verfeinert, machen Lust auf mehr. Das Zopfgebäck soll seine verflochtenen Teigstränge einem alten Brauch verdanken. Der Legende nach legten Ehefrauen ihren verstorbenen Gatten einen Haarschopf mit ins Grab. Ob mit oder ohne Legende, die Nachspeisen im Landgasthof von Wolfgang Raub (wenn auch nicht nur die) sind eine Sünde wert: etwa Vanille-Reisauflauf mit Aprikosen und Lavendeleis oder der Kinderklassiker: Pfannkuchen mit Erdbeermarmelade.

Raubs Landgasthof, Hauptstr. 41, Kuppenheim-Oberndorf, Tel. 07225/75623, Küche: Di–Sa 12–21.30 Uhr, www.raubs-landgasthof.de

24 Sterneköche allenthalben

Die Württemberger erweisen sich auch als Kenner international gerühmter Spitzenküche: Nirgendwo in Deutschland gibt es so viele Sterne-Restaurants wie in Württemberg und der Nachbarregion Baden. Als Gourmet-Hauptstadt gilt das Schwarzwald-Städtchen Baiersbronn, auf dessen 16000 Einwohner drei Restaurants mit insgesamt acht Sternen kommen – ein unschlagbares Pro-Kopf-Verhältnis. Dort kann man sich von dem Drei-Sterne-Koch **Harald Wohlfahrt** in der legendären **Traube** (www.traube-tonbach.de) verzaubern lassen (vom Michelin schon 1992 das erste Mal mit drei Sternen dekoriert). Oder man kann sich nach einem kleinen Fußmarsch von knapp 7 km im benachbarten Mitteltal von **Claus-Peter Lumpp** verführen lassen, der seine Sterne seit 2007 zu verteidigen weiß. Kritiker schwärmen von seiner »großen gastronomischen Oper«, die im schönen Ambiente des Hotels besonders gut zur Geltung kommt.

Hotel Bareiss, Hermine-Bareiss-Weg, Baiersbronn, Mitteltal, Tel. 07442/470, www.bareiss.com

25 Esslinger Zwiebelfest

Der Name Zwiebelfest beruht auf einer Sage, nach der im Mittelalter eine listige Marktfrau den Teufel vertrieben hat. Er hatte nach einem Apfel verlangt. Sie reichte ihm eine Zwiebel. Der Teufel biss in die saftige Knolle und schrie: »Das sollen eure Äpfel sein? Spott über euch Esslinger! Deshalb sollt ihr künftig nicht mehr Esslinger heißen, sondern Zwiebeln.« So kommt es, dass man die Bewohner noch heute Zwiebeln oder Zwieblinger nennt.

Anfang August startet das traditionelle Zwiebelfest vor der historischen Stadt- und Burgkulisse auf dem Marktplatz von Esslingen. Elf Tage lang können die Besucher vielfältige Köstlichkeiten aus Küche und Keller genießen. Zu den Leckereien rund um die Zwiebel und schwäbischen Spezialitäten darf ein gutes Viertele natürlich nicht fehlen.

Anfang Aug., Marktplatz, Esslingen, Tel. 0711/39693969 (Tourist-Info), www.esslingerzwiebelfest.de

Im Westen

Nordrhein-
Westfalen
Düsseldorf
Köln
Hessen
Rheinland-
Pfalz
Frankfurt
Saarland

»Alles, was ich gerne esse, macht dick, und alles, was nicht dick macht, esse ich nicht so gerne.«

Helmut Kohl, Bundeskanzler a.D.

Saarland

Das kleine Saarland, ein Zwerg unter den Bundesländern, erweist sich kulinarisch als Riese. Die Dichte an hochklassiger Gastronomie ist bundesweit einmalig. Zwei der neun Drei-Sterne-Köche Deutschlands sind im Saarland beheimatet. Geht man in Saarbrücken die Mainzer Straße entlang, kann man auf nicht einmal 500 m im Glanz von fünf Michelin-Sternen speisen. Eine Rolle spielt hier sicherlich die Nähe zu Frankreich – der Einfluss der französischen Küche und ihres Raffinements ist unverkennbar. Allerdings: Die Menschen lieben es hier keineswegs nur leicht, fein und raffiniert. Lange war das Saarland ein maßgeblicher Standort der Schwerindustrie; die Arbeiter schufteten hart in

Gewunden: Die Saarschleife zwischen Merzig und Mettlach.

den Schächten der Bergwerke oder an den Hochöfen. Die dafür nötige Energie erhielt man seinerzeit mit möglichst nahrhafter und reichhaltiger Kost. Auch diese deftige Seite findet sich in den Spezialitäten des Landes. So ist die saarländische Küche ein Potpourri aus herzhafter Hausmannskost und kulinarischer Raffinesse. Es darf für die Saarländer gern »e bissje besser, aber dafür ach e bissje mehr« sein. Sie konsumieren, pro Kopf gerechnet, bundesweit am meisten Champagner und sind zudem die größten Biertrinker. Die Genussmenschen von der Saar erfreuen sich an Sterne-Restaurants und Schwenkbraten gleichermaßen. Gefeiert wird gerne und oft, gutes Essen ist die Hauptsache. »Saarvoir vivre« eben.

1. Die Bauernstube
2. Metzgerei Scherer
3. Schlachthof-Brasserie
4. Hämmerles Restaurant
5. Bettsäächer-Tage
6. Weingut Helmut Herber
7. La Bastille
8. Saarlouiser Emmes
9. Saarländisches Moselweinfest
10. Perler Wein- und Kellertage
11. Bliesgau-Lammwoche
12. Hochwälder Wildwoche
13. Apfel- und Kartoffelfest Erbringen
14. Merziger Viezfest
15. Margrets Bauernstube
16. Fischmarkt Burbach
17. St. Johanner Markt
18. Kräutermarkt
19. Hochwälder Kartoffeltage
20. Weingut Karl Petgen

1 Schwenkbraten

»Gott lenkt, der Mensch denkt, der Saarländer schwenkt«, könnte das Landesmotto lauten. Vom Frühjahr bis zum Spätherbst wird im Saarland gegrillt – aber nicht auf gewöhnlichen Standgrills, sondern auf (meist dreibeinigen) Schwenkgrills, bei denen der Rost, frei über der Glut hängend, gedreht und geschwenkt werden kann. Keineswegs nur bei größeren Freiluft-Festivitäten, sondern in buchstäblich jedem saarländischen Garten steht den Sommer über ein »Schwenker«. Das Wort bezeichnet im Saarland sowohl den Grill wie auch den Grillmeister und – hauptsächlich – das Grillgut, den **Schwenkbraten** (aus mariniertem Schweinenacken). Schwenken ist weit mehr als irgendeine Freizeitaktivität, die Schwenkleidenschaft gilt gar als »saarländischer Identitätsmythos«. Kein Wunder, dass man Schwenker auch ganzjährig genießen kann, vom offenen Buchenholzfeuer mitten im Lokal.

Die Bauernstube, Hauptstr. 20, Saarbrücken-Jägersfreude, Tel. 0681/32969, Do geschl., www.bauernstube-saarbruecken.de

Kulinarisches Lexikon

Budeng: Kleine, zu Ringen gebundene Blutwürste; weich, mit wenigen Speckstücken.

Gefillde: Klöße aus rohen und gekochten Kartoffeln, gefüllt mit grober Leber- bzw. Blutwurst, Hackfleisch oder einer Mischung davon.

Geheirade: »Verheiratete«; ein Mix aus gekochten Kartoffeln und Mehlklößen mit Speckrahmsauce.

Grumbeere/Krommbeer: Kartoffeln (lokale Bezeichnungen variieren) spielen eine Hauptrolle in der saarländischen Küche und kommen in zahllosen Varianten auf den Tisch.

Hoorische: »Haarige« – kleine längliche Klöße aus roh geriebenen Kartoffeln, deren stoppelig-raue Oberfläche ihnen den Namen eingetragen hat.

Kerschdscher: Roh in der Pfanne gebratene Kartoffelwürfel.

Mausohr: Feldsalat, Rapunzel.

Quetsch: Pflaumen, Zwetschgen.

Schaales: Eine Art Kartoffelkuchen mit Lauch und Speck.

Speckrahmsauce: Traditionelle saarländische Lieblingssauce, die verschiedensten Gerichten beigegeben wird; nicht ganz kalorienarm, oft mit Sauerkraut kombiniert.

Viez: Apfelwein. Apfelanbau und Apfelweinproduktion vor allem im Saargau.

Rundum gehaltvoll: »Gefillde« Klöße mit Speckrahmsauce.

2 Lyoner

Ähnlich identitätsstiftend und von den Saarländern leidenschaftlich geliebt ist Fleischwurst im Ring. Doch was anderswo einfach Fleischwurst ist, heißt im Saarland »der« Lyoner (in der Mundart männlich) und ist ein absolutes Grundnahrungsmittel. Die/der markenrechtlich geschützte »Saarländische Lyoner« (immer im Naturdarm) hat einen hohen Rindfleischanteil, ist mit Zwiebeln und Knoblauch gewürzt und leicht buchenholzgeräuchert. Ausgezeichnete Lyoner gibt es beim Dillinger Metzger Scherer. Ob heiß oder kalt, Lyoner isst man im Saarland zu jeder Gelegenheit – und grillt sie auch mit Wonne auf dem Schwenker.

Metzgerei Scherer, Bahnhofstr. 8, Dillingen/Saar, Tel. 06831/71600, www.metzgerei-scherer.com

3 »Budeng«

Man begegnet ihm in unterschiedlichen Formen, dem Pas de deux der saarländischen Kulinarik zwischen rustikaler Bodenständigkeit und französischer Lebensart. Mal ist es die französische **Boudin**, die im Saarland als volkstümliche **Budeng** gerne angebraten und mit Gelleriewemutsch (Karottenpüree) serviert wird. Mal ist es das alte Direktionsgebäude des Saarbrücker Schlachthofs, das sich in eine authentisch französische Brasserie verwandelt hat. Wer hier einkehrt, fühlt sich nach Paris versetzt – im schwarz-weiß gefliesten Bistro-Bereich ebenso wie im Restaurant mit der Jugendstilvertäfelung. Und speist saarländisch-französisch beschwingt.

Schlachthof Brasserie, Straße des 13. Januar 35, Saarbrücken, Tel. 0681/6853332, So geschl., www.schlachthof-brasserie.de

4 Frankophil

Die enge Verknüpfung von saarländischem Lokalkolorit und französischer Inspiration verkörpert niemand besser als Cliff Hämmerle. Schritt für Schritt verwandelte er seine Imbissbude am Stadtrand von Blieskastel – mit seiner französischen Frau – in ein Sterne-Restaurant. Wo einst an Stehtischen mit Plastikbesteck gegessen wurde, zaubert der sympathische Saarländer heute in elegantem Ambiente aus regionalen Spitzenprodukten moderne französische Haute Cuisine. Und das in einem ausgezeichneten Preis-Leistungs-Verhältnis. Sowohl im sternedekorierten »Barrique«-Bereich als auch in der günstigeren Abteilung »Landgenuss«.

Hämmerles Restaurant, Bliestalstr. 110a, Blieskastel, Tel. 06842/52142, So geschl., www.haemmerles-restaurant.com

⑤ Bettsäächer

Es klingt nicht besonders liebevoll, wenn Franzosen oder Saarländer vom Löwenzahn sprechen. »Pissenlit« nennen ihn die einen, »Bettseicher« oder »Bettsäächer« die anderen – seiner harntreibenden Wirkung wegen. Der kulinarischen Zuneigung tut das aber keinen Abbruch. Der Löwenzahn hat seinen festen Platz auf der saarländischen Speisekarte. Beliebt sind vor allem Bettsäächer-Salate aus den jungen, zart bitteren Blättern. Oft lauwarm, mit gebratenen Champignons, Camembert, Ei, Fleisch oder Fisch – Löwenzahnsalate gibt es in vielen Varianten. Aber auch als Saft, Gemüse, Suppe oder Pesto ist Löwenzahn äußerst delikat. Die ganze Bandbreite kulinarischer Möglichkeiten zeigen im Frühjahr die **Bettsäächer-Tage** im Naturpark Saar-Hunsrück. Vier Wochen lang bieten Gastronomiebetriebe zahlreicher Naturpark-Kommunen Köstlichkeiten rund um den Löwenzahn. Geführte kulinarische Spaziergänge und der Bettsäächer-Bauernmarkt (mit Löwenzahnprodukten vom Brotaufstrich bis zum Bettsäächerlikör) runden die Aktionstage ab.

Anfang März–Anfang April, Tel. 065 03/92 1 40 (Naturpark Saar-Hunsrück), www.naturpark.org
▸ Veranstaltungen

Bettsäächer: Nicht nur der Name, auch der Salat ist delikat.

6 Saarländischer Weinsommer

An den Wochenenden von März bis Oktober öffnen die saarländischen Winzer abwechselnd ihre Weinkeller und Probierstuben (Sa ab 14, So ab 11 Uhr). Freunde des Rebensafts können nicht nur exzellente Tropfen kennen lernen, zu Wein und Sekt werden auch kulinarische Spezialitäten der Region angeboten.
Weingut Helmut Herber, Apacher Str. 15, Perl, Tel. 06867/854, www.saarlaendischer-weinsommer.de

Kulinarischer Kalender

JUNI

8 Saarlouiser Emmes

Das größte saarländische Volksfest wird von Donnerstag bis Samstag in der ersten Juniwoche gefeiert. Mit Essen, Trinken und guter Musik bietet »die Emmes« für jeden etwas.
www.saarlouis.de ▸ Freizeit ▸ Veranstaltungen

AUGUST

9 Saarländisches Moselweinfest

Der historische Marktplatz in Nennig wird am letzten Augustwochenende zur Kulisse für das Fest der Weinliebhaber. Einer der Höhepunkte ist am Samstag die Wahl der neuen saarländischen Weinkönigin.
www.weinfest-nennig.de

OKTOBER

10 Perler Wein- und Kellertage

Am letzten Wochenende im Oktober öffnen die Winzer in Perl, Oberperl und Sehndorf für vier Tage ihre Keller und Probierstuben. Zum Wein gibt es regionale Spezialitäten, Livemusik und ein kulturelles Rahmenprogramm.
www.perl-mosel.de ▸ Freizeit ▸ Wein

11 Bliesgau-Lammwoche

Lammfleisch höchster Bio-Qualität aus dem idyllischen Bliesgau steht im Oktober in zwölf saarländischen und benachbarten Spitzenrestaurants auf der Karte – in vielen raffinierten Variationen.
www.kunstschaefer.de ▸ Projekte

NOVEMBER

12 Hochwälder Wildwoche

Neun Tage lang dreht sich in vier Hochwald-Gemeinden alles um Wild. Den Anfang macht ein großer Wild-Markt in Wadern. Im Mittelpunkt steht, was Jäger und Köche in zahlreichen Restaurants auf den Tisch bringen, diverse Begleitveranstaltungen runden das Programm ab.
www.stadt-wadern.de ▸ Veranstaltungen

7 Dibbelabbes

Der Name manch traditioneller Speise gibt denen, die mit den mosel- bzw. rheinfränkischen Dialekten nicht vertraut sind, zunächst Rätsel auf: Was hat man zu erwarten, wenn **Dibbelabbes** auf der Speisekarte steht? Nein, da werden keine Topflappen serviert, auch wenn sich der Name so übersetzen lässt. Vielmehr handelt es sich um eines der Saarländer Lieblingsgerichte, ein früheres Arme-Leute-Essen. Dafür werden roh geriebene Kartoffeln mit Räucherspeck und Lauch vermengt (gerne auch mit Zwiebeln, Lyoner und eingeweichten Brötchen), in einem großen, gusseisernen »Dibbe« (Topf) scharf angebraten und in Stücken (den Lappen sozusagen) immer wieder gewendet, sodass eine schöne »Korschd« (Kruste) entsteht. Alternativ kann das Ganze auch im Ofen gebacken werden, dann ist meist von »Schaales« die Rede. Dibbelabbes isst man entweder süß mit Apfelmus oder herzhaft mit Salat. Beide Varianten (und noch mehr) bekommt man im Saarbrücker »La Bastille«, wo die Spezialität des Hauses nach dem geheimen Rezept der Großmutter zubereitet wird.

La Bastille, Kronenstr. 1b, Saarbrücken, Tel. 0681/31064, Mo geschl. www.la-bastille.de

13 Bibbelsches Bohnesupp

Deftiges und Süßes wird im Saarland mit Begeisterung kombiniert. Gerne isst man herzhafte Suppen- und Eintopfgerichte zusammen mit Obstkuchen. Häufige Kombinationen sind beispielsweise **Kartoffelsuppe mit Apfelkuchen** oder Bohnensuppe mit Zwetschgenkuchen. **Bibbelsches Bohnesupp un Quetschekuche** ist eher ein Eintopf aus grünen Schnittbohnen, der Kuchen aus dünnem Hefeteig. Was erstaunten Besuchern auf den ersten Blick als provozierendes Geschmacksexperiment erscheint, beruht auf der traditionellen Verwertung von gleichzeitig geerntetem Obst und Gemüse – und schmeckt überraschend gut. Nur

⓮ Merziger Viezfest

Am ersten Samstag im Oktober ehrt man in Merzig (zwischen Saarbrücken und Trier) den »Viez« (Apfelwein) mit einem traditionsreichen Volksfest. Neben dem Bühnenprogramm lockt das große Angebot an regionalen kulinarischen Spezialitäten – und natürlich gibt es reichlich vom beliebten Merziger Viez.
Brauerstr. 5, Merzig, Tel. 06861/85492 (Kulturbüro), www.merzig.de
▸ Tourismus ▸ Volksfeste

wer es probiert, versteht, warum es vielen Saarländern als Leibspeise gilt. Zur Erntezeit bekommt man Suppe mit Kuchen zum Beispiel bei vielen lokalen Festen.

Apfel- und Kartoffelfest Erbringen, Dorfplatz, Beckingen-Erbringen, Tel. 06832/7372 (Obst- u. Gartenbauverein), 2. So im Okt.

⓯ Margrets Bauernstube

Weit oben auf dem sagenumwobenen Berg in der Nähe von Dillingen (das Gipfelkreuz ist in Sichtweite) stößt man auf ein überraschendes »Wohnzimmer der Gaumenfreuden«. So versteht die Bildhauerin und ehemalige First Lady des Saarlandes, Margret Lafontaine, das Restaurant, das sie hier betreibt. In herzlichem Wohlfühlambiente bietet **Margrets Bauernstube auf dem Litermont** feine saarländische und mediterrane französische Küche. Man erreicht das Lokal auf verschlungenen Fahrstraßen und, noch schöner, auf pittoresken Wanderwegen.

Margrets Bauernstube, Litermont 22, Düppenweiler, Tel. 06832/800804, Fr–So, www.margrets-bauernstube.com

⓰ Fischmarkt Burbach

Auch »unten« an der Saar kann man kulinarische Überraschungen erleben. Austern sind nicht unbedingt das, was man mit dem Arbeiterviertel Burbach verbinden würde. Und doch schlürfen hier mittags Arbeiter und Geschäftsleute **Austern**, die so frisch sind, dass man Saarbrücken am Meer wähnt. Der Markt ist »Saarlands Fischzentrale« (»Der Feinschmecker«) und erhält morgens fangfrisch seine Ware aus Atlantik und Mittelmeer. Hier kauft man nicht nur ein, sondern kann Meeresdelikatessen auch unmittelbar im Bistro genießen.

Fischmarkt Burbach, Bergstr. 4, Saarbrücken, Tel. 0681/76871, Di–Sa, www.fischmarkt-burbach.info

⓱ St. Johanner Markt

Autobefreites Herzstück der Saarbrücker Altstadt ist der St. Johanner Markt. Hier trifft man sich oder bummelt durch die umliegenden malerischen Gässchen; hier wechseln sich Straßencafés, Bistros und Restaurants ab. Mit den ersten Sonnenstrahlen stellen die Wirte die Stühle hinaus und servieren Café au lait oder ein Glas Aperitif. Auch bestes Bier wird hier getrunken – und sogar gebraut: Im Stammhaus der 1702 gegründeten, **ältesten Brauerei des Saarlandes**, produziert die nunmehr neunte Generation der Familie Bruch frische, naturtrübe Hopfenspezialitäten. Rund um die blankpolierten Kessel der Gasthausbrauerei wird traditionelle Brauhausküche zu moderaten Preisen serviert.

Zum Stiefel, Am Stiefel 2, Saarbrücken, Tel. 0681/936450, tgl. geöffn., www.stiefelgastronomie.de

⓲ Kräutermarkt

Jedes Jahr im Juli verwandelt sich der Marktplatz von Tholey in einen großen Kräutergarten. Rund 30 Anbieter präsentieren ein vielfältiges Angebot an Kräutern und Kräuterprodukten. Auch für sonstige Speis und Trank ist gesorgt. Parallel dazu feiert die Benediktinerabtei Klosterfest.

Kräutermarkt, Marktplatz Tholey, 2. So im Juli, www.tholey.de ▸ Veranstaltungen

⓳ Hochwälder Kartoffeltage

Sieben Gemeinden des Naturparks Saar-Hunsrück um Losheim im Nordsaarland stehen Mitte Oktober ganz im Zeichen der »Grumbeere«. Zwei Wochen lang bringen Restaurants der Region die Kartoffel in all ihrer Vielfalt auf den Tisch – von Land- bis Gourmetküche, von traditionell bis innovativ.
Tel. 06872/9018100 (Tourist-Info), www.losheim-stausee.de
▸ Veranstaltungen

⑳ Saarländischer Wein

Nicht nur die Liebe zum Bier, auch die Liebe zum Wein hat im Saarland eine lange Tradition. Wobei die Sache mit dem »Saarwein« etwas kompliziert erscheint: Denn Wein wird ausschließlich am Unterlauf der Saar angebaut – in Rheinland-Pfalz! Im Saarland selbst liegen Weinberge dagegen an der Obermosel im deutsch-französisch-luxemburgischen Dreiländereck. In beiden Fällen firmiert der Wein unter dem Anbaugebiet **»Mosel«**. Saarländisches Winzerzentrum ist die Gemeinde Perl mit den Orten Oberperl, Sehndorf und Nennig. Vor allem weiße Weine werden hier produziert, in erster Linie **Elbling** und **Burgunder**sorten. Das älteste Weingut, **Karl Petgen** in Nennig, ist seit 1720 in neunter Generation im Familienbesitz. Was an den Hängen von Schloss Berg wächst, reift zu ausgezeichneten Weinen, überwiegend trocken, mit spritzig fruchtigem Bukett und zurückhaltender Säure. Ein Besuch lohnt sich.

Weingut Karl Petgen, Martinusstr. 12, Nennig, Tel. 068 66/239, Mo–Sa (Anm. erbeten), www.karl-petgen.de

Mittelrhein und Mosel

Weintradition:
am Alten Marktplatz
zu Bacharach am Rhein.

Mittelrhein und Mosel

Ein Märchenland, dort wo die Loreley von ihrem Felsen singt. Seit Jahrhunderten preisen Dichter und Reisende die mythische Landschaft und ihre Weine. Der Mittelrhein – die Region zwischen Mainz und Bonn – und die Nebenflüsse des Großen »Vaters« Rhein – Mosel, Nahe, Ahr – sind ein Sehnsuchtsland. In abenteuerlichen Windungen graben sich Rhein und Mosel durch das Rheinische Schiefergebirge und fließen am Deutschen Eck in Koblenz zusammen. Mittelalterliche Städte, historische Winzerdörfer und berühmte Weinlagen säumen den Lauf der Flüsse.

Steile, mineralreiche Hänge, milde Temperaturen, viel Sonne und geringer Niederschlag bilden die Basis für herausragende Weine. Über 40 % der deutschen Weine werden hier gekeltert, in den fünf (rheinland-pfälzischen) Weinbaugebieten **Ahr**, **Mittelrhein**, **Mosel** (früher Mosel-Saar-Ruwer), **Nahe** und **Rheinhessen**. Mehr als drei Viertel sind Weißweine, allen voran der **Riesling**. Rotweine (es dominieren **Spätburgunder** und **Dornfelder**) kommen vor allem aus Rheinhessen und von der Ahr. Am Mittelrhein ist außerdem der deutsche **Sekt** zuhause.

Dass auch die Küche vom Weinbau geprägt ist, merkt man spätestens bei den Trauben im **Rheinischen Sauerbraten**. Mit den Flusstälern kulinarisch eng verbunden sind aber auch die sie umgebenden Mittelgebirgsregionen: Eifel und Hunsrück beiderseits der Mosel, Westerwald und Taunus rechts des Rheins. Das Ergebnis sind vielfältige Gaumenfreuden – immer kombiniert mit einem guten Tropfen.

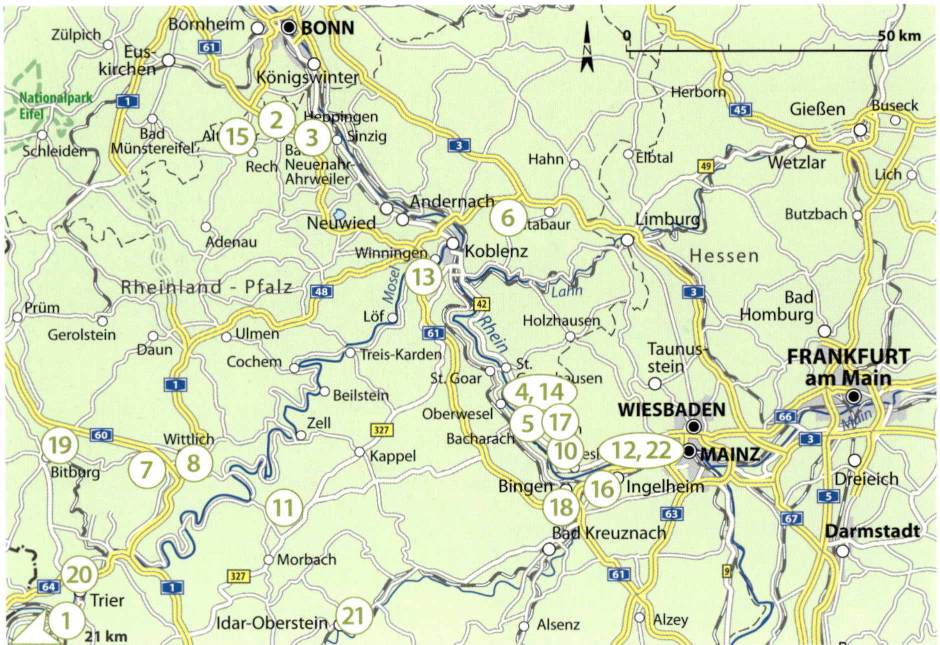

1 Weingut Hubertus M. Apel
2 Weinmarkt der Ahr
3 Landgasthof Poststuben/ Steinheuers Restaurant Zur Alten Post
4 Historische Weinwirtschaft
5 Weingut Federhen
6 Sabine Pauly Manufaktur und Chocolaterie
7 Waldhotel Sonnora
8 Säubrenner-Kirmes
9 Tag der offenen Weingewölbe*
10 Tal-to-Tal
11 Spießbratenfest in Idar-Oberstein
12 Mainzer Weinmarkt
13 Moselfest Winningen
14 Oberweseler Weinmarkt
15 Winzerfest in Rech/Ahr
16 Ingelheimer Rotweinfest
17 Federweißerfest Bad Hönningen
18 Binger Winzerfest
19 Zum Simonbräu
20 Kartoffel-Restaurant Kiste
21 Das Spießbratenhaus – Restaurant Alte Kanzlei
22 Kupferberg Terrassen

* in ganz Rheinhessen

1 Elbling

Schon die Römer brachten den Weinbau in die Region, zunächst an die Mosel, dann an den Rhein. Die Rebsorten verteilen sich heute ganz unterschiedlich. Während an Mosel und Mittelrhein zu etwa 90 % weiße Fruchtstände, vor allem Rieslingtrauben reifen, ist in Rheinhessen der **Müller-Thurgau** ebenso bedeutsam; auch **Silvaner** und **Grauburgunder** spielen eine Rolle. An der Obermosel wächst der wiederentdeckte **Elbling** – eine der ältesten, schon von den Römern kultivierten Reben. Bis ins Mittelalter war er die häufigste deutsche Rebsorte, ehe er fast völlig in Vergessenheit geriet. An der Obermosel, südwestlich von Trier, hat sich der unkomplizierte Wein gehalten und erlebt hier eine Renaissance. Die Muschelkalkböden hier bringen spritzige, fruchtige Elblinge mit deutlicher Säure hervor, deren Liebhabergemeinde ständig wächst. Vielfach ausgezeichnet sind die Elbling-Weine des Weinguts Apel, die sich gleich vor Ort auf einer der schönsten Terrassen der Region verkosten lassen.

Weingut Hubertus M. Apel, Weinstr. 26, Nittel, Weinstube März–Nov., Tel. 065 84/314, www.apel-weingut.de

2 Weinmarkt der Ahr

Im Norden der Region ist es der Rotwein, der fasziniert. Wo sich die Ahr in engen Bögen durch eine bizarre Felslandschaft schlängelt und steile Weinberge an karge Felsen schmiegen, sind 90 % der Trauben rot. Das idyllische Ahrtal ist eines der nördlichsten Rotweinanbaugebiete der Welt. An den Steilhängen können die Trauben nur mit großen Mühen erzeugt werden, Spitzenweine sind der Lohn. Die Winzer setzen auf Klasse statt Masse. Mehr als 200 Weine aus den Lagen von Altenahr bis Heppingen werden jedes Jahr am Pfingstwochenende auf dem historischen Marktplatz in Ahrweiler ausgeschenkt. Daneben präsentieren die Weingüter auch Sekte und Brände.

Weinmarkt der Ahr, Marktplatz Ahrweiler, Bad Neuenahr-Ahrweiler, Pfingsten (Do–So), Tel. 02641/91710, www.ahrwein.de

3 Ahrtaler Rehsauerbraten

Wie eng wunderbare Weine und exquisite Küche verbunden sein können, beweist an der Ahr Hans Stefan Steinheuer. Das Gasthaus seiner Eltern hat er zu einem der besten Restaurants Deutschlands gemacht. Im rustikalen **Landgasthof Poststuben** serviert er die Klassiker der Regionalküche, basierend auf den Rezepten seiner Mutter: Ahrtaler Rehsauerbraten, gebratene Blutwurst auf Senfkartoffelsalat oder Rheinische Bohnensuppe, während nebenan – im eleganten **Restaurant Zur Alten Post** – raffinierte Geschmackserlebnisse auf höchstem Niveau geboten werden – mit klarem regionalen Akzent. 19 Gault-Millau-Punkte und zwei Michelin-Sterne unterstreichen Steinheuers Rang als Ausnahmekoch.

Landgasthof Poststuben/Steinheuers Restaurant Zur Alten Post, Landskroner Str. 110, Neuenahr-Heppingen, Di/Mi geschl., Tel. 02641/94860, www.steinheuers.de

Althergebracht: Die »Historische Weinwirtschaft« in Oberwesel steht für architektonische wie für kulinarische Tradition.

4 Dippehas, Schoales & Co.

Zum Wein passt aber nicht nur Spitzenküche. Auch althergebrachte deftige Fleisch- und Kartoffelgerichte gehören hier zum Weingenuss. Beliebt sind etwa **Wingertspoal** (mit vielen Gewürzen marinierter, gegrillter Schweinenacken), der **Dippehas** (ein mit Schweinebauch, Fett und Zwiebeln zubereiteter, zerlegter Hase) und **Schoales** (ein gehaltvoller Kartoffel-Fleisch-Auflauf), wie man sie in bodenständigen Weinlokalen bekommt. Etwa im ältesten Fachwerkhaus von Oberwesel, wo rohe Steinmauern, hölzerne Dielen und dicke Balken für uriges Ambiente sorgen. In den liebevoll eingerichteten Räumen wie der nostalgischen »Wohnstubb«, der »alten Kich« oder »Schloafstubb« kann man in heimeliger Atmosphäre fröhlich bechern und schmausen. Die Speisekarte in Mundart bietet mit der hochdeutscher Übersetzung auch noch einen kostenlosen Sprachkurs.

Historische Weinwirtschaft, Liebfrauenstr. 17, Oberwesel, ab 16, So ab 12 Uhr, Di geschl., Tel. 06744/8186, www.historische-weinwirtschaft.de

5 Straußwirtschaft

Doch kann zum Wein auch kalte Küche genügen, z. B. der rheinhessische **Spundekäs**, ein würzig angemachter und in längliche Form gebrachter Frischkäse, oder hausgemachte Schinken- und Wurstspezialitäten, wie sie typischerweise auf einem **Winzerteller** zu finden sind, den es (zeitweise) tatsächlich beim Winzer gibt. Bereits seit Karl dem Großen dürfen Winzer für eine begrenzte Zeit im Jahr ihren Wein selbst ausschenken. Die Zeit des Weinausschanks wurde durch einen Kranz, Reisigbesen oder Strauß angezeigt: »Wo's Sträußchen hängt, wird ausgeschenkt.« Diese alte Tradition hat sich bis

Kulinarisches Lexikon

Äppelfleisch: Geschmortes Schweinefleisch mit Äpfeln, Tresterschnaps, Zwiebeln und Rosinen.

Berliner (Pfannkuchen): In schwimmendem Fett gebackene, mit Marmelade gefüllte und Zucker bestreute Hefeballen (in Rheinhessen: Kräppel, anderswo: Krapfen).

Dippehas: Hasen- bzw. Kaninchenteile, die mit Bauchspeck, Möhren, Zwiebeln und Weinbrühe im verschlossenen Topf (»Dippe«) im Ofen gegart werden.

Dippekoche: Deftiger Auflauf aus geriebenen Kartoffeln, Bauchspeck und Zwiebeln. Es gibt zahlreiche lokale Variationen: Am Rhein serviert man Dibbekoche mit Apfelmus, an der mittleren und unteren Mosel heißt das Gericht Schoales/Schales.

Gräwes: Kartoffelpüree mit Kraut, oft mit reichlich »Fleischeinlage« (Rippchen, Eisbein).

Grupfter: Am Rhein – anders als in Franken – eine Frischkäsezubereitung.

Handkäs mit Musik: In Essig, Apfelwein, Öl und Zwiebeln eingelegter Sauermilchkäse.

Kreppelscher: Kartoffelpuffer/Reibekuchen (an der Obermosel: Schniedscher).

Mäusjer: Kleines frittiertes Karnevalsgebäck (im Trierer Raum), auch als Nonnefürz bezeichnet.

Rheinischer Sauerbraten: Klassisch aus sauer mariniertem Pferdefleisch, heute meist vom Rind, mit Trauben/Rosinen in der Sauce.

Schoales/Schales: Deftiger Auflauf aus geriebenen Kartoffeln, Bauchspeck und Zwiebeln.

Spießbraten: So wird nicht nur der über offenem Feuer gegrillte würzige Rollbraten am Spieß genannt, sondern auch Fleisch vom Schwenkgrill (Schwenkbraten).

Spundekäs: Würziger Frischkäse aus Rheinhessen, der mit Breze/Brezeln oder als Brotaufstrich serviert wird.

Straußwirtschaft: Saisonal geöffnete Winzer-Gastronomie mit Ausschank eigener Weine und kleinem Speisenangebot, erkennbar am außen angebrachten Kranz oder (Reisig-)Strauß.

(Kappes-)Terdich: Kartoffelpüree mit Kraut (im Trierer Raum).

Tresterfleisch: In Wein und Tresterschnaps eingelegter Braten vom Schwein oder Rind (mittlere Mosel).

Weck, Worscht un Woi: Doppelbrötchen mit Fleischwurst und Wein, v. a. in Rheinhessen (auch »WWW«).

Wingertsknorze: Gewürzte Roggenstangen, die in der Form an den knorrigen Stamm einer alten Rebe erinnern (Wingert = Weinberg).

Zwiwwelfleisch: Geschmortes Zwiebel-Wein-Fleisch von der mittleren Mosel.

Herbstliches Dream-Team: Federweißer und Zwiebelkuchen.

in unsere Tage erhalten, heutzutage dürfen Straußwirtschaften pro Jahr insgesamt 16 Wochen eigenen Wein ausschenken. Dazu offerieren sie einfache, wohlschmeckende Imbisse und kleine regionaltypische Gaumenfreuden. Einen Besuch lohnt beispielsweise die charmant-urige Straußwirtschaft des Winzers Federhen in Bacharach am Rhein.

Weingut Federhen, Lindenstr. 3, Bacharach-Henschhausen, Ostern bis Anfang Juli, Mitte Okt.–Mitte Nov., Mo–Fr ab 18, Sa ab 14, So ab 10 Uhr, Tel. 06743/1608, www.weingut-federhen.de

6 Pralinés vom Weinberg

Das Leben am Rhein kann so süß sein. Die Manufaktur der vielfach ausgezeichneten Meisterpâtissière Sabine Pauly ist ein Mekka für »Schokoholics«. Dort verführt die ganze kreative Vielfalt schokoladiger Versuchungen: **handgemachte Pralinen**, Tafelschokoladen, Petit Fours, Törtchen, in himmlischer Qualität. Inspiration und Aromen kommen hier aus der Umgebung. Was die Region zu bieten hat, schmeckt man auch im Konfekt. Seien es die exquisiten Eifel-Brände von **Hubertus Vallendar** (www.vallendar.de), Riesling und Spätburgunder von der Mosel oder heimische Weinbergpfirsiche, die in köstliche Pralinés verwandelt werden.

Sabine Pauly Manufaktur und Chocolaterie, Engerser Str. 59, Bendorf, Mo–Fr 8.30–12.30, 13.30–17.30, Sa 10–14 Uhr, Tel. 026 22/ 921 87 73, www.lafleurduchocolat.de

7 Eifelrind

In der Eifel können sich Bauern für das Etikett »Natürlich Eifelrind« qualifizieren.

8 Säubrenner-Kirmes

Mitte August feiert Wittlich ausgelassen eine historische Belagerung der Stadt. Jedes Jahr werden dabei mehr als 120 Schweine am Spieß gebraten und verspeist, dazu gibt es Biere aus der Eifel und Weine von der Mosel. Freilufttheater, Festzug und Rummelplatz komplettieren das kulinarische Volksfest.

3. Wochenende im Aug. (Fr–Di), Wittlich, Tel. 065 71/17 13 00 (Stadt), www.saeubrenner.wittlich.de

Kulinarischer Kalender

JUNI

9 Tag der offenen Weingewölbe

Am ersten Sonntag im Juni öffnen zahlreiche Winzer in Rheinhessen ihre Tore und laden zur Verkostung ein.

www.rheinhessen.de

10 Tal-to-Tal

Der autofreie Erlebnistag am letzten Junisonntag zwischen 8 und 18 Uhr lockt mit kulinarischen Highlights, aber auch mit Kunst und Kultur. Gesperrt werden die B 42 zwischen Rüdesheim und Lahnstein sowie die B 9 zwischen Bingerbrück und Koblenz.

www.taltotal.de

JUNI/JULI

11 Spießbratenfest in Idar-Oberstein

Das größte Volksfest an der oberen Nahe zieht am letzten Juni-Wochenende (Fr–Di) fünf Tage die Massen an. Im Mittelpunkt steht die Grillspezialität der Schmuckstadt.

www.spiessbratenfest.de

AUGUST/SEPTEMBER

12 Mainzer Weinmarkt

An zwei Wochenenden (Do–Sa) Ende August und Anfang September steht Mainz unter dem Motto »Die unendliche Leichtigkeit des Weins«. Das Volksfest im Stadtpark bietet einen guten Überblick über das Weinangebot im Süden des Mittelrheins.

www.mainzer-weinmarkt.de

13 Moselfest Winningen

Das älteste Winzerfest Deutschlands wird Ende August/Anfang September zehn Tage lang in Winningen gefeiert. Dazu gehören Frühschoppenfahrten auf der Mosel, eine Kunstausstellung, der Weinmarkt sowie die Krönung der Moselweinkönigin.

www.winningen.de ▸ Moselfest

SEPTEMBER

14 Oberweseler Weinmarkt

Am zweiten Septemberwochenende (Fr–Mo) bauen die Winzer auf dem historischen Marktplatz ihre Weinlauben auf. Höhepunkt ist der malerische Festumzug am Sonntag.

www.oberwesel.de ▸ Veranstaltungen

15 Winzerfest in Rech/Ahr

Am dritten Septemberwochenende bietet das pittoreske »Rotweindorf« beiderseits der Ahr seinen Gästen vier Tage lang das Beste aus Küche und Keller.

www.weinort-rech.de

SEPTEMBER/OKTOBER

16 Ingelheimer Rotweinfest

Vom letzten September- bis zum ersten Oktoberwochenende zeigt Ingelheim, was es zu bieten hat. Gefeiert wird auf dem reizvollen Gelände rund um die Burgkirche mit Ingelheimer Weinen, kulinarischen Genüssen, Livemusik und Volksfestvergnügungen.

www.ingelheim.de ▸ Tourismus

NOVEMBER

17 Federweißerfest Bad Hönningen

Den Abschluss der Weinfestsaison bildet Anfang November das traditionelle Federweißerfest. Zwei Tage lang gibt es halbvergorenen Traubenmost und Zwiebelkuchen mit Livemusik.

http://bad-hoenningen.de ▸ Termine ▸ Highlights

❷❷ Eiswein und Sekt

Vom Mittelrhein kommen nicht nur klassische Weine, sondern auch speziellere Tropfen. Bingen gilt als Geburtsort des Eisweins – ein konzentrierter Süßwein mit frischer Säure, der aus gefroren geernteten Trauben gepresst wird. Mainz war das frühe Zentrum der deutschen Sekt-Herstellung. 1850 begründete der 26-jährige Christian Adalbert Kupferberg auf dem Kästrich-Hügel über der Mainzer Altstadt eine »Fabrication moussirender Weine«, die unter seinem Namen schnell zu einer führenden Marke wurde. In den historischen Gewölben der einstigen Sektkellerei residiert heute das in urbanem Chic elegant gestylte Restaurant »Kupferberg Terrassen«. Hier lässt sich nicht nur prickelnder Jahrgangssekt oder süßer Eiswein genießen, sondern auch die ambitionierte Küche von Eva Eppard, Falls das Wetter es erlaubt – bitte Platz zu nehmen im wunderbaren Garten mit seiner stimmungsvollen Panoramaterrasse!

Kupferberg Terrassen, Kupferbergterrasse Mainz, Mo 17.30–23, Di–Sa 11.30–23, So 11.30–17.30 Uhr, Tel. 06131/6938363, www.restaurant-kupferberg.de

Sekttradition: Bis Anfang der 1920er-Jahre wurde Mainzer Sekt als »Champagner« beworben.

Die Weidetiere müssen aus der Region stammen, artgerecht gehalten und in nahegelegenen Schlachtereien geschlachtet werden. Das dient dem Naturschutz, sorgt vor allem aber für exzellente Fleischqualität. Was sich aus solchem Fleisch machen lässt, demonstrieren Könner wie Helmut Thieltges. Der hat sich mitten im Wald ein Schlaraffenland geschaffen. Was seine Eltern 1978 als bescheidenes Hotel begonnen hatten, machte er zur luxuriösen kulinarischen Institution, die von allen Gastro-Guides seit Jahren Höchstwertungen erhält (Michelin: drei Sterne, Gault Millau: 19,5 Punkte). Dennoch gibt der Meister kaum Interviews, verzichtet auf TV-Präsenz und schreibt auch keine Kochbücher. Umso konzentrierter widmet er sich kulinarischer Perfektion klassisch-französischen Stils. Aus Eifelrind macht Helmut Thieltges beispielsweise sein **Gâteau Sonnora** – Tatar auf knusprigem Kartoffelpuffer, gekrönt von Imperial-Kaviar.

Waldhotel Sonnora, Auf'm Eichelfeld 1, Dreis, Do–So 12–14, Mi–So 19–21 Uhr, Tel. 06578/98220, www.hotel-sonnora.de

18 Binger Winzerfest

An elf Tagen feiern die Binger ab dem letzten Freitag im August oder ersten Freitag im September das längste Winzerfest am Rhein. Ausschließlich Weine aus Binger Lagen werden in der Fußgängerzone und am Rhein kredenzt.
www.bingen.de ▸ Tourismus & Kultur ▸ Veranstaltungen ▸ Highlights

19 Bitburger-Brauerei-Ausschank

Dass entlang des Mittelrheins und seiner Nebenflüsse Reben wachsen und der Wein dominiert, heißt nicht, dass **Bier** in der Region keine Rolle spielt. Zumal in den Mittelgebirgsregionen von Eifel, Hunsrück, Taunus und Westerwald gibt es eine lange Brautradition und eine stattliche Anzahl von Brauereien. Eine der größten braut seit 1817 in Bitburg in der Eifel. Während Brauerei und Bier sich längst nach dem Ort benannt haben, trägt der alte Brauausschank noch den Namen aus dem 19. Jahrhundert. Im »Simonbräu« wird das Bier in gekühlte Steingutkrüge gezapft und regionale Brauhausküche angeboten. Die Karte ist klein, aber fein und die Portionen, wie es sich in der Eifel gehört, reichhaltig.

Zum Simonbräu, Am Markt 7, Bitburg, tgl. ab 11 Uhr, Tel. 06561/3333, www.simonbraeu.de

20 Grumbeer-Varianten

In der Eifel genauso wie an Rhein und Mosel geht nichts über – und vor allem ohne – die Kartoffel. Die **Grumbe(e)r** wird in vielen Varianten aufgetischt, etwa als Suppe, Reibekuchen, Klöße, als Pfannen- oder Backofengericht mit Rauchfleisch, Zwiebeln oder Lauch (**Schoales**, **Dibbekoche**). Im Herzen der Trierer Altstadt, nicht weit vom Viehmarkt, spielt die tolle Knolle eine Hauptrolle. Auf der großen Karte finden sich aber auch Trierer Spezialitäten wie **Grumbeerschniedscher** (Reibekuchen) und **(Kappes-)Terdich** (Kartoffelpüree mit Kraut). Von Frühjahr bis Herbst lockt auch die Terrasse direkt am Handwerkerbrunnen.

Kartoffel-Restaurant Kiste, Fahrstr. 13–14, Trier, tgl. 11–24 Uhr, Tel. 0651/9790066, www.kistetrier.de

21 Spießbraten

Fleischlastiger sind die kulinarischen Vorlieben im Hunsrück. Mindestens genauso stolz wie auf die Tradition als Schmuck- und Edelsteinstadt ist man in Idar-Oberstein auf das lokale »Nationalgericht«: Der Spießbraten wird jeden Sommer mit einem fünftägigen Volksfest gefeiert (**www.spiessbratenfest.de**). Zwischen Grillspezialität und traditioneller Edelsteinverarbeitung gibt es sogar einen Zusammenhang. Anfang des 19. Jahrhunderts kehrten Achatschleifer, die zuvor nach Brasilien ausgewandert waren, wieder in ihre Heimat zurück. Mitgebracht hatten sie nicht nur große Mengen Achate, sondern auch die Liebe zum brasilianischen **Churrasco**. Seitdem brät man in Idar-Oberstein würzig eingelegtes Rind-, Schweine- oder Lammfleisch über dem offenen Feuer. Der Braten wird in zwei Varianten zubereitet: als mit Zwiebeln gefüllter Rollbraten am Spieß (wie in Oberstein bevorzugt) oder auch (nach Idarer Art) als »ungespießte« Fleischstücke vom Rost des Schwenkgrills. Beide Versionen bekommt man ganzjährig im besten Spießbratenhaus am Platze.

Das Spießbratenhaus – Restaurant Alte Kanzlei, Hauptstr. 432, Idar-Oberstein, tgl. 9–22 Uhr, Tel. 06781/28059, www.das-spiessbratenhaus.de

Pfalz

Zartrosa: Der Frühling meldet sich in der Südpfalz mit der Mandelblüte.

»Worscht un Woi« – Wurst und Wein – sind es, die das Bild der Pfälzer Küche prägen. Beides gehört untrennbar zusammen. »Vor dem Dorscht und nach dem Dorscht, immer schmeckt die Pfälzer Worscht«, wird hier gedichtet, das größte und traditionsreichste Weinfest firmiert ausgerechnet unter der Bezeichnung »Wurstmarkt«. Seit Altkanzler Helmut Kohls beständige Bemühungen dem **Pfälzer Saumagen** zu Weltruhm verhalfen, wird die Pfalz oft ausschließlich mit dem Deftigen und Rustikalen identifiziert. In der Tat sind viele Pfälzer Spezialitäten herzhaft und kräftig, zumal das, was man hier aus einem Schwein zu machen versteht. Saumagen, **Leberwurst**, **Leberklöße**, **Hausmacher Wurst** etc. sind fester Bestandteil der Speisekarten und kommen meist mit frischem Sauerkraut auf den Teller. Doch das ist eben nicht alles. Zum einen haben sich Pfälzer Köche längst aufgemacht, die rustikalen Klassiker ideenreich in Haute Cuisine und raffinierte Kreationen zu verwandeln. Zum anderen: Die Pfalz lebt nicht von der Wurst allein – egal ob gehoben oder bodenständig gekocht wird.

In dem milden Klima von Deutschlands **Gemüsegarten**, dem größten geschlossenen Freiland-Anbaugebiet der Bundesrepublik, wächst knackiges Obst und Gemüse – und kommt zu jeder Jahreszeit frisch auf den Tisch. Fast 2000 Sonnenstunden im Jahr lassen sogar Mandeln, Maronen, Feigen, Kiwis, Melonen und Zitronen gedeihen – und natürlich Trauben. Die feinen **Weine**, die in der Pfalz gekeltert werden, sind aber weit mehr als nur ein Begleitgetränk zur Wurst.

1. Dürkheimer Wurstmarkt
2. Glasbläserei Jung
3. Café Confiserie Sixt
4. Spargelfest in Dudenhofen
5. Altstadtfest Kaiserslautern
6. Schlabbeflickerfest Pirmasens
7. Deidesheimer Weinkerwe
8. Erlebnistag Deutsche Weinstraße (70 km)
9. Wormser Backfischfest
10. Keschdewoche
11. Fest des Federweißen
12. Weingut Philipp Kuhn
13. Mandelblütenfest
14. Metzgerei Hambel
15. Spinnrädl
16. Kaisertafel in Speyer
17. Deutsches Weinlesefest
18. Hotel Krone

1 Dürkheimer Wurstmarkt

Bereits die Römer bauten Wein am Rhein an. Die älteste Weinlage der Pfalz auf dem Michelsberg bei Bad Dürkheim ist seit 1155 dokumentiert. Die dortige Kapelle wurde zum Wallfahrtsziel, und ab 1417 fand ein jährlicher Wallfahrtsmarkt statt. In den folgenden 600 Jahren entwickelte sich aus dem frommen Markttag ein Weinfest, das größer und größer wurde. Heute dauert das Fest ganze neun Tage (und Nächte) und zieht jährlich weit über 600 000 Besucher an, die über 200 000 l Wein konsumieren – Weltrekord! Doch nicht allein die Masse zählt, in Bad Dürkheim legt man Wert auf Klasse: Ausgeschenkt werden ausschließlich hochwertiger **Wein** und **Sekt** der Region. Der irreführende Name »Wurstmarkt« hat sich im 19. Jahrhundert eingebürgert und zumindest insofern eine gewisse Berechtigung, als natürlich auch für die passende Pfälzer Verpflegung gesorgt ist. Neben Wein und Wurst sorgt ein buntes Musik-und Rummelplatzangebot für ausgelassene Stimmung.

9 Tage im Sept., 2. (Fr–Di) und 3. Wochenende (Fr–Mo), Bad Dürkheim, Festplatz, Tel. 063 22/93 51 40 (Tourist-Info), www.duerkheimer-wurstmarkt.de

2 Dubbeglas

Getrunken wird hier und anderswo meist aus dem traditionellen Pfälzer **Dubbeglas**. Runde Vertiefungen an der Außenseite verleihen dem dickwandigen Gefäß besondere Griffigkeit und gaben ihm den Namen (Dubbe = Tupfen). Fassungsvermögen eines solchen Glases ist ein **Schoppen** – was in der Pfalz einem halber Liter entspricht. In weinseliger Runde kann der Weinbecher von Hand zu Hand (und Mund zu Mund) gereicht werden. Die Pfälzer sind überzeugt: »De Dorscht, der macht erscht richtig Spaß, hoscht so e Pälzer Dubbeglas!«. Wer sich auch zuhause solchen Spaß am Durst sichern will, kann das einmalige Trinkgefäß z. B. gleich auf dem Wurstmarkt ergattern oder in mundgeblasener Qualität im Fachhandel.

Glasbläserei Jung, Im Schlangengarten 30, Offenbach/Pfalz, Di/Do 9–12, 14–18 Uhr, Tel. 063 48/54 44, www.glasblaeserei-jung.de

❸ Süße Südfrüchte

Das milde Pfälzer Klima, in dem nicht nur Trauben und Mandeln, sondern auch Kiwis, Pfirsiche, Zitrusfrüchte, Esskastanien (»Keschde«) und Feigen im Freiland gedeihen, schlägt sich auch kulinarisch nieder. Das zeigt und schmeckt sich aufs Schönste im Neustadter **Café Sixt**. Hier, in einer der besten deutschen Konditoreien, verwandelt Patissier Christoph Vogel diese frischen Früchte in köstliche Pralinen, Konfitüren, Torten und dergleichen mehr.

Café Confiserie Sixt, Hauptstr. 3, Neustadt/Weinstraße, Tel. 063 21/21 92, tgl., www.cafesixt.de

Sündige Genüsse: Feigentorte im Neustadter »Café Sixt«.

Kulinarischer Kalender

APRIL–JUNI

4 Spargelfest in Dudenhofen

Im »Spargeldorf« vor den Toren Speyers wird das königliche Gemüse zur Spargelzeit jeden Sonntag zwischen 11 und 14 Uhr in der Dudenhofener Festhalle serviert. Das traditionelle Spargelfest wird am zweiten Juniwochenende auf dem Festplatz gefeiert.
www.suedpfalz-tourismus.de

JULI

5 Altstadtfest Kaiserslautern

Zwischen St.-Martins-Platz und Mainzer Tor wird die Altstadt zur riesigen Open-Air-Kneipe: Außer vielfältigen kulinarischen Spezialitäten werden Straßentheater, Kunsthandwerk und auf neun Bühnen Livemusik geboten.
www.kaiserslautern.de ▸ KL.aktiv

AUGUST

6 Schlabbeflickerfest Pirmasens

Der Name des Stadtfestes bezieht sich auf Pirmasens' Tradition als Schuhstadt (Schlabbe = Schuhe). Zwei Tage lang wird auf dem Exerzierplatz mit kulinarischen Genüssen und viel Musik aufgewartet.
1. Fr/Sa im Aug., www.pirmasens.de ▸ Events ▸ Feste feiern

7 Deidesheimer Weinkerwe

Keine 4000 Einwohner groß, aber Veranstalter eines der bekanntesten Weinfeste der Pfalz: Bis zu 150 000 Besucher strömen nach Deidesheim, wenn sich am zweiten und dritten Wochenende im August (Fr–Di) der ganze Ort in eine einzige Weinstube verwandelt.
http://kerwebuwe.de

8 Erlebnistag Deutsche Weinstraße

Am letzten Sonntag im August wird die Weinstraße von Schweigen-Rechtenbach bis Bockenheim auf ca. 80 km für den motorisierten Verkehr gesperrt. So entsteht die längste Vergnügungsmeile der Republik. Pfälzer Wein und Sekt sowie regionale Spezialitäten stehen für die Besucher bereit.
www.pfalzwein.de ▸ Feste

9 Wormser Backfischfest

Ende August beginnt in der Nibelungenstadt ein großes Volks- und Weinfest auf der Kisselswiese am Rhein. Es ist der ältesten Zunft Deutschlands gewidmet, der Wormser Fischerzunft. Am letzten August-Sonntag zieht traditionell der »Backfischfestumzug« durch die Innenstadt.
9 Tage ab dem letzten Sa im Aug., www.backfischfest.de

OKTOBER

10 Keschdewoche

Hauenstein im Pfälzerwald ist die »Hauptstadt der Kastanie«. Mitte Oktober dreht sich alles um »Keschde«, die in jeder denkbaren Weise zubereitet werden – von Keschdebrot bis Keschdegeist, Höhepunkt ist der »Hauensteiner Kastanienmarkt«.
Woche vor dem 3. So im Okt., www.hauenstein-pfalz.de ▸ Tourismus

11 Fest des Federweißen

Das drittgrößte Weinfest der Pfalz in der Landauer Altstadt steht im Zeichen des Federweißen. Über 100 000 Besucher feiern rund um den Rathausplatz den jungen Wein.
3. Do–So im Okt., www.landau-tourismus.de ▸ Feste und Marktwesen

12 Pfälzer Wein

Mit über 23 000 ha Anbaufläche ist die Pfalz das zweitgrößte deutsche Weinbaugebiet. Vom Rande Rheinhessens bei Worms im Norden bis zur französischen Grenze im Süden erstreckt sich zwischen Pfälzerwald und Rhein ein 85 km langer Weinbaugürtel. Ihn durchmisst seit dem Jahr 1935 die **Deutsche Weinstraße** und verbindet die Pfälzer Weinorte (www.deutsche-weinstrasse.de). Die Weine der Region sind bekannt für ihre Ehrlichkeit und ein stimmiges Preis-Leistungs-Verhältnis. Das mag daran liegen, dass hier noch viele Familienbetriebe am Werk sind. Etwa 3600 Winzer erzeugen jährlich etwa 2,5 Mio. Hektoliter Wein, darunter immer wieder international gefeierte Spitzenweine. Auf 40 % der Anbaufläche wachsen rote Reben, allen voran Dornfelder, außerdem Portugieser und Spätburgunder. Bei den weißen Sorten (60 % der Anbaufläche) dominiert der **Riesling**, der fast ein Viertel der Reben ausmacht. Eine trendige Spezialität ist der rote **St. Laurent**, ein tiefdunkler Burgunderabkömmling, der in Deutschland überwiegend in der Pfalz angebaut wird.
Herausragende Weine von Riesling bis St. Laurent in einer eindrucksvollen Sortenvielfalt bietet im nordpfälzischen Laumersheim der junge Winzer **Philipp Kuhn**. Noch dazu wird ihm attestiert, »von Jahr zu Jahr besser« zu werden. Das gilt durchaus auch für seine Weine.

Philipp Kuhn, Großkarlbacher Str. 20, Laumersheim, Mo–Fr 10–12, 13–17, Sa 10–12, 13–16 Uhr, Tel. 062 38/656, www.weingut-philipp-kuhn.de

Des Altkanzlers Leibspeise: Helmut Kohl machte den Pfälzer Saumagen bekannt.

13 Gimmeldinger Mandelblütenfest

Die edlen Pfälzer Tropfen wollen getrunken und gefeiert werden. Sei es in der **Straußwirtschaft**, dem Eigenausschank des Winzers, sei es in einem der zahlreichen urigen Weinlokale. Oder – und das scheinen die als gesellig geltenden Pfälzer am allerliebsten zu tun – auf einem der unzähligen **Weinfeste**. Kein Winzerdörfchen ist ohne, und überall werden Pfälzer Spezialitäten angeboten, natürlich gehört die Worscht dazu. Eröffnet wird die Weinfestsaison im Frühjahr im Weindorf Gimmeldingen, heute Ortsteil von Neustadt an der Weinstraße. Einen festen Termin gibt es nicht, der Beginn des traditionsreichen Gimmeldinger Mandelblütenfests wird jedes Jahr kurzfristig festgelegt, sobald abzusehen ist, dass die unzähligen Mandelbäumchen der Region austreiben und den Ort in ein zartrosa Blütenmeer tauchen. Tausende feiern dann in Winzerhöfen und Weinstuben das Frühlingserwachen mit Pfälzer Wein. Wer das Mandelerblühen nicht verpassen will, kann sich vom Gimmeldinger Festausschuss per E-Mail informieren lassen.

Gimmeldinger Mandelblütenfest, Sa/So bei Einsetzen der Mandelblüte (März/April), Tel. 063 21/92 68 92 (Tourist-Info), www.mandelbluetenfest.de

Kulinarisches Lexikon

Dampfnudeln: In der Pfalz wird die Hefeteigspezialität in der Pfanne angebraten, mit einem knusprigen braunen Boden sowohl süß als auch salzig zubereitet, als Hauptgericht (mit Vanille- oder Weinsauce) oder Beilage serviert.

Dubbeglas: Klassisches Pfälzer Weinglas mit einem halben Liter Fassungsvermögen und runden Vertiefungen an der Außenseite.

Federweißer: Gärender Traubenmost (auch: Neuer Wein).

Gebreedelde: Bratkartoffeln auf Pfälzer Art mit Speckstückchen und Leberwurst.

Grieweworscht: Griebenwurst, d. h. Blutwurst.

Grumbeere/Grumbiere: Die heimische Kartoffel ist das Pfälzer Lieblingsgemüse, vielfältig zubereitet, z. B. als »Grumbeerpannekuche« (Reibekuchen/Kartoffelpuffer) oder »Grumbeerschdampes« (Kartoffelpuree).

Grumbeersupp mit Quetschekuche: Kartoffelsuppe mit Zwetschgenkuchen. Wie die saarländischen Nachbarn kombinieren die Pfälzer gerne Deftiges mit Süßem.

Kerscheplotzer: Süßer Kirschauflauf, der warm oder kalt gegessen wird (auch: Kirschenmichel).

Keschde: Esskastanien/Maronen, vor allem aus der Vorder- und Südpfalz. Pfälzer Keschde sind kleiner und weicher als ihre italienischen Vettern und finden Eingang in viele Gerichte (z. B. »Keschdesupp«, »Keschdesaumaache«).

Knepp; Hoorische Knepp: »Knepp« sind Klöße/Knödel; aus rohen Kartoffeln gemacht, wirkt die Oberfläche »hoorisch« (haarig).

Lewwerworscht, Lewwerknepp: Pfälzer Leberwurst, Leberknödel.

Pfälzer Platte/Pfälzer Dreifaltigkeit: Leberknödel, Bratwurst und eine Scheibe Saumagen auf Sauerkraut.

WWW: Kürzel für die traditionelle Imbisskombination »Weck, Worscht un Woi«: Brötchen mit Fleischwurst zum Wein.

Zwiwwelkuche: Pfälzer Zwiebelkuchen (mit Kümmel und Speckwürfeln) ist die klassische Begleitung zum Federweißen im Herbst.

14 Saumagen

Staatsgäste aus aller Welt wurden in den 1980er- und 1990er-Jahren von Kanzler Helmut Kohl mit Pfälzer Saumagen beglückt, sogar bei der UNO in New York ließ er ihn servieren. Der Saumagen wurde auf die kulinarische Weltbühne gehievt und US-Präsident George Bush (der Ältere) schwärmte vom »best food I ever had«. Hierzulande rümpfen außerhalb der Pfalz dennoch viele die Nase, ohne dass sie ihn je gekostet hätten. Der Name lässt keine Delikatesse vermuten und an Innereien denken. Dabei ist der namensgebende Schweinemagen lediglich die Hülle, in der je ein Drittel mageres Schweinefleisch, Kartoffeln und Bratwurstbrät – mit Majoran und anderen Gewürzen herzhaft abgeschmeckt – sanft gegart werden. Aufgeschnitten in dicke Scheiben und mancherorts auch noch in Butter gebraten, gibt's dazu **Weinsauerkraut**, Brot oder Kartoffeln. Zu den zahllosen traditionellen Varianten des Grundrezepts hat die Gourmetküche weitere hinzugefügt und den Saumagen mit Maronen, Feigen oder **Trüffeln** veredelt.

In Landau wetteifert man beim »Internationalen Saumagenwettbewerb« **(www.saumagenwettbewerb.de)** alle zwei Jahre um die besten Kreationen. Klassisch sowie in etlichen Variationen bekommt man Saumagen der Spitzenklasse in Kohls Lieblingsmetzgerei, die das Pfälzer »Nationalgericht« auch in alle Welt versendet. Man muss ihn einfach probiert haben.

Metzgerei Hambel, Hintergasse 1, Wachenheim, Tel. 06322/4613, Mi/Sa Nachmittag geschl., www.metzgerei-hambel.de

15 Pfälzisch Herzhaftes

Doch ist der Saumagen nicht die einzige lokale Spezialität, deren Ruf weit über die Landesgrenzen hinausreicht. Viele Freunde hat insbesondere die Pfälzer Leberwurst (**Lewwerworscht**). Sie ist grob gekörnt und mit Majoran-Note kräftig abgeschmeckt. Farblich erscheint sie recht grau, da bei der Herstellung auf Nitritpökelsalz verzichtet wird. Farbe ins Spiel bringt dagegen die würzige Blutwurst: **Grieweworscht** nennt man sie in der Pfalz. Zur herzhaften Pfälzer Küche gehören auch herzhafte, grobe **Bratwürste** oder Fleischklöße (**Fleeschknepp**). Letztere werden aus gehacktem Schweine- und Kalbfleisch, eingeweichten Brötchen, Petersilie und Gewürzen zu eigroßen Bällchen geformt, in Fleischbrühe gegart und gern mit Meerrettichsauce serviert. Mit Leber zubereitet werden daraus die beliebten **Lewwerknepp**. Sauerkraut und die heimische **Grumbeere** als Beilage sind jeweils obligatorisch. Zur Kartoffel haben die Pfälzer traditionell eine sehr innige Beziehung (www.pfaelzer-grumbeere.de), sei es als »Grumbeerschdampes« (Kartoffelpüree), Salzkartoffel oder auch als **Gebreedelde** – Bratkartoffeln auf Landesart, verfeinert mit Speckstückchen und Leberwurst. Viele der Pfälzer Klassiker werden im Herzen der Kaiserslauterer Altstadt in einem uralten Fachwerkhaus aufgetischt. In entspannter Atmosphäre kann man im »Spinnrädl« gutgemachte Hausmannkost in großer Auswahl genießen.

Spinnrädl, Schillerstr. 16, Kaiserslautern, Tel. 0631/60511, tgl. geöffn., www.spinnraedl.de

16 Kaisertafel in Speyer

Jedes Jahr im August verwandelt sich die Speyerer Innenstadt vom Postplatz bis zum romanischen Dom in eine kulinarische Genuss- und Feierzone. Anlässlich des 2000-jährigen Stadtjubiläums war erstmals 1990 eine 800 m lange **Kaisertafel** gedeckt worden. Seitdem bieten die Altstadtwirte ein Wochenende lang vor einmaliger historischer Kulisse alles auf, was Küchen und Keller zu bieten haben. Zusätzlich zum Tafeln in geselliger Runde gibt es unter dem Motto »Kochkunst, Trinkkultur und Speyerer Lebensfreude« auch noch ein attraktives Unterhaltungsprogramm mit Livemusik.

Kaisertafel, Speyer Innenstadt, zweites Wochenende im Aug., Fr–So, www.kaisertafel.com

17 Deutsches Weinlesefest

Am ersten und zweiten Oktoberwochenende feiert Neustadt an der Weinstraße Erntedank. Zum Festprogramm gehören die Wahl der Pfälzischen Weinkönigin am ersten, der größte Winzerumzug der Welt und die Wahl der Deutschen Weinkönigin am zweiten Wochenende. Das berühmte Weindorf auf dem Bahnhofsvorplatz – die »Haiselscher« – wird bereits am letzten Freitag im September eröffnet.

1. Fr bis 2. Mo im Okt., Neustadt/Weinstraße, Tel. 06321/9268-92 (Tourist-Info), www.neustadt.eu

▸ Top-Events

Eine runde Verbindung: Wachtel im Baumkuchen-Kartoffelmantel, im Restaurant »Krone«.

⓲ Wachtel im Baumkuchen

Wie eng in der Pfalz Hausmannskost und kulinarische Spitzenleistungen verwoben sein können, kann man im südpfälzischen Fachwerkdörfchen Hayna erleben und erschmecken. In seinem **Hotel Krone** zeigt Sternekoch Karl-Emil Kuntz, dass Tradition und Raffinesse keine Gegensätze sein müssen – sowohl im mit 18 Gault-Millau-Punkten ausgezeichneten noblen Restaurant als auch in den rustikaleren **Pfälzer Stuben**, denen 16 Gault-Millau-Punkte zuteilwurden. Kuntz hat Pfälzer Lebensart (sowie den Pfälzer Appetit) nicht aus den Augen verloren. Er huldigt den Traditionen, gibt bodenständigen Klassikern ein neues Gewand und entfaltet zugleich kulinarische Fantasien. So kommt in den Stuben der Saumagen als Carpaccio auf den Tisch, trifft der Haynaer Ziegenkäse auf Feigen-Chutney vom eigenen Baum oder wird im Restaurant die Wachtel in einen feinen Baumkuchenmantel gekleidet.

Hotel Krone, Hauptstr. 62–64, Herxheim-Hayna, Pfälzer Stuben: tgl., Gourmet-Restaurant: nur abends, Mo–Mi geschl., Tel. 072 76/50 80, www.hotelkrone.de

Nordrhein-Westfalen

Biotop für viele weiße und ein schwarzes Schaf: Die Westruper Heide ist ein Naturschutzgebiet im südlichen Münsterland.

Sanfte Hügel, enge Städte, weite Felder – Nordrhein-Westfalen ist vielseitig und bekannt für seine Gastfreundschaft. Als Synonym für die Gastlichkeit des Bergischen Landes, in dessen Mitte das Städtedreieck Remscheid-Solingen-Wuppertal pulsiert, dient die **Dröppelminna (oder -mina)** – eine meist dreibeinige Zinnkanne mit einem kleinen Zapfhahn. Da diese Kranenkanne keinen Filter besitzt und nach dem ersten Aufdrehen verstopft, »dröppelt« der Kaffee nur noch. Die »Dröppelminna« war Mittelpunkt der **Bergischen Kaffeetafel**, dem »Koffeedrenken met allem Dröm on Dran«.

Dic Kanne wurde ausgewechselt, die Basis der süßen Mahlzeit ist gleich geblieben: Die Grundlage bildet Milchreis mit Zucker und Zimt – alternativ Honig, Apfel- oder Rübenkraut –, der auf mit Butter und Honig bestrichenen Rosinenstuten »getürmt« wird. Danach gibt es Waffeln sowie Schwarzbrot mit Butter und Quark. In neuerer Zeit wird auch Konfitüre, Schnittkäse, Schinken und Wurst dazu serviert. Kein Wunder, dass zum krönenden Abschluss der Kaffeetafel ein westfälischer Korn gehört.

Die »Dröppelminna« ziert mittlerweile als eine Art Gütesiegel zahlreiche Wirtshausschilder **(www.bergischegastlichkeit.de)**. Deren Gastronomen haben sich verpflichtet, das kulinarische Brauchtum zu pflegen. Dazu gehört auch, dass in den familiengeführten Häusern der »Dröppelminnisten« bevorzugt Zutaten aus der Region verarbeitet werden. Freunde der traditionellen wie der Gourmetküche kommen hier auf ihre Kosten.

0
50 km
Emlichheim
Neuenhaus
Lingen (Ems)
Diepholz
Niedersachsen
Wagenfeld
Neustadt am Rübenberge
Steinhuder Meer
Damme
Fürstenau
Freren
Nordhorn
Raalte
Almelo
NIEDERLANDE
Hopsten
Bramsche
Mittelland-kanal
Kalkriese
Rahden
Petershagen
Wunstorf
Deventer
Hengelo
Bad Bentheim
Ibbenbüren
Lübbecke
Minden
Stadt-hagen
Bückeburg
Apeldoorn
Enschede
Rheine
OSNABRÜCK
Melle
Bünde
Porta Westfalica
Gronau
Emsdetten
Löhne
Zutphen
Steinfurt
Halle (Westf.)
Herford
Bad Salzuflen
Hameln
Ahaus
Greven
Weser
ARNHEIM
Doetinchem
Legden
Telgte
Ems
BIELEFELD
Lemgo
Stadtlohn
Coesfeld
Nottuln
MÜNSTER
Warendorf
Lage
Bad Pyrmont
Nijmegen
Bocholt
Borken
Nordrhein-
Westfalen
Rheda-
Detmold
Emmerich
Dülmen
Wiedenbrück
Steinheim
Kleve
Ahlen
Nieheim
Holzminden
Kalkar
Rhein
Raesfeld
Lüding-hausen
Beckum
Delbrück
Bad Driburg
Höxter
Haltern
Werne
Lippstadt
Salzkotten
Paderborn
Goch
Xanten
Wesel
Lippe
Marl
Datteln
Hamm
Beverungen
Kevelaer
Sonsbeck
Dorsten
RECKLINGHSN.
Borchen
Rheinberg
Bottrop
GELSEN-KIRCHEN
Kamen
Soest
Erwitte
Lichtenau
Geldern
OBERHAUSEN
Unna
Warburg
Moers
ESSEN
DORTMUND
Hofgeismar
Ruhr
Möhne-talsperre
Warstein
Rhoden
DUISBURG
MÜLHEIM
BOCHUM
Witten
Menden
Arnsberg
Brilon
Marsberg
Venlo
Olsberg
Bad Arolsen
Hagen
Iserlohn
Sundern
Meschede
KREFELD
KASSEL
Roermond
WUPPERTAL
Plettenberg
Korbach
DÜSSELDORF
Kahler Asten 841
MÖNCHEN-GLADBACH
Neuss
Remscheid
Lüden-scheid
Medebach
Edersee
Waldeck
Solingen
Winter-berg
Nationalpark Kellerwald-Edersee
Fritzlar
Lennestadt
Schmallen-berg
Heinsberg
Erkelenz
Dormagen
Bad Wildungen
Wabern
Hückel-hoven
Sittard
LEVERKUSEN
Berg. Gladbach
Gummers-bach
Bad Berleburg
Frankenberg
Bergheim
Battenberg
Homberg
Alsdorf
KÖLN
Kreuztal
Jülich
Gilserberg
Schwalmstadt
LUXEM-BURG
Waldbröl
Bad Laasphe
Kerpen
Brühl
Troisdorf
Siegen
Hessen
Neukirchen
Biedenkopf
Siegburg
Mudersbach
Breidenbach
Kirchhain
Neustadt
Esch-weiler
Düren
Erftstadt
St. Augustin
Wilnsdorf
AACHEN
Marburg
Alsfeld
Bornheim
BONN
Wissen
Burbach
Roetgen
Zülpich
Dillenburg
Eus-kirchen
Königswinter
Haiger
Homberg
Bad Honnef
Monschau
Mechernich
Herborn
Lauterbach
Rhein-bach
Rennerod
Gießen
Buseck
Flensungen
Nationalpark Eifel
Bad Münstereifel
Schleiden
Rech
Sinzig
Dierdorf
Hahn
Laubach
Elbtal
Wetzlar
BELGIEN
Bad Neuenahr-Ahrweiler
Lich
Malmedy
Schotten
Neuwied
Andernach
Blankenheim
Rheinland-
Kempenich
Montabaur
Limburg
Butzbach
Hungen
Adenau
Koblenz
Mayen
Pfalz
Usingen
Maas

1 Burgstuben Residenz
2 Soester Menü-Safari
3 Rengser Mühle
4 Alt-Aachener Café-Stuben Van den Daele
5 Das Köchequartett [1]
6 Haverland Volkornbäckerei
7 Martini-Kirche
8 Restaurant Tante Amanda
9 Tour de Menu [2]
10 Fischmarkt [2]
11 Mühlenfest in Monschau
12 Gourmetmeile Minden
13 Weinblütenfest
14 Essen … verwöhnt
15 Bierbrunnenfest Lübbecke
16 Drübbelken
17 Heiner's
18 Gasthaus zur Post
19 Wacholderschnaps aus Steinhagen
20 Westfalen Culinarium

[1] im gesamten Münsterland
[2] in Köln und Düsseldorf

1 Sauerbraten vom Pferd

Manch einer wird die Augen verdrehen, wenn er »Rheinischer Sauerbraten vom Pferd« auf einer Speisekarte liest – diese Spezialität ist im Bergischen Land weit verbreitet, auch wenn die Originalzubereitung Stoff für Diskussionen liefert. In der süßsauren Variante ergänzt sich das ein bis zwei Tage marinierte Fleisch ideal mit dem Aroma der Rosinen, des Rübenkrauts oder Honigkuchens. Wem Pferdefleisch zu gewagt erscheint, der bekommt den typischen Sauerbraten auch mit Rindfleisch, zum Beispiel in der **Burgstuben Residenz** in Heinsberg-Randerath, wo der Michelin-dekorierte und vom »Feinschmecker« ausgezeichnete Rainer Hensen den Kochlöffel schwingt. Wer den Braten danach selbst zubereiten will, kann zuvor beim Meister einen Kochkurs belegen.

Burgstuben Residenz, Feldstr. 50, Heinsberg-Randerath, Tel. 02453/802, tgl. ab 18, So auch 12–14 Uhr, www.rainerhensen.de

2 Soester Menü-Safari

Entdeckungstour durch die historische Altstadt und entlang verschiedener Gastronomie-Betriebe, die gemeinsam ein regionaltypisches Menü komponiert haben, darunter als eine der beiden Vorspeisen selbstverständlich auch das »Westfälische Abendmahl«, eine Blut-, Leber- und Mettwurst-Platte.

Regelmäßig im Sommer bis Herbst, rechtzeitig reservieren, www.wms-soest.de/veranstaltungen ▸ Veranstaltungen

Dreiklang der »Jemütlichkeit«: Dröppelminna, Tee und Kerzenschein.

3 Lieberhäuser Eierkuchen

Gummersbach, immer mal wieder das Epizentrum des europäischen Handballs, wartet mit einer Spezialität auf, die nach einem Stadtteil benannt ist: Vier Personen können sich an diesem »Lieberhäuser Eierkuchen« sattessen. Der Kuchen ist so hoch wie eine Sahnetorte und wird in der herzhaften Variante mit Speck, in der süßen mit Preiselbeeren genossen. Nur zwei Lokale bieten das »Original-Rezept«. Eines ist der **Landgasthof Reinhold** in Lieberhausen (www.hotelreinhold.de), das andere ist die **Rengser Mühle**. Das Rezept wird von Generation zu Generation mündlich überliefert und gehütet wie ein Augapfel.

Rengser Mühle, Niederrengse/Bergneustadt, Tel. 02763/91450, tgl. 12–14, 18–21 Uhr, www.rengser-muehle.de

4 Aachener Printen

Die bekannteste süße Spezialität der Region stammt aus dem Grenzgebiet zu den Niederlanden: Die durch die EU geschützten »Aachener Printen« kennt man auf der ganzen Welt. Dieser Lebkuchen wird – anders als die Nürnberger Variante – nicht mit Honig, sondern mit Zuckerrübensirup gesüßt, was ihm einen etwas herberen Geschmack verleiht. Der Belgier Loe van den Daele soll sie 1890 erfunden haben. In den **Alt-Aachener Café-Stuben** (inzwischen im Besitz der Familie Kockartz) kann man die nach Original-Rezepten gebackenen Printen in historischem Ambiente probieren.

Alt-Aachener Café-Stuben Van den Daele,
Büchel 18, Aachen,
www.kockartz.be ▸ Van den Daele

5 So schmeckt das Münsterland

Seit fast zehn Jahren haben sich einige Gastronomen, meist ein Quartett, zusammengeschlossen und eine gemeinsame regionale Speisekarte entwickelt. Vier Köche – verderben nicht den Brei, sondern kochen fantasievolle Kreationen mit hohem Anspruch: Die Hauptbestandteile der Gerichte stammen zu 100 % aus dem Münsterländischen. Die Speisekarte wird den Jahreszeiten angepasst, egal ob Frühling, Sommer, Herbst oder Winter – alles kommt vom benachbarten Bauernhof.

Das Köchequartett,
http://so-schmeckt-das.muensterland.de
▸ Essen und Trinken

Kulinarisches Lexikon

Alt: Im Raum Düsseldorf wird Altbier getrunken. Der Name bezieht sich auf das »alte« Brauverfahren. Typisch ist der malzige Geschmack mit ausgeprägtem Hopfenbitter.

Döppekooche: Eine Masse aus geriebenen Kartoffeln, gehackten Zwiebeln, Eiern, Gewürzen und Speckstreifen wird im Ofen gebacken, bis sich eine Kruste gebildet hat.

Himmel un Ähd bzw. Äd (und Erde): Frische Kartoffeln und frische Äpfel, die gewürfelt, gekocht, aber keinesfalls gestampft werden (rheinländische Variante).

Kölsch: Obergäriges Vollbier mit etwa 4,9 % Alkohol. Getrunken wird es aus dünnwandigen Stangengläsern (0,2 l). In manchen Kölner Kneipen wird das Bier so lange ungefragt serviert, bis der Gast einen Bierdeckel auf sein Glas legt.

Kölsche Kaviar: Dahinter verbirgt sich »Flönz«, eine gekochte Blutwurstart. Serviert wird sie mit »Röggelchen«, einem Roggenbrötchen, Zwiebeln, Butter, Senf und Gewürzgurke.

Kottenbutter: Mit Zwiebelringen und Wurst belegtes Schwarzbrot. Der Name geht auf jene Werkstätten zurück, in denen Schmiede einst Stahlwaren verarbeiteten, eben die »Kotten«.

Krüstchen: Ein mit Spiegelei überbackenes Schnitzel auf einer Scheibe Roggen- oder Toastbrot. Im Raum Köln wird so allerdings eine Portion Gulasch mit Roggenbrötchen bezeichnet.

Mutze(n)mandeln: Krapfenähnliches Karnevalsgebäck nach alemannischer Tradition. Die mandelförmig ausgestochenen Teigstücke werden in heißem Fett ausgebacken und dann in Zucker oder Zimtzucker gewälzt.

Pickert: Der Teig aus Hefe, Wasser, Mehl, Eiern und geriebenen Kartoffeln wird wie ein Pfannkuchen braun gebraten und süß (mit Pflaumen-, Apfelkompott, Marmelade, Zuckerrübensirup) oder herzhaft (mit lippischer Leberwurst) bestrichen.

Pillekuchen: Kartoffelpfannkuchen, gern mit Apfelmus kombiniert, große Schwester des Rievkooche.

Pils: Das Ruhrgebiet trinkt Pils, den »Treibstoff der Industrie«, gebraut nach Pilsener Art. Marktanteil in Nordrhein-Westfalen: 75 %.

Rievkooche (Reibekuchen): Wie Pillekuchen, aber kleiner und knusprig in Öl gebraten.

Schnibbelbohnen: Geschnittene und blanchierte grüne Gartenbohnen lässt man wie Sauerkraut in einem Topf etwa vier Wochen lang gären. Danach werden sie gegart und entweder als Beilage oder Eintopf verzehrt.

Stielmus (Rübstiel): Die oberirdischen jungen Triebe der Mai- oder Herbstrüben. Im Rheinischen wird das Stielmus meist kurz blanchiert und mit Kartoffelbrei vermengt serviert.

Töttchen: Westfälische Spezialität, bei der Rinder-Innereien zu einem süß-sauren Ragout verkocht werden. Mittlerweile wird oft Kalbfleisch verwendet.

6 Pumpernickel

Der berühmteste essbare Exportartikel aus Westfalen ist mit Sicherheit Pumpernickel, das dunkle Vollkornbrot genießt selbst in den USA einen guten Ruf. Das Besondere an diesem Brot ist die Zubereitung: Der Roggenschrot muss mehrere Stunden in heißem Wasser quellen, bevor dieses »Brühstück« kurz angebacken und dann bis zu 24 Stunden lang gedämpft wird. Dadurch karamellisiert die enthaltene Stärke, und der Pumpernickel erhält den typischen, leicht süßlichen Geschmack. Seit 1570 wird in Soest bei Haverland, der ältesten heute noch bestehenden Pumpernickelbäckerei der Welt, das spezielle Schwarzbrot gebacken.

Haverland Volkornbäckerei, Opmünder Weg 65, Soest, Tel. 02921/16019, www.baeckerei-haverland.de

7 Glück und Seligkeit

Die neugotische **Martini-Kirche** wurde nach neunmonatigem Umbau im November 2005 einer neuen Bestimmung übergeben. Statt auf harten Holzbänken Buße zu tun, kann sich der Gourmet-Gläubige nun in edlem Ambiente auf kulinarisch ansprechendem Niveau verwöhnen lassen. Neben dem Restaurant mit 60 Sitzplätzen bietet der Sakralbau unter anderem auch eine Clublounge auf der Orgelempore.

Artur-Ladebeck-Str. 57, Bielefeld, Tel. 0521/5576500, Mo–Sa ab 9, So ab 10 Uhr, www.glueckundseligkeit.de

Glück und Seligkeit: Der Name der Gastronomie erinnert an die ursprüngliche Bestimmung der Martini-Kirche.

8 Erbsen, Kohl und Bier

Von wegen nur die Bayern haben eine Bierkultur. NRW kann da gut mithalten. Die große Zahl von ebenso bekannten wie qualitativ hochwertigen Bieren, die im Südosten Nordrhein-Westfalens gebraut werden – **Krombacher**, **Veltins** und **Warsteiner** –, sind allesamt Produkte von Braumeistern aus dem Sauerland. Allein in Dortmund zählt man aktuell 18 Hausbrauereien mit so klingenden Namen wie DAB, Clarissen, Freigraf, Wicküler, Hövels oder das legendäre Dortmunder Union. Kaum weniger bekannt ist die westfälische **Erbsensuppe**. Traditionell zubereitet kommt sie gemeinhin mit deftigem Eisbein und Mettwürstchen auf den Tisch.

Kulinarischer Kalender

FEBRUAR/MÄRZ & SEPTEMBER

9 Tour de Menu

Auf zwei Feinschmecker-Touren durch Düsseldorf und Köln können sich die Gäste in Szenelokalen und Sterne-Restaurants verwöhnen lassen. Im Frühjahr wird der Raum Düsseldorf bereist, im Herbst Köln.
www.rheinlust.de ▸ Veranstaltungen

APRIL–OKTOBER/NOVEMBER

10 Fischmarkt

Internationale Fisch- und Meeresspezialitäten stehen im Mittelpunkt, wenn die Händler jeden dritten Sonntag im Monat in Köln (Messe) und jeden ersten Sonntag in Düsseldorf (Rheinterrasse, Tonhallenufer, Mai–Nov.) ihre Stände aufbauen.
www.rheinlust.de ▸ Veranstaltungen

MAI

11 Mühlenfest in Monschau

Jedes Jahr am Pfingstmontag öffnet die Senfmühle ihre Pforten und bietet Wissenswertes rund um das alte Handwerk. Gewürzt wird das bunte Programm mit allerlei kulinarischen Leckereien.
www.senfmuehle.de

JUNI

12 Gourmetmeile Minden

An einem Wochenende im Juni wird auf dem Mindener Marktplatz jährlich unter wechselndem Motto gefeiert und das Thema kulinarisch umgesetzt.
www.mindenmarketing.de ▸ Aktuelles

13 Weinblütenfest

Auf dem Kaiserswerther Marktplatz bei Düsseldorf genießt man einen Sonntag →

Kulinarischer Kalender

→ lang exzellente Speisen und erstklassige Weine. Gute Gelegenheit, Spitzenköchen über die Schulter zu schauen oder mit den Winzern zu fachsimpeln.
www.rheinlust.de ▸ Veranstaltungen

14 Essen … verwöhnt

Fünf Tage lang (Mi–So) zieht sich die längste Gourmetmeile Deutschlands entlang der Kettwiger Straße durch die Essener Innenstadt: Leckereien der gehobenen Küche zum kleinen Preis.
www.essen-geniessen.de

AUGUST

15 Bierbrunnenfest Lübbecke

Aus dem 1954 zum ersten Mal gefeierten »Tag des Bierbrunnens« hat sich ein dreitägiges Stadtfest mit Livemusik in der gesamten Innenstadt entwickelt.
www.barre.de ▸ Events

Die **Kohlroulade** gehört zum Speiseplan der Region wie der Kumpel zur Kohle. »Westfälisch angerichtet« lautet daher auch das Motto bei »Tante Amanda«. Ob draußen, in einem der schönsten Biergärten der Stadt, oder im schmucken Fachwerkhaus, die bodenständige Küche ist hier fester Bestandteil der Karte, etwa die hausgemachte Rinderroulade vom Weideochsen mit Rahmspitzkohl oder die hauseigene Interpretation von Himmel und Äd mit krossgebratener bergischer Blutwurst.

Tante Amanda, Mosselde 149, Dortmund, Tel. 0231/372230, Küche 12–14.30, 17.30–22 Uhr, www.tante-amanda.de

16 Currywurst und Pfefferpotthast

Die bekannteste Currywurst gibt es im Bochumer Bratwursthaus (www.bratwurst haus.com), wo sich Herbert Grönemeyer zu seiner Hommage an selbige inspirieren ließ: »… Kommste vonne Schicht, wat schönret gibt et nich, als wie Körriwuast …«. Doch das Ruhrgebiet hat noch mehr auf der Pfanne, etwa **Pfefferpotthast**, ein westfälisches Gulasch aus Rindfleisch, reichlich Zwiebeln, Lorbeer, Pfeffer und eventuell Kapern. Er wurde in Dortmund »erfunden«, genauso wie der »Dortmunder Salzkuchen«, Kümmelbrötchen mit Mett und Zwiebeln. Dass der Pfefferpotthast nicht nur in der Erfinderstadt gut schmeckt, beweist das »Drübbelken« in Münster.

Drübbelken, Buddenstr. 14–15, Tel. 0251/42115, Mo–Fr 11.30–14.30, 17.30–24, Sa/So 11.30–24 Uhr, www.druebbelken.de

17 Gebratene Blutwurst

Zum westfälischen Möppkenbrot wird traditionelles Brot, z.B. Pumpernickel, gereicht. Bei Möppkenbrot handelt es sich allerdings um eine Wurstspezialität aus Ostwestfalen, bei deren Herstellung Rosinen den geschmacklichen Unterschied ausmachen. Seltsam klingt – zumindest für Fremde – Schlabberkappes: ein Eintopf mit Weißkraut (Kappes) und Fleisch – »Schmatzkohl« eben. Wer kulinarisch oft international unterwegs ist, sich aber gern in Heimatkunde übt, geht zu »Heiner's« nach Gelsenkirchen. Dort hat die **gebratene Blutwurst** mit Apfelgelee und Kartoffelkrapfen einen Dauerauftrag auf der Karte.

Heiner's, Am Bugapark 1d, Gelsenkirchen, Tel. 0209/1772222, Mo–Fr 6.30–24, Sa/So 8–24 Uhr, www.heiners.info

18 Westfälische Küche

Nicht minder deftig sind die dicken Bohnen mit Speck, ein köstlicher Eintopf aus der alten westfälischen Küche, oder der **Panhas**, sozusagen die regionale Variante des bayrischen Leberkäs': Die aus Hackfleisch, frischer Leber- und Blutwurst, Zwiebeln, Speck, Brühe und Buchweizenmehl bestehende Masse, gewürzt mit Salz, Pfeffer, Piment und manchmal auch Nelken, wird in Scheiben geschnitten und in der Pfanne gebraten. Im »Gasthaus zur Post« in Ladbergen, zwischen Münster und Osnabrück, darf man erst einmal am Kamin entschleunigen, um sich dann auf die gehobene westfälische Küche zu freuen.

Gasthaus zur Post, Dorfstraße 11, Ladbergen, Tel. 05485/93930, Mo/Di 18–23, Fr–So 7–23 Uhr, http://gastwirt.de

19 Wacholderschnaps

Ein Ort, der durch einen Produktnamen bekannt wurde, ist Steinhagen. Die kleine Gemeinde zwischen Bielefeld und Halle entwickelte sich im 19. Jahrhundert zur Hochburg der **Wacholderschnapsbrennerei**. Von den 20 Brennereien gibt es heute noch zwei, die die beliebte, mit Wacholder aromatisierte Spirituose herstellen.

www.kisker-brennereien.de
www.schwarze-schlichte.de

Kenner lieben ihn mit Kümmel: Käse aus Nieheim.

⑳ Westfalen Culinarium

Die kleine Ackerbürgerstadt Nieheim ist eine Reise wert, denn sie hat sich zum kulinarischen Mittelpunkt Ostwestfalens entwickelt. Im Westfalen Culinarium informieren vier Museen über die »westfälischen Grundnahrungsmittel« Brot, Käse, Schinken, Bier und Schnaps. In der Ausstellung im Kornhaus mit dem Heimat- und Sackmuseum, in »Menne's Schaukäserei« und im Schinkenmuseum erfährt man alles über die Herstellung des traditionellen westfälischen Schinkens, der durch sein würziges Aroma besticht. Die Besucher können eine Räucherkammer besichtigen oder Deutschlands einzige Schweineparade auf dem Laufsteg erleben – und sich Fragen beantworten lassen, auf die nicht jeder eine Antwort weiß: Warum gelten Schweine als sauber, obwohl sie sich im Schlamm wälzen? Unter Kennern beliebt ist der Nieheimer Käse. Dieses Sauermilchprodukt wird nach dem Erhitzen in Stoffbeuteln zum Trocknen aufgehängt. In die Masse wird Salz und Kümmel geknetet und entweder zu Hand- oder Kochkäse verarbeitet. Auf dem alle zwei Jahre im September stattfindenden großen **Nieheimer Käsemarkt** (www.nieheim.de) stellt er sich der internationalen Konkurrenz.

Culinarium, Lange Str. 12, Nieheim, Mi–So 10–18 Uhr, www.westfalen-culinarium.de

Köln

kulinarisch entdecken

»Mer losse d'r Dom en Kölle« – »Wir lassen den Dom in Köln«, so die Beschwörung der Bläck Fööss an das Wahrzeichen der Stadt.

Köln ist fast 2000 Jahre jung und zählt gut über 1 Mio. Einwohner, davon 350 000 mit Migrationshintergrund. Wen wundert es da, dass sich hier eine tolerante Kultur entwickelt hat. Ob rheinisch, bayerisch, türkisch oder multinational, hier weiß man es schon lange: »Jeder Jeck is anders.« – »Jeder Narr (oder freier gefasst – jeder Mensch) ist anders.« So die schöne Binse, die sehr gut die Lebenseinstellung spiegelt und auch für die kulinarischen Vorlieben gilt. Wenn wir gerade bei Klischees sind: »Kölner sind gesellig, oberflächlich und karnevalstrunken.« Stimmt. Und stimmt auch nicht. In Kölsch-Kneipen kommt man leicht in Kontakt und kann einen vergnüglichen Abend verbringen, fast so als würde man sich lange kennen. Mancher Neuankömmling verwechselt diese Leichtigkeit mit Freundschaft. Wieso kennt der mich heute nicht mehr?, fragen sie sich, wenn das Wiedersehen im wahrsten Sinne ernüchternd ausfällt, und interpretieren dies als Oberflächlichkeit. Aber mit ein paar schön verbrachten Stunden hat man noch keinen Pakt für die Ewigkeit geschlossen. Neu-Kölner sind herzlich willkommen, ob als Kurzgast oder auf Dauer. Wer ein paar Dinge beachtet, wird mit offenen Armen empfangen. Als Erstes sollte man herausfinden, wie das Gegenüber zum Karneval steht. Denn da hört der Spaß auf. Im Ernst – viele Kölner lieben diese wilden Tage und empfinden es als unhöflich, die Zeit der Narren kritisch zu hinterfragen. Und wer in ein Brauhaus einkehrt, sollte Lust auf obergäriges Kölsch haben. Wer dennoch einen »trockenen Wein« bestellt, muss sich nicht wundern, wenn er vom Köbes (Kellner) über längere Zeit schlicht ignoriert wird.

Eine letzte Runde, und dann ist Schluss für heute? Wenn nicht, nennt man es »Wende-Kölsch«, weil es den Entschluss zu gehen wendet und noch viele weitere Bestellungen nach sich zieht.

1 Kölsch

Auf die sprichwörtliche »rheinische Frohnatur« trifft man in der gesamten Region, als Hochburg – Düsseldorf möge es verzeihen – gilt gemeinhin Köln. Hier wird seit dem 15. Jahrhundert das »Kölsch« gebraut, ein helles, hopfenbetontes, obergäriges Vollbier, das unter diesem Namen allerdings erst seit etwa 100 Jahren existiert – aber bereits von der EU geografisch geschützt ist. Kölsch ist identitätsstiftend, darüber sind sich die Domstädter einig. Welche Marke die Beste ist, darüber scheiden sich die Geister. Zu den traditionsreichsten zählt **Peters Brauhaus**, dessen Monheimer schon im Jahr 1262 die Brauerlaubnis hatte und diese beeindruckende Zahl daher auch auf die Kölsch-Stangen (Gläser) drucken lässt (Altstadt, tgl. 11–0.30 Uhr, www.peters-brauhaus.de). Etwas weniger touristisch, wenn auch kein Geheimtipp mehr, ist das **Pfäffgen**, dessen Obergäriges in der Hausbrauerei am Friesenplatz produziert wird. Noch ein Tipp für Neuankömmlinge: Wer wirklich nichts mehr trinken will, sollte das letzte Glas nicht ganz austrinken. Ein leeres Glas wird vom Köbes als Bitte um Nachschub verstanden, und prompt steht ein frisches Kölsch auf dem Tisch.

Pfäffgen, Friesenstr. 64–66, Tel. 0221/135461, So–Do 10–24, Fr/Sa 10–0.30 Uhr, www.paeffgen-koelsch.de

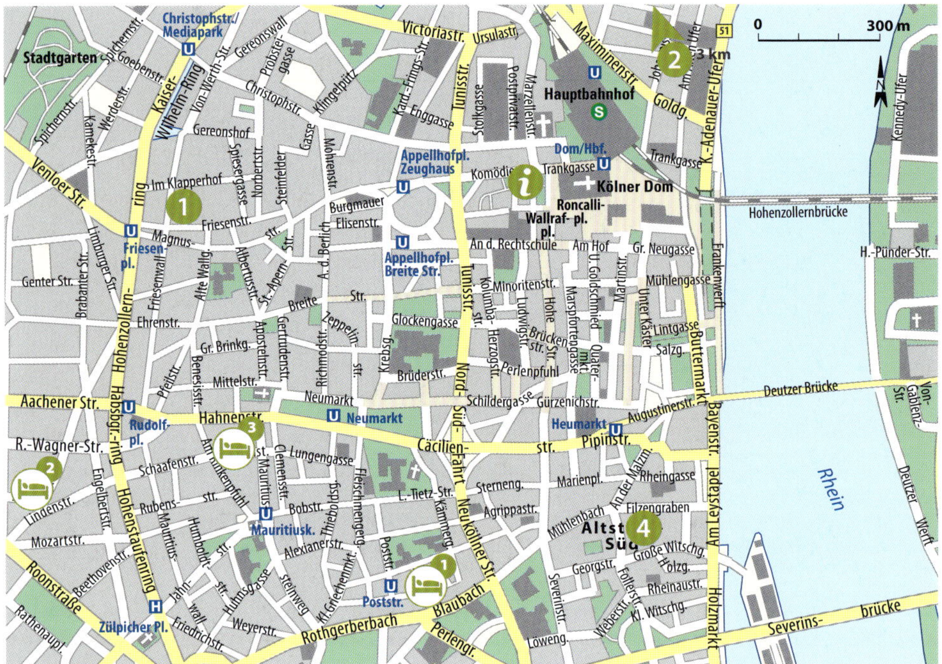

1 Pfäffgen
2 Em Golde Kappes
3 Himmel un Äd in Bonn*
4 Schokoladenmuseum
5 Die Büdchen*
6 Brauhaustour*
* ganze Stadt
Hotel im Wasserturm
Hotel Chelsea
Hostel Köln

2 Kölsche Spezialitäten

Der nicht minder sprichwörtliche »rheinische Frohsinn« schlägt sich auch in den örtlichen Speisekarten nieder. Gerne wird dabei der ortsunkundige Gast ein wenig auf die Schippe genommen. Wer **ne halve Hahn** bestellt und sich auf ein knuspriges Hähnchen freut, muss mit einem Roggenbrötchen vorliebnehmen, das mit Gouda belegt ist. Unter **Himmel un Äd** verstehen die Kölner ein Gericht aus Kartoffel-Apfel-Mus mit gebratener Blutwurst. Ihren Namen verdankt diese Speise, die in früherer Zeit lediglich aus Kartoffel-Apfelbrei mit Zwiebeln und Speck bestand, den Zutaten: Äpfeln vom Baum – dem »Himmel« – und Kartoffeln – den »Erd«-Äpfeln. Besucher der zünftigen, rund 100 Jahre alten Stube »Em Golde Kappes« sollten die wichtigsten Begriffe kennen oder sich beraten lassen, denn die Speisekarte ist in lupenreinem Hoch-Kölsch verfasst. Aber hier geben die Köbese freundlich darüber Auskunft, was man bekommt, wenn man beispielsweise »Äapelschloot« (Kartoffelsalat), »Kappes« (Kohl), »Hämmchen« (Schweinshaxe) oder »Flönz mit Musik« (Blutwurst mit Zwiebeln) bestellt. Wer gelehrig ist, gibt die nächste Bestellung alleine auf.

Em Golde Kappes, Neusser Str. 295, Tel. 0221/92292640, tgl. 11–24 Uhr, www.emgoldekappes.de

3 Himmel un Äd in Bonn

Entdeckungstour durch die historische Altstadt und entlang verschiedener Gastronomie-Betriebe, die gemeinsam ein regionaltypisches Menü komponiert haben, darunter als eine der beiden Vorspeisen selbstverständlich auch das »Westfälische Abendmahl«.
Findet im Sommer bis Herbst regelmäßig statt, rechtzeitig reservieren, www.bonn.de ▸ Veranstaltungen

4 Schokoladenmuseum Köln

Seit 1993 informiert dieses ultramoderne, direkt am Rheinufer gelegene Museum seine interessierten Besucher auf drei Ebenen. Der Ausstellungsrundgang gleicht einer Reise durch die 3000-jährige Kulturhistorie der Schokolade. Auf spannende Weise gewinnt man Einblick in Geschichte und Gegenwart der »Götterspeise der Azteken« und des Kakaos. Nicht verpassen: die eigene Schokofigur gießen und die Museumsgastronomie mit ihrer breiten Glasfront besuchen!

Am Schokoladenmuseum 1a, Tel. 0221/9318880, Di–Fr 10–18, Sa/So 11–19 Uhr, www.schokoladenmuseum.de

Eines für alle: Das Büdchen ist neben der Kölsch-Kneipe der beste Ort, um Kontakte zu knüpfen, zu klönen und genüsslich ein Kölsch zu trinken.

5 Gemischte Tüte und ein Kölsch bitte!

Neben Berlin hat Köln sicher die bunteste Büdchen(Kiosk-)Kultur. Über die ganze Stadt verteilt, findet man sich hier zusammen, um zu klönen. »Klönen« ist die hiesige Variante des Small Talks, die vor allem die Stammkunden pflegen. Bestseller zu jeder Tages- und Nachtzeit ist die »gemischte Tüte«. Für 1 € kann sich jeder seine Lieblingsmischung aus Lakritz und Weingummi zusammenstellen. Noch beliebter ist nur das Kölsch. Mit der offenen Kölschflasche dazustehen gehört – sofern es nicht übertrieben wird – zum Leben und Lebenlassen dazu.

Überall in der Stadt

6 Brauhaustour

Wer wirklich mitreden will beim Nationalgetränk, sollte eine Brauhaustour machen. Hier lernt man die entsprechenden Kneipen und Kellner (Köbesse) kennen, trinkt kölsches Barrique und bekommt die schönsten »Verzällcher« zu hören, die rheinländische Variante der Anekdote. Und natürlich hört man unterwegs Bläck Föös: »Trink doch ene mit, stell dich nit esu ann, du stehs he die janze Zick erüm.« (»Trink doch einen mit, stell dich nicht so an, du stehst hier die ganze Zeit herum.«) – schon beim zweiten Mal anhören, wird es zum Ohrwurm!

www.koebes-brauhaustour.de,
www.koeln-brauhaustouren.de

Hotels

1 Hotel im Wasserturm

Maisonette-Suiten über zwei Etagen? Oder doch »nur« ein »normales« DZ? Geschmackvoll sind alle Räume in diesem extravaganten Haus. Und weil's so elegant und leger ist und Michelin dem Restaurant »La Vision« zwei Sterne an die Speisekarte heftet, treffen sich hier auch die Stars und Sternchen. Zu teuer? Man gönnt sich ja sonst nichts.

Innenstadt, Kaygasse 2, Tel. 0221/20080, ab 150 €, www.hotel-im-wasserturm.de

2 Hotel Chelsea

Ein Haus, in dem Künstler auch mit Bildern zahlen konnten, ganz nach dem Vorbild in New York. Von außen eher unscheinbar, überrascht das Innere mit moderner Kunst und schlichter, aber angenehm zeitloser Einrichtung. Nicht ganz leise (Bar und Kneipe im EG), aber mittendrin im quirligen Belgischen Viertel.

Belgisches Viertel, Jülicher Str. 1, Tel. 0221/207150, ab 88 €, www.hotel-chelsea.de

3 Hostel Köln

Das Foyer bietet diverse kleine Sitzgelegenheiten und einen Seminarraum. Die Zimmer sind ohne Schnickschnack, einfach und gut. Im Hostel Köln, am Rand der Innenstadt, kann man sich mit bis zu fünf Freunden ein Zimmer teilen. Aber natürlich gibt es auch Einzelzimmer. WLAN gratis und barrierefrei.

Innenstadt, Marsilstein 29, Tel. 0221/9987760, bis 75 €, www.hostel.ag

Düsseldorf
kulinarisch entdecken

Die schönste Rheinpromenade?
Liegt natürlich in Düsseldorf.

Kaum nennt man Düsseldorf und Köln in einem Atemzug, sind Anspielungen auf die gepflegte Rivalität der beiden rheinländischen Diven nicht weit. Auf Augenhöhe waren die beiden Städte aber erst Mitte des 19. Jahrhunderts. Von da an versuchte man sich zu übertreffen und hatte am Ende zwei Messegelände, zwei Flughäfen und zwei Opern- und Schauspielhäuser. Als 1946 die britische Militärregierung das Land Nordrhein-Westfalen gründete und Düsseldorf zur Landeshauptstadt erkor, muss das ein herber Schlag gewesen sein. Konrad Adenauer, damals OB von Köln, soll lange nicht über die Kränkung hinweggekommen sein. Und kulinarisch? Wer ehrlich ist, wird kaum Unterschiede ausmachen. Prägend für die Spezialitäten war und ist das gemeinsame Hinterland. Und selbst wenn die ältere Schwester Köln in diesem Bereich stolz auf eigene Kreationen verweist – in Düsseldorf verschmäht man diese nicht. Nur beim Bier (hier Alt, dort Kölsch) sind die Präferenzen eindeutig. Doch bei genauer Betrachtung der Sorten sind die Unterschiede dann doch eher gering …

1 Alt

Welcher Düsseldorfer würde zugeben, auch mal Kölsch zu trinken? Und umgekehrt: Welcher Kölner trinkt Alt? Keiner, heißt es bei Letzteren, und man hat auch einen Spruch dafür parat: »Kölsch wird nie alt!« Dabei sind beides obergärige Biere. Die dunklere Farbe beim **Alt** entsteht durch ein Mehr an Malz. Das läuft in Köln unter dem Begriff: Schuss, ein Kölsch mit einem Sprutz Malz. Sollte dann doch einmal der Wunsch nach einem Nachbarbier aufkeimen, kann dieser in Düsseldorf im Eigelstein am Mediahafen (www.eigelstein-duesseldorf.com) Wirklichkeit werden und vice versa in Köln-Ehrenfeld in der Helios-Braustelle (braustelle.com). Wer in Düsseldorf Brauereitradition mit frischen Kontakten garnieren möchte, geht **Zum Uerige**. Hier schmeckt »dat Dröppke« besonders lecker. Plätze sind Mangelware. Wenn es dann doch zu kuschelig eng wird, besetzt man eben einen Teil der Straße (Brauereiführung in Kleingruppen möglich).

Köbes mit Altbier: Wenn im »Uerige« alle Plätze belegt sind, serviert er auf der Straße.

Zum Uerige, Altstadt, Berger Str. 1, Tel. 0211/86 69 90, tgl. 10–24 Uhr, www.uerige.de

2 Tour de Menu Gusto

Vor 15 Jahren wurde diese Tour erfunden. Mittlerweile beteiligen sich zwischen 40

Hotels

1 Villa Viktoria

Hinter klassizistischer Fassade verbirgt sich ein niveauvolles Hotel Garni. 40 Suiten zwischen 40 und 110 qm groß lassen wenige Wünsche offen. Die zentrale Lage zwischen Messe, Flughafen, Kö und Altstadt macht das Haus auch für Business-Reisende attraktiv.

Derendorf, Blumenthalstr. 12, Tel. 0211/469000, ab 130 €, www.villaviktoria.com

2 Burns Art Hotel

Außen Stuck, innen Feng Shui. So üppig die restaurierte Außenfassade aus dem Jahr 1890, so reduziert ist die Innenarchitektur des Burns Art Hotel: 400 Kunstwerke von Künstlern, die bei der Gestaltung mitgewirkt haben, schmücken dieses Haus. Die Kö, Altstadt und das Rheinufer sind fußläufig zu erreichen.

Stadtmitte, Bahnstr. 76, Tel. 0211/779291-0, ab ca. 85 €, www.hotel-burns.de

3 St. Andreas

Nur ein Dutzend Zimmer, teilweise mit Balkon, direkt unter der Gaststätte »Benders Marie«, also mitten im Geschehen und dennoch nicht zu lärmig. Nicht luxuriös, aber mit allem nötigen Komfort ausgestattet: Duschbad, Klimaanlage, Flachbildschirm, WLAN. Auch hier kommen gerne Künstler her, allerdings als Gäste und nicht als Gestalter.

Altstadt, Andreasstr. 13, Tel. 0211/5858980, www.hotel-sankt-andreas.net

und 55 Gastronomen pro Saison an der Aktion. Bis zu 30 000 Feinschmecker oder jene, die es werden wollen, folgen der Einladung, die Menü-Kreationen zu attraktiven Preisen zu testen. Der Anklang ist so groß, dass man inzwischen zweimal im Jahr (im Frühling und Herbst) zur **Tour de Menu Gusto** einlädt.

Broschüre der beteiligten Lokale etwa einen Monat zuvor erhältlich unter: www.tour-de-menu.de

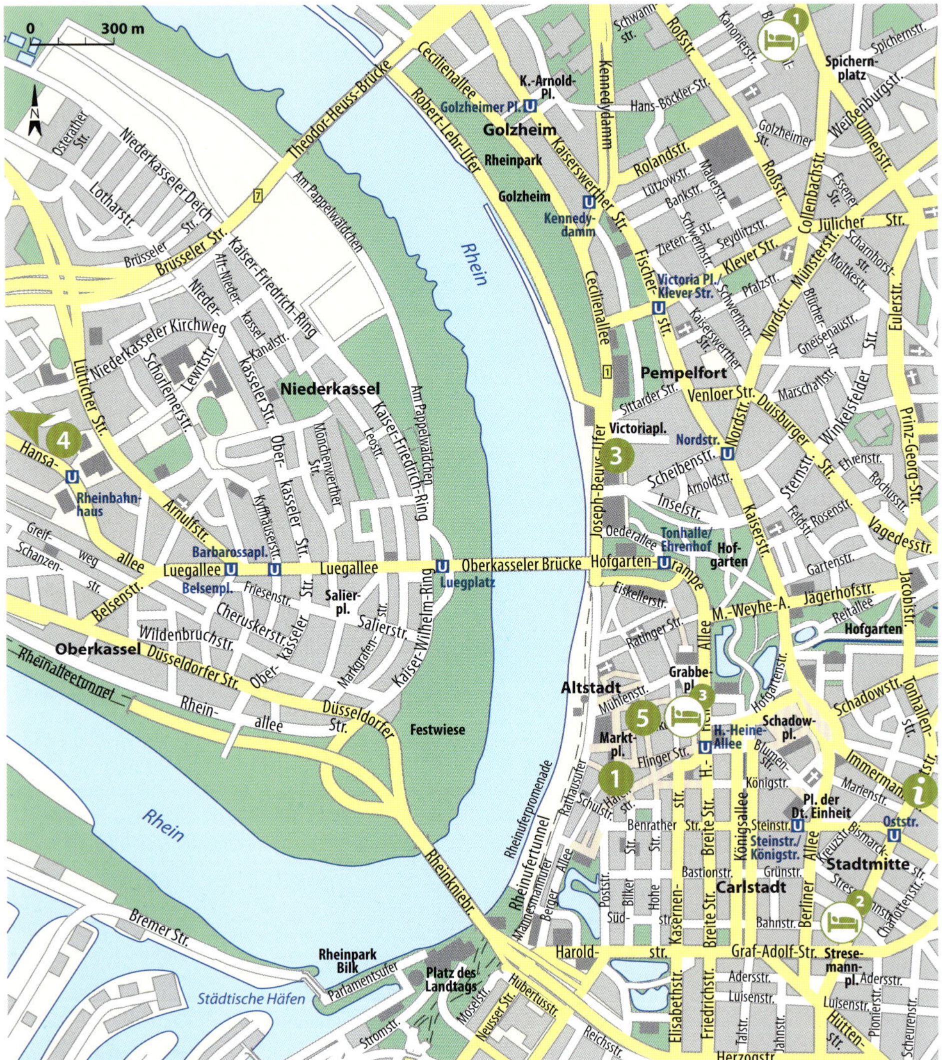

1 Zum Uerige	4 Markt am Carlsplatz	1 Villa Viktoria
2 Tour de Menu Gusto*	5 Benders Marie	2 Burns Art Hotel
3 Fischmarkt	* ganze Stadt	3 St. Andreas

3 Fischmarkt

Etwa 90 Händler aus der ganzen Bundesrepublik bieten an acht Sonntagen im Jahr **Fisch**, **Meeresfrüchte** und viele andere Delikatessen an, die man gleich vor Ort verzehrt. Von Antipasti über Brot bis hin zur Münsterländer Schinkenpflock-Salami versteht man hier die Kunst des Verführens. In dieser Zeit verwandelt sich das Tonhallenufer in eine Gastromeile zum Einkaufen, Schlemmen und Genießen. Den Blick auf den Rhein gibt es kostenlos dazu.

Fischmarkt, Düsseldorfer Rheinterrassen, Joseph-Beuys-Ufer 33, So 11–18 Uhr

4 Markt am Carlsplatz

Nicht nur Düsseldorfer halten diesen **Markt** für den Schönsten in Nordrhein-Westfalen. An sechs Tagen in der Woche (wo gibt es dann sonst noch!) kommen hier die Besucher vorbei, um Gemüse und Obst, Fisch oder Fleisch, Geflügel, Wein oder Brot zu kaufen. Selbst Profi-Köche machen hier gern Pause und goutieren einen Snack am Stehtisch. Ob international (persisch, türkisch oder italienisch) oder regional beim Schinken-Toni, die Atmosphäre ist so leger wie die Biertische lang. Und natürlich gibt es auch Altbier zu kosten. Kurzum alles, was Einheimische glücklich macht.

Alstadt, Carlsplatz, Mo–Fr 8–18, Sa 8–16 Uhr

Muscheln schmecken am besten in Monaten mit »r«: Auch wenn man sie inzwischen das ganze Jahr über bedenkenlos essen kann.

❺ Muscheln – Rheinische Art

In Düsseldorf und Köln trifft man auf ein weiteres Kuriosum hiesiger Küche: Muscheln Rheinische Art. Auch wenn die Miesmuschel nicht dem Bett des Rheines entstammt, sondern eher der Nordsee, ist das Gericht ein ursprünglich rheinisches, denn die Muscheln kamen einst mit den Flussschiffern aus dem Norden ins Rheinland. Der Sud ist mit reichlich trockenem Riesling verfeinert, und die Muscheln werden mit Rheinischem Schwarzbrot serviert. Auf **Muschelgerichte** aller Art hat sich die Traditionsgaststätte **Benders Marie** spezialisiert: Ob nach Art des Hauses, als rheinische Variante oder asiatisch scharf, Schwarzbrot und Butter werden immer dazu gereicht.

Benders Marie, im Hotel St. Andreas, Andreasstr. 13, 02 11/58 58 98-0, tgl. ab 17 Uhr, http://de.benders-marie.de

Wahre Liebe: Ein Jahr lang reift die Ahle Worscht im »Wilhelmsthaler Wurstehimmmmel« des Caldener Fleischermeisters Thomas Koch.

Hessen

Schon Friedrich Stolze (1816–1891) sang ein Loblied auf die Kleinmarkthalle in Frankfurt: »Gemieß, Kardoffel und was noch all, des kriecht mer hier in dere Hall. Und owwe uff der Galerie, da möpselts nach Fromaasch de Brie.« – »Gemüse, Kartoffel und was noch alles, das kriegt man hier in dieser Halle. Und oben auf der Galerie, da riecht es nach Fromage de Brie.« Ob Kurt Tucholsky (1890–1935) diesen Reim kannte? Jedenfalls sorgte er mit seinem Ausspruch: »Der möpselt etwas nach« für Heiterkeit in der Runde. Geschrieben hat der Berliner Journalist und Schriftsteller das Bonmot in seinem Reisebericht »Das Wirtshaus im Spessart« unter dem Pseudonym Peter Panther. Gemeint hat er den leichten Korkgeschmack, der manchen Tropfen anhaftet.

Ob mit oder ohne »möpseln« – in Hessen mangelt es nicht an Spezialitäten und erlesenen Weinen. Eine besondere Rolle spielt hier der **Rheingau**. Die Region bringt nicht nur exzellente Rieslinge hervor, sondern auch so manches Restaurant mit ambitionierter Küche. Zugleich finden sich zahlreiche Lokale und **Straußenwirtschaften**, in denen Gemütlichkeit ebenso großgeschrieben wird wie Gaumengenuss. Auch die Frischkäsespezialität **Spundekäs'** – mit Brezel und einem kühlen **Riesling** serviert – wird im Rheingau zu einer feinen Sache. Zum Inbegriff hiesiger Behaglichkeit hat sich die mittelalterliche Drosselgasse in der Rüdesheimer Altstadt entwickelt – mittlerweile freilich touristisch überlaufen und mit zahllosen Souvenirläden angereichert, für viele dennoch eine bedeutsame Sehenswürdigkeit (www.kulturland-rheingau.de, www.bergstraesser-wein.de).

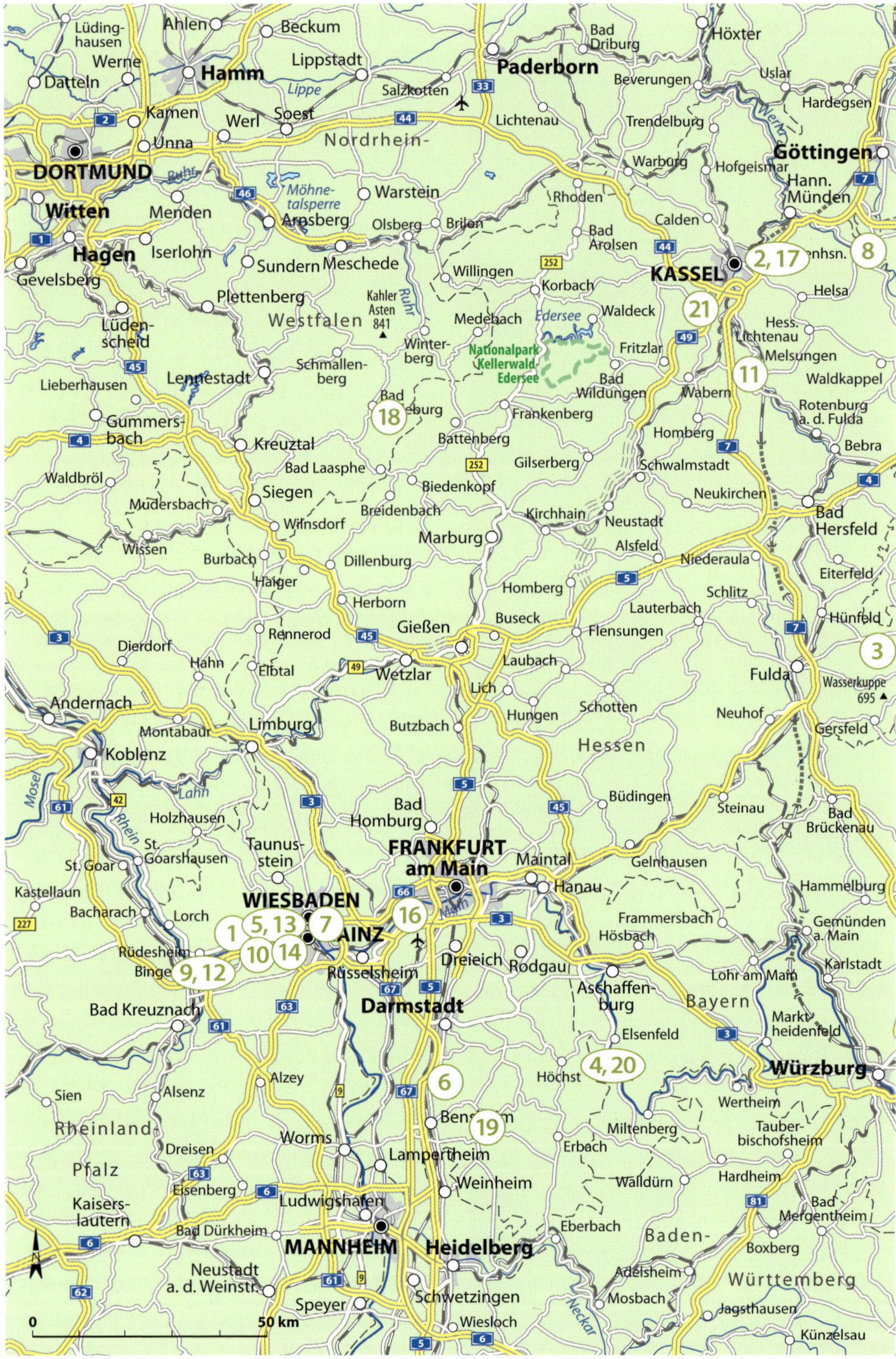

1. Schloss Johannisberg
2. Herbsthäuschen
3. Sonne, Engel, Das Ox
4. Cafe Siefert
5. Rheingau Gourmet- und Wein-Festival
6. Zwingenberger Weinfest
7. Theatrium
8. Kesperkirmes
9. Rüdesheimer Weinfest
10. Rheingauer Weinwoche
11. Nordhessisches Spezialitätenfestival
12. Tage des Federweißen
13. Glorreiche Rheingau-Tage
14. Diefenhardt'sches Weingut
15. Rheingauer Schlemmerwochen*
16. Mosebach
17. Brauhaus Zum Rammelsberg
18. Edelbrennerei Dieter Walz
19. Historisches Gasthaus Zum Grünen Baum
20. Bergsträsser Weinmarkt
21. Brauhaus Knallhütte

* im gesamten Rheingau

Des Rheingauer Winzers liebste Rebsorte: Riesling bringt (meist) fruchtige Weißweine.

1 Riesling und Klebrot

Im Rheingau haben die Winzer Weinbaugeschichte geschrieben: Hier wurde nicht nur im Schloss Johannisberg bei Geisenheim 1775 per Zufall die Spätlese entdeckt, auch ein gewisser Herr Müller aus dem schweizerischen Thurgau züchtete am Ort 1882 eine namentlich mit ihm verbundene Rebsorte. Mit rund 80 % bringt jedoch der **Riesling** den Hauptertrag im Rheingau. Er hat international einen erst klassigen Ruf, vor allem jener besonders elegante von den schieferhaltigen Böden bei Rüdesheim. Eine Sonderrolle nehmen die steilen Hänge bei Assmanshausen ein, wo, einzig am Rhein, zu 90 % Rotwein angebaut wird, darunter ein exzellenter Spätburgunder, der hier **Klebrot** heißt. Die »Rheingauer Weinwoche« in Wiesbaden vermitteln im August auf dem Schlossplatz und dem Dern'schen Gelände einen süffigen Eindruck davon, was die Winzer aus der Region zu leisten vermögen (www.rheingau.de ▸ Veranstaltungen). Wer es weniger turbulent haben möchte, kehrt auf Schloss Johannisberg ein. Neben einer wunderbaren Aussicht lockt die Domäne auf einem Weinberg mit Eiern in grüner Sauce, mariniertem Tafelspitz an Meerrettich und natürlich einer großen Auswahl an Rieslingen.

Schloss Johannisberg, Geisenheim, Gutsrestaurant: Tel. 067 22/960 90, Weingut: Tel. 067 22/70 09 35, tgl. geöffn., www.schloss-johannisberg.de

2 Ahle Worscht

Naturgemäß werden abseits des Rheingaus in Mittel-, Nord- und in Osthessen andere Akzente gesetzt. Im Kasseler Raum, vor allem in Melsungen, hat sich eine Kultur des Slowfood etabliert, die auf Produktqualität ohne künstliche Zusatzstoffe größten Wert legt; was zum Beispiel der nordhessischen Spezialität **Ahle Worscht** – einer lange haltbaren Wurst aus Schweinefleisch, gewürzt unter anderem mit Muskat, Knoblauch und Kümmel – aufs Schmackhafteste zugutekommt (www.landfleischerei-koch.de). Die Ahle Worscht gehört zur regionalen Spezialität wie Handkäs' mit Musik. Wer das zünftige Vesper mit einem kleinen Spaziergang im Habichtswald verbinden will, wird im »Herbsthäuschen« nahe Kassel willkommen geheißen. 2,5 km vom südwestlich vom Herkules entfernt ist es beliebtes Ziel von Wanderern und Ausflüglern. Gerne

Kulinarisches Lexikon

Bethmännchen: Frankfurter Weihnachtsgebäck, benannt nach einer Bankiersfamilie. Die Kugeln aus Marzipan, Mandeln und Rosenwasser werden glasiert und mit drei halbierten Mandeln geschmückt.

Hessische Brotsuppe: Wird aus altbackenem Brot, das zuvor gewürfelt und in Butter angeröstet wurde, sowie Fleischbrühe hergestellt. Hinzu kommen Zwiebeln oder Speck und einige kräftige Gewürze.

Kirschenmichel: Südhessische Süßspeise, deren Teig aus altbackenem Brot, Milch, Butter, Ei und Zucker besteht und mit Kirschen sowie verschiedenen Gewürzen verfeinert und gebacken wird.

Kreppel: Kleine Hefeteigkugeln, in Fett frittiert und anschließend in Zucker gewälzt, werden ohne Füllung genossen.

Rhönschaf: Typische Schafrasse der Region zwischen Hessen, Thüringen und Bayern mit nahezu unbewolltem Kopf. An seinem Fleisch schätzt man die zarte Konsistenz und den würzigen Geschmack.

Salzekuchen: Dem Speckkuchen ähnliches Gericht aus dem Vogelsbergkreis. Die Streichmasse für den Brotteig besteht aus Schmand und gekochten Kartoffeln und wird mit Zwiebeln, Speck, Öl und Gewürzen abgeschmeckt.

Weckewerk: Nordhessische Wurst, die aus gekochten Schwarten, Gehacktem und Fleischbrühe hergestellt und mit alten Brötchen – den Wecken – verlängert wird.

Repräsentative Räumlichkeit: Für die Gala zu den »Glorreichen Rheingau-Tagen« wurde das Weingut Künstler in Hochheim südlich von Wiesbaden feierlich hergerichtet.

labt man sich im »Herbsthäuschen« an einer Portion Ahle Worscht aus der Hausschlachtung mit Gurke, Griebenschmalz und Bauernbrot oder am Hessischen Schmandschnitzel vom Landschwein, mit Bratkartoffeln und Salat. Aber natürlich gibt es auch überregionale Gerichte.

Herbsthäuschen, Ehlener Str. 17, Kassel, Tel. 0561/38882, Di–So 11–18 Uhr, www.herbsthaeuschen.de

3 Rhönschaf und Rhönochse

In Osthessen, im Gebiet der Rhön, hat die Schafzucht Tradition. Das durch seinen schwarzen Kopf charakteristische Rhönschaf gilt als Delikatesse und wurde bereits zu Napoleons Zeiten nach Paris geliefert. Als Spezialität der wasserreichen Region gilt die Rhönforelle, die schon im 18. Jahrhundert lobende Erwähnung fand, später in Andreas Facks bekanntem Rhönlied von 1912. In »Sonne«, »Engel« und »Ox« gelingt Vater Leist und seinen Söhnen – einer davon Koch, der andere Metzger – der Spagat zwischen rustikaler Gemütlichkeit und minimalistischem Ambiente. Ganz oben auf der Karte stehen **Rhöner Weideochse** und **Rhönschaf**, und nicht nur deren Edelteile. Beim beliebten »Ox«-Überraschungsmenü wird die Speisenkarte erst nach dem Dessert gereicht.

Marktstr. 12–14, Hilders, Tel. 06681/9770, Sonne: Mi–So ab 11.30, Engel/Das Ox: Mi–Sa ab 18.30 Uhr, www.leist-sonne-engel.de

4 Hessenpralinen

Was bitte kann an Pralinen typisch hessisch sein? Zum einem der Ort, *wo* sie hergestellt werden: Michelstadt im Odenwald. Zum zweiten, *von wem* sie kreiert

Kulinarischer Kalender

FEBRUAR/MÄRZ

5 Rheingau Gourmet- und Wein-Festival

13-tägige Topveranstaltung im Kronenschlösschen in Eltville-Hattenheim von Ende Februar bis Mitte März: Menüs von internationalen Spitzen- und deutschen Sterneköchen, dazu adäquate, auch regionale Weine; Pauschalpreise, Anmeldung erforderlich.
www.rheingau-gourmet-festival.de

MAI/JUNI

6 Zwingenberger Weinfest

Am Pfingstwochenende wird der historische Marktplatz Schauplatz des Zwingenberger Weinfestes mit den bekannten Weinen der hiesigen Winzer.
www.diebergstrasse.de ▸ Veranstaltungen

JUNI

7 Theatrium

Seit 1978 erfreut das Wiesbadener Wilhelmstraßenfest am ersten oder zweiten Wochenende die Besucher mit Straßenkünstlern, Bands und kulinarisch-süffigen Angeboten an mehr als 140 Ständen.
www.wiesbaden.de ▸ Theatrium

JULI

8 Kesperkirmes

Seit 1966 dreht sich zur Kirschernte im nordhessischen Witzenhausen alles um die hier Kesper genannte Frucht. Am zweiten Wochenende wird die Kirschenkönigin gewählt und der Meister im Kirschsteinspucken. Das Städtchen liegt im sogenannten Kirschenland, wo dem Obst alle kulinarisch denkbare Ehre erwiesen wird.
www.kesperkirmes.de

AUGUST

9 Rüdesheimer Weinfest

Munteres, viertägiges Treiben am dritten Wochenende auf dem Marktplatz mit viel Musik, reichlich Bewirtung und – wie sollte es anders sein – den Ergebnissen örtlicher Winzerkünste.

www.ruedesheimer-weinfest.de

10 Rheingauer Weinwoche

Rund 100 Stände mit Weinen aus dem Rheingau bilden ab dem zweiten Freitag für zehn Tage auf dem Schlossplatz und dem Dern'schen Gelände in Wiesbaden die »längste Weintheke der Welt«.

www.wiesbaden.de ▸ Veranstaltungen

OKTOBER

11 Nordhessisches Spezialitätenfestival

Melsungen hat sich am ersten oder zweiten Sonntag Nahrungsmitteln ohne künstliche Zusatzstoffe verschrieben: Zu den Spezialitäten zählen exzellente Würste, aromatischer Käse oder Leckeres aus Kirschen.

www.nordhessen-geschmackvoll.com

12 Tage des Federweißen

An den letzten beiden Wochenenden wird auf dem Marktplatz in Rüdesheim der neue Federweiße vorgestellt.

www.tage-des-federweissen.de

NOVEMBER

13 Glorreiche Rheingau-Tage

In historischen Gemäuern und gehobenen Restaurants kredenzen regionale Weingüter in der ersten Novemberwoche zu ambitionierten Menüs ihre besten Tropfen. Reservierung erforderlich.

www.vdp-rheingau.de

werden. Im »Cafe Siefert« ist das Sohn Bernd, der schon in der Backstube stand, als er noch nicht laufen konnte. »Unsere Vorfahren kommen aus der italienischen Schweiz, dort wo das Herz der europäischen Zuckerbäckertradition schlug. Vermutlich kamen damals schon die ersten süßen Gene in den Odenwald.«

Seit Jahrhunderten huldigt die Familie der Gastronomie, wobei sich der Wandel zur Konditorei »erst« im Jahr 1967 vollzog. Aber auch *was* hier mit so viel Leidenschaft erstellt wird, darf sich getrost **Hessenpralinen** nennen: eine exklusive Kollektion landestypischer Aromen, die dem Gaumen schmeicheln, mit Ingredienzien aus der Region wie Odenwälder Honig, hessische Äpfel und Kirschen. Der Konditoren-Weltmeister Bernd Siefert hat aber auch bei Pralinen Überraschungen parat: etwa die Geschmacksrichtung Frankfurter Grüne Soße oder eine Füllung aus Hüttenthaler Ziegenkäse bzw. jene mit dem Quittenbrand seines Vaters Wilhelm.

Cafe Siefert, Braunstr. 17, Michelstadt, Tel. 06061/3068, So 10–18, Di 12–18, Mi–Sa 9–18 Uhr, www.cafesiefert.de

14 »Handkäs' mit Mussigg«

Beim Handkäse handelt es sich um ein Produkt aus Sauermilchquark, das ursprünglich, daher der Name, mit der Hand geformt wurde. Schwerpunkt der Produktion ist das mittelhessische Hüttenberg. Als Spezialität gilt die Variante mit »Mussigg«: Der Käse wird hierzu in Essig, Zwiebeln, Öl, Kümmel, Pfeffer und Salz mariniert. Die Anspielung auf die »Musik« bezieht sich – Hessen beweisen immer wieder ihren Humor – auf die durch rohe Zwiebeln bewirkten Verdauungsvorgänge. Im gemütlichen Gastraum oder im Innenhof des **Diefenhardt'schen Weinguts** in Eltville, zwölf Kilometer westlich von Wiesbaden, gehört der Handkäs' mit Mussigg eingelegt in Riesling zu den beliebtesten Speisen. Keinen Appetit? Der Riesling dazu kann natürlich auch ohne Käse genossen werden. Denn hier kredenzt man Prädikatstropfen. Dazu zählt auch der **Spätburgunder**. Außerdem legen Peter Seyffardt und Familie Wert darauf, frische, weitestgehend regionale Produkte zu verwenden und auf Geschmacksverstärker sowie konservierte Lebensmittel zu verzichten.

Diefenhardt'sches Weingut, Hauptstr. 9–11, Eltville, Tel. 06123/71490, Di–Sa ab 17 Uhr, www.diefenhardt.de

15 Rheingauer Schlemmerwochen

Mehr als 100 Lokale und Winzer, viele davon Straußenwirtschaften, locken im Rheingau zwischen Flörsheim am Main und Lorchhausen am Rhein im Frühling zu Gaumenfreuden wie Forelle oder Spundekäs'. Dazu werden junger Wein und Sekt des Vorjahres offeriert. Dem kulturellen Appetit kommen Musik, Literatur und Vorträge entgegen.

Letzter Fr im April bis erster So im Mai, Rheingau-Taunus Information, Tel. 06723/99550, www.rheingau.de ▸ Veranstaltungen

16 »Grie Soß« oder »Griene Soße«

Süd- und Nordhessen sind sich nicht immer grün, und nirgendwo wird dies deutlicher als bei ihrem Nationalgericht, der Grünen Sauce. Ihre Rezeptur erhitzt Gemüter, in ihrem Namen locken Festivals (www.gruene-sosse-festival.de), und Frankfurt-Oberrad ziert sogar ein Denkmal. Es symbolisiert die Kräuter einer Frankfurter **Grie Soß**: Borretsch, Kerbel, Kresse, Petersilie, Pimpinelle, Sauerampfer und Schnittlauch, die per Hand zerkleinert in Sauerrahm, Schmand oder hausgemachter Mayonnaise aufgerührt werden. Puristen halten sie übrigens nur für original, wenn die Kräuter aus Oberrad stammen.

In der Nordhessischen **Griene Soße** ersetzen Dill und Zitronenmelisse Kerbel und Kresse, die gekochten Eier werden fein gehackt hinzugefügt. In Kassel der Triumpf des guten Geschmacks, in Frankfurt ein Frevel. Insider sprechen sogar von einem Dilläquator, der Hessen teile. Garantiert südhessisch wird die Regionalküche im Mosebach in Frankfurt interpretiert, zu Kartoffelrösti, mit Ei und Bratkartoffeln, auch zum panierten Schnitzel. Aber egal wo und wie: »Lassen Sie's sich schmegge!«

Mosebach, Frankfurt, Sandweg 29, Tel. 069/493 03 96, tgl. 17–24 Uhr, www.mosebach-gaststaette.de

17 Rippchen

Wichtig: Die hessischen Rippchen heißen nicht Kassler! Der Unterschied besteht darüber hinaus in der Herstellung. Während Kassler gepökelt und geräuchert sind, bestehen etwa **Frankfurter Rippchen** aus gepökelten Schweinekoteletts, die in Fleischbrühe oder Sauerkraut gegart werden. Sie munden daher milder als klassische Kassler. Rustikal in Einrichtung und Menü ist der »Gasthof Rammelsberg«, mit viel Holz, ein wenig Messing, schwarzen Tischen und einer Theke, die direkt mit dem Brauhaus verbunden ist. Die Küche offeriert Spanferkelbraten, Grill-Rippchen und weitere hessische Spezialitäten.

Brauhaus Zum Rammelsberg, Rammelsbergstr. 4, Kassel, Tel. 0561/3162730, Mo–Sa 17–24, So 12–24 Uhr, www-zum-rammelsberg.de

18 Edle heimische Tropfen

Tradition trifft Moderne. Das Kernstück der Brennerei Dieter Walz ist eine fortschrittliche Technologie, die es erlaubt, das Aroma der Früchte unverfälscht einzufangen und im Destillat zu binden. Das kann natürlich nur bei Früchten aus der Region gelingen, wenn das Obst vollreif geerntet und frisch verarbeitet wird. Dafür eignen sich natürlich am besten die Früchte der eigenen Streuobstwiese im unterhalb gelegenen Glattbach und von anderen Odenwälder Wiesen. Wer sich selbst überzeugen will, macht eine Führung mit dem Inhaber Dieter Walz und verkostet einen »Apfel-« oder »Holunderwalzer«, delektiert sich am Aperitif »Bohnelle« oder am »Quittenlikör«. So viel Leidenschaft wird prämiert, etwa mit dem Hessischen Staats-Ehrenpreis für Edelobstbrände und zahlreichen Medaillen bei der Landesprämierung in Neustadt an der Weinstraße.

Edelbrennerei Dieter Walz, Tucholskyweg 6, Fürth/Odw., Tel. 06253/23280, Di, Do 17–18.30, Sa 10.30–12 Uhr und nach tel. Vereinbarung, www.apfelwalzer.de
▸ brennereibesichtigung-verkostung.php

19 Riesling und Lamm

Einen kleinen Gegenpol zum Rheingau setzt die Hessische Bergstraße. Sie erstreckt sich südlich von Darmstadt bis Heppenheim am Westhang des Odenwaldes und ist mit nur 440 ha eine kleine, aber feine Weinregion. Die Jahresproduktion macht nur 0,3 % der deutschen Herstellung aus. Ihr **Riesling** gilt jedoch als vorzüglich, ebenso wie der zunehmend angebaute **Spätburgunder**, der etwa bei Heppenheim auf einem Viertel der Rebstöcke heranreift. Schon zur Osterzeit lassen sich vor Ort die Weine von der Hessischen Bergstraße bestens mit den schmackhaften Gerichten der **Odenwälder Lammwochen** (www.lammwochen.de) kombinieren. Das historische Gasthaus »Zum Grünen Baum« steuert außergewöhnliche Kreationen zur Lammwoche bei, etwa: Ravioli mit Zitronen-Lammhack-Füllung auf buntem Pfannengemüse, Lammkoteletts mit Limonen-Kapern-Dressing an warmem Linsensalat oder Lammkeule an Umstädter-Dornfelder-Sauce mit Mangoldgemüse und Kartoffelstrudel. Wer könnte da schon widerstehen?

20 Bergsträsser Weinmarkt

In Heppenheim dreht sich zehn Sommertage lang alles um Wein. Auf dem Marktplatz mit herrlichen Fachwerkfassaden und in der historischen Altstadt finden zahlreiche Musikveranstaltungen statt. Regionale Spezialitäten sorgen fürs leibliche Wohl, Weinbuchten laden zu Kostproben örtlicher Provenienz wie Riesling und Spätburgunder ein.
www.bergstraesser-weinmarkt.de

Historisches Gasthaus Zum Grünen Baum, Große Gasse 17, Michelstadt, Tel. 06061/2409, Di–So 11.30–21 Uhr, www.gruenerbaum-michelstadt.com

21 Naturtrübes Hütt-Bier

Zur **Knallhütte** in Baunatal gehört auch die letzte Familienbrauerei Nordhessens: Kenner empfehlen das **naturtrübe Hütt**, »vollmundig, unfiltriert und mit wertvoller Bierhefe«, so die Eigenbeschreibung. Hier wurde Dorothea Viehmann geboren, der die Brüder Grimm eine Vielzahl ihrer Märchen zu verdanken haben. Die »Knallhütte« weiß um dieses »Pfund« und lädt zu Märchenstunden in historischen Gewändern. Dazu ein Naturtrübes und kräftig-deftige Gerichte. Und wer einfach nicht satt wird, ruft: »Tischlein deck dich« – und prompt wird nachgelegt.

Brauhaus Knallhütte, Knallhütte 1, Baunatal, Tel. 0561/492076, Mo–Do 11.30–23, Fr bis 24, So bis 22 Uhr, www.knallhuette.de

Frankfurt
kulinarisch entdecken

Regionale Küche, modern interpretiert: Neben dem »Imbiss« lädt Gastronom Kay Exenberger auch in »Die Werkskantine« in der Frankfurter Klassikstadt.

Gobal handeln, lokal essen und trinken. Für kaum eine andere deutsche Stadt gilt das so sehr wie für »Mainhattan«. Wie gut sich internationales Publikum mit regionaler Kulinarik verträgt, kann man am besten in den Apfelweinkneipen beobachten. Wobei das hochdeutsche Wort nicht die Aura eines echten »Äppelwoi-« oder »Ebbelwoi«-Lokals zu transportieren vermag. Wer noch nie einen **Handkäs' mit Mussigg** (würziger Käse mit Essig und Zwiebeln) probiert hat, bringt sich um einen würzigen Genuss. Legendär, quasi identitätsstiftend ist die **Grie Soß**, die **Grüne Sauce**, von der sich hartnäckig das Gerücht hält, es wäre die Lieblingsspeise des berühmtesten Sohnes der Stadt, Johann Wolfgang von Goethe, gewesen. Mitnichten, meinen Literaturwissenschaftler, zu dieser Zeit gab es die Sauce noch gar nicht, fügen aber versöhnlich hinzu: Wenn es sie gegeben hätte, der Meister hätte sie gemocht.

Der Äppelwoi wird stilecht im »Bembel« gereicht, einem Tonkrug, der bis zu zwölf Gläser fasst und der den Inhalt, von Einheimischen auch gerne »Stöffche« genannt, kühlhält. Die passenden Gläser nennt man aufgrund ihrer Rautengravur »Gerippte«. Äppelwoi-Lokale sind gemütlich und bieten bezahlbare Gerichte an. Das lockt Banker ebenso an wie Studenten, Gäste ebenso wie Einheimische, deren hessisches Gebabbel sich nach dem Genuss eines Bembels wie ein wunderbares Grundrauschen anhört. Regionale Spezialitäten werden hier gehegt und gepflegt, entweder ganz traditionell oder neu und ohne Scheu mit internationalen Zutaten interpretiert. So lecker kann Integration schmecken.

Sauer macht lustig: Hessen sind wegen Handkäs', Äppelwoi und Sauerteigbrot gut drauf.

1 Frankfurter Rindswurst

Hessische Spezialitäten können manchmal ziemlich üppig werden, pikant und deftig der Handkäs', süß und schwer der Frankfurter Kranz. Dass es auch etwas anders geht, beweist die Küche im »Main Nizza«. Das Restaurant gehört zu Frankfurts Schokoladenseiten, mit Blick auf Fluss und Museumsufer. Auf die Teller kommt Gutbürgerliches im besten Sinn – die **Frankfurter Rindswurst**, rotbraun in der Farbe, würzig im Geschmack und knackig im Biss. Auch das Handkäs'-Tatar, gewürzt mit Vinaigrette und Kümmel, dazu knusprige Reibekuchen, ist Reverenz an lokale Tradition. Es gibt aber auch Wiener Schnitzel mit perfekter Knusperpanade sowie geeisten Frankfurter Kranz ohne schwere Buttercreme – Dankeschön! Auch für die einladende Veranda-Terrasse und den Ausflugsgarten im Erdgeschoss.

Main Nizza, Untermainkai 17,
Tel. 069/26 95 29 22, tgl. 11.30–1 Uhr,
www.mainnizza.de

2 Hessische Spezialitäten

Das Lokal zählt zu den traditionsreichsten im Frankfurter Apfelweinviertel Sachsenhausen – wegen seiner Schoppen, aber auch wegen seiner Fresken. Der Künstler Hans Schneider schuf 1950 und 1951 große Teile der Innengemälde. Auch die Außenwände und der Innenhof sind mit bunten Bemalungen verziert. Sie zeigen idealisierte Szenen aus dem ursprünglichen Sachsenhausen sowie typische Landschaftsporträts aus der Mainregion und dem Rheingau. Auf einigen Wänden ist der Name Alfred Ullmer verewigt, der 1936 die Gastwirtschaft übernahm und dessen Tochter Ingrid Hanauske gemeinsam mit Enkelin Iris Vec das Haus heute noch führt. Wer zu fairen Preisen traditionelle hessische Gerichte wie Frankfurter Grillrippchen oder Haspel – Eisbein – mit Kraut und Brot genießen möchte, ist hier genau richtig. Und natürlich darf auch die berühmte »Grie Soß« nicht fehlen, im »Gemalten Haus« in Kombination mit Rindersolber (gepöckeltes Rindfleisch) oder Rinderbrust.

Zum Gemalten Haus, Schweizer Str. 6,
Tel. 069/61 45 59, Do–So 10–24 Uhr,
www.zumgemaltenhaus.de

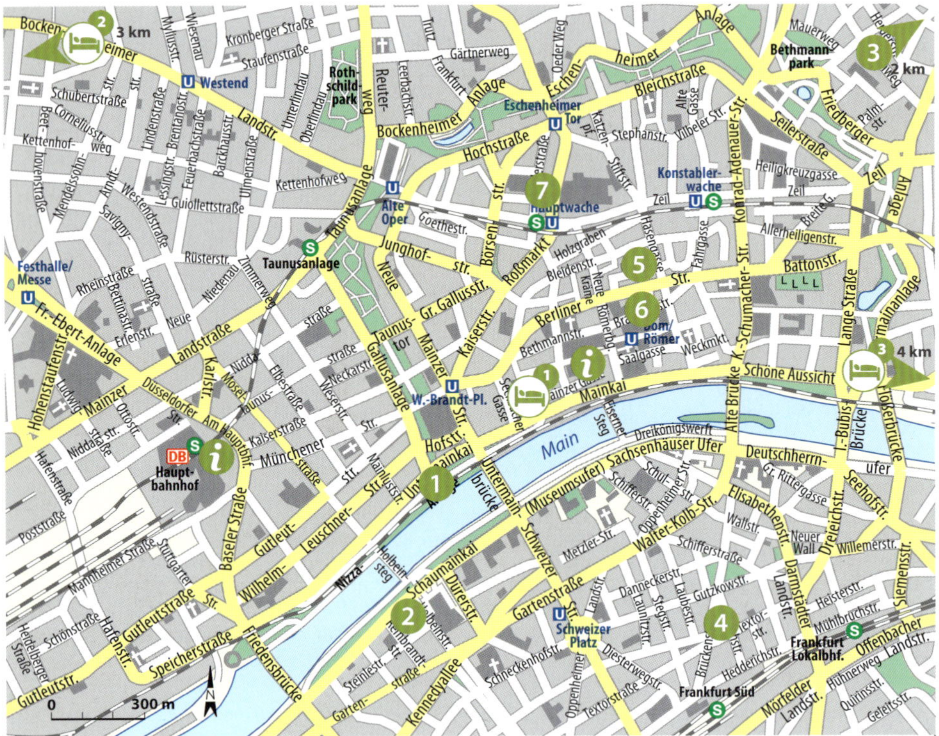

1 Main Nizza
2 Zum Gemalten Haus
3 Wolfgang's
4 Exenberger, der Imbiss
5 Kleinmarkthalle
6 Bitter & Zart
7 Metzgerei & Feinkost Ebert

Hotel 1 Steigenberger Frankfurter Hof
Hotel 2 Radisson Blu
Hotel 3 25hours Hotel The Goldman

3 Handkäs' Punk

Goethe hätte den Apostroph im Restaurantnamen von »Wolfgang's« ebenso goutiert wie die Speisen in diesem Lokal. Denn zur Zeit des Dichterfürsten war das Häkchen noch üblich. Und der Meister schätzte die einfache Küche, insofern ist die Hommage an »Wolfgang« durchaus gerechtfertigt. Nur bei seiner Spezialität, dem Handkäs', verzichtet das »Wolfgang's« auf den Apostroph. Dennoch heizt der **Handkäs' Punk** (rote Zwiebeln, Chiliöl, Balsamico und Peperoni) so richtig den Kreislauf an. Der »Handkäs mit Blues« überrascht mit Trüffelöl, Beerenjus und rosa Pfeffer, jener mit dem Beinamen »Folk« mit Mandelpesto und Pinienkernen.

Wolfgang's, Im Prüfling 28,
Tel. 069/94507050, Mo–Sa 10–1,
So 10–24 Uhr, www.wolfgangs-frankfurt.de

4 Äppelwoi to go

Äppelwoi und Handkäs' to go – wie geht das zusammen? Das »Exenberger« zeigt, dass schnelle Zubereitung und traditionelle Kost eine wunderbare Allianz eingehen können. Wer es eilig hat, holt sich sein Carepaket ab (am besten noch mit telefonischer Vorbestellung). Die Wirte sind außerdem überzeugt, dass hessische Spezialitäten auch leicht verdaulich sein können. Da ist es schon kaum mehr überraschend, dass auch das Ambiente modern und stylish daherkommt. Unverändert ist »nur« der Anspruch an Qualität und die Frische der Zutaten.

Exenberger, der Frankfurter Imbiss, Bruchstr. 14, Tel. 069/63390790, Mo–Sa 11–23 Uhr, www.exenberger-frankfurt.de

5 Kleinmarkthalle

Schön ist etwas anderes. Aber genau das macht diesen Markt und den 1950er-Jahre-Bau so sympathisch. Denn hier zählt der Inhalt, nicht die Fassade. Und das wissen die Frankfurter zu schätzen und zu verteidigen. Als ein Dezernent an Abriss dachte, erhob sich ein Sturm der Entrüstung und brachte die Pläne zu Fall. Hier geht es gleichermaßen urhessisch und schnoddrig wie international zu, das gilt auch für das Sortiment: Neben regionalen Produkten wie Gref-Völsings-Wurst oder den letzten Steinpilzen der Saison gibt es auch Exotisches aus aller Welt.

Kleinmarkthalle, Hasengasse 5–7, Mo–Fr 8–18, Sa 8–16 Uhr, www.kleinmarkthalle.de

❻ Frankfurter Kranz

Dieser Klassiker ist in Zeiten von Light-Produkten ein wenig aus der Mode geraten. Denn die kranzförmige Torte aus mehreren Lagen Sand-, Wiener- oder Biskuitteig wird mit Buttercreme gefüllt, von außen bestrichen und mit Krokant bestreut. Tupfen der süßschweren Creme und Maraschino-Kirschen schmücken abschließend das Zuckerwerk. Und lassen Raum für Variationen: Eierlikör oder Wein runden den Teig ab, Mokka oder Vanille verfeinern die Creme, Konfitüren oder Schokoladenfüllungen werden ergänzt. Nicht von ungefähr erinnert die Ringtorte mit goldenem Krokant und rubinroten Kirschen an eine Krone. Frankfurt war einst Krönungsstadt, das Originalrezept hat vermutlich 1735 ein unbekannter Konditor kreiert. Nicht ahnend, dass seine Hommage, der »Frankfurt Crown Cake« oder »Couronne de Francfort« weit über Hessens Grenzen hinaus bekannt werden würde. Wer den Klassiker in echtem Kaffeehausambiente genießen möchte, kann dies im **Bitter & Zart** tun. Dort bekommt man auch kleine Portionen der süßen Sünde.

Bitter & Zart, Braubachstr. 14,
Frankfurt, Mo–Sa 10–19, So 11–18 Uhr,
Tel. 069/94 94 28 46,
www.bitterundzart.de

Frisches aus der Region und Exotisches aus der Welt: In der Kleinmarkthalle zwischen Paulskirche und Konstablerwache geht es trotzdem urhessisch und manchmal schnoddrig zu.

7 Frankfurter Würstchen

Die bereits im 13. Jahrhundert erstmals in Dokumenten erwähnten Frankfurter Würstchen sind Brühwürste aus Schweinefleisch im Saitling vom Schaf, der mit verzehrt wird. Sie dürfen auf keiner Speisekarte in der hessischen Metropole fehlen. Am besten schmecken dazu Senf oder Meerrettich sowie Brot aus Sauerteig. Obwohl die Zutaten herzlich einfach sind, ist Würstchen nicht gleich Würstchen. Kenner schmecken durchaus, wo echte Qualität drinsteckt: Die Metzgerei & Feinkost Ebert beispielsweise hat beim **Würstchen-Festival** (www.frankfurter-wuerstchen-festival.de) den ersten Preis für ihre Frankfurter bekommen. Neben dem Stammhaus in der Großen Eschenheimer Straße bietet Ebert seine »Sieger-Würstche« auch in den zwei Filialen in der Großen Bockenheimer Straße, besser bekannt als »Fressgass«, an. Die Würstchen gibt es natürlich auch beim **Fressgassfest**. In der ersten Juni-Woche verzeichnen die Geschmacksnerven in der Fußgängerzone zwischen Kultur (Alte Oper) und Finanzwelt (Börse) eine Woche lang Hochkonjunktur. Zu lokalen wie internationalen Gaumenfreuden geben zahlreiche Künstler den Ton an.

Metzgerei & Feinkost Ebert, Große Eschenheimer Str. 5, Tel. 069/1338710, Mo–Fr 8.30–19 Uhr, www.ebert-feinkost.de

Hotels

1 Steigenberger Frankfurter Hof

Luxuriöses Refugium im Herzen der Altstadt, 1876 erbaut, nun von Banktürmen umgeben. Glamouröse Zimmer und Suiten, angegliedert ein weitläufiger Fitness- und Day-Spa-Bereich mit Hamam, Sauna und waschechtem Barbier. Das französische Gourmetrestaurant ist von Michelin und Gault Millau dekoriert, Rauchgenuss wird stilecht im »Cigarrum« zelebriert.

Am Kaiserplatz, Tel. 069/21502, ab 200 €, www.steigenberger.com ▸ Frankfurt ▸ Steigenberger ▸ Frankfurter Hof

2 Radisson Blu

Gläserner Designpalast, vom Italiener Matteo Thun entworfen, in Messenähe gelegen, daher aus einigen Zimmern und beim Schwimmen im Innenpool schöner Blick auf die Skyline. Zentrum und Flughafen schnell per Auto oder Tram erreichbar.

Franklinstr. 65, OT Bockenheim, Tel. 069/7701550, ab 99 €, www.radissonblu.de ▸ Hotel Frankfurt

3 25hours Hotel The Goldman

Designhotel, Frankfurter Ostend: bunt, kosmopolitisch im kreativen New-York- und Vintage-Stil mit Restaurant, Bar, Terrasse. Individuelle von regionalen Künstlern gestaltete Nichtraucherzimmer. Sehr cool: kostenloser Verleih von einem Mini, Fahrrädern, iPads und iPods.

Hanauer Landstr. 127, Ostend, Tel. 069/40586890, ab 64 €, www.25hours-hotels.com

1. Deutsche Grill- & BBQ-Schule 78
1. Deutsches Bratwurstmuseum 77, 78

A
Aachener Printen 162
Aal 28
Aal grün 55
Absinth 63
Abtshof Magdeburg 63
Ahle Worscht 177
Ahr 143
Ahrberg 18
Ahrtaler Rehsauerbraten 145
Aischgründer Bierstraße 87
Aischgründer Karpfenmuseum 93
Allgäuer Spezialitäten 102
Alsterwasser 19
Alt 162, 171
Alt-Aachener Café-Stuben Van den Daele 162
Alt-Berliner Wirtshaus 56
Altenburger Ziegenkäse 80
Altmärkische Hochzeitssuppe 61
Altmühltaler Lamm 92
Altstadtfest Kaiserslautern 154
Altstaufner Einkehr 105
Ammerländer Schinken 36
Annafest 91
Apfel-Flammkuchen 117
Apfelküchle 115
Apfel- und Kartoffelfest Erbringen 140
Äppelfleisch 146
Äppelwoi 184
Arme Ritter 25
Auerbachs Keller 72
Auer Dult 108
Auszogne 102

B
Babbeler 41
Bäckerei Seel 92
Bäckerei und Konditorei, Café Müller 119
Backstaakäs 91
Baden 112 ff
Badische Weinmesse 117
Baggers/Bäggersla 91
Bahlsen Fabrikladen 34
Bahlsen-Kekse 32
Bamberger Hörnla 92
Bamberger Rauchbier 87
Bambes 69
Bar Convent Berlin 57
Bärwurzschnaps 105
Bauernkäserei Wolters 49
Baumblütenfest in Werder 51
Baumkuchen 51, 63
Bautzener Senfwochen 70
Bautz'ner Senf 69
Bayerischer Leberkäs(e) 102
Bayerisches Brauereimuseum 88
Bayerische Staatsbrauerei Weihenstephan 101
Bayern 98 ff
Beck's Besucherzentrum 42
Beck's Bier 42
Beelitzer Spargel 50
Benders Marie 173
Bergedorfer Landmarkt 17
Bergische Kaffeetafel 159
Bergkirchweih 91
Bergsträsser Weinmarkt 181
Berlin 52 ff
Berliner 55
Berliner Bratwurstmeisterschaft 51
Berliner (Pfannkuchen) 146
Berliner Schnitzel 56
Berliner Weiße 55
Berlin Food Week 57
Besenwirtschaft 116, 128
Besenwirtschaft Reinhard Beck 128
Bethmännchen 177
Bettsäächer-Tage 138
Bibbelsches Bohnesupp 139
Bibiliskäs/Bibbeleskäs 115
Bierbrunnenfest Lübbecke 164
Bierfranken 85
Biergärten 103
Bierkeller 88
Biersuppe 80
Bier- und Oktoberfestmuseum 109
Binger Winzerfest 149
Bio-Bulette 54
Biohotel-Restaurant Rose 126
Bio-Käse 50
Bio-Kekse 63
Bio-Speiseeis 49
Birnen 12, 18
Bismarckhering 26
Bitburger-Brauerei-Ausschank 149
Bitter & Zart 185
Blauer Spätburgunder 81
Blauer Zweigelt 81
Blaue Zipfel 91
Blaufränkisch/Lemberger 124
Bliesgau-Lammwoche 139
Blutwurst, gebratene 164
Bodenseefelchen 118, 130
Bohnen und Speck 12, 18
Bollenmarkt 65
Born Senf 78
Born Senf-Laden & Senf-Museum 79
Bötel 63
Boudin 137
Brägele 113, 115, 116
Brandenburg 46 ff
Brandenburger Schlachtefest 51
Brandenburger Spezialitätenmarkt 51
Bratwurstgipfel 89
Bratwurstiade 81
Brauereimuseen 88
Brauerei Schlenkerla 87
Brauhaus am Waldschlösschen 75
Brauhaus Goslar 32
Brauhaus Knallhütte 181
Brauhaus Lüdde 65
Brauhaustour 169
Brauhaus Zum Rammelsberg 181
Braunbier Pubarschknall 65
Braune Blätter 40
Braune Kuchen 19
Braunkohl 41
Bräustüberl Weihenstephan 101
Bregenwurst 61
Bremen 38 ff
Bremer Kaffeebrot 41
Bremer Kajenmarkt 41
Bremer Ratskeller 42
Brezel Bäck 128
Brezn 102, 107
Brocke 61
Buchweizenblütenfest 34
Buchweizentorte 31
Büdchen 169
Budeng 136, 137
Buebespitzli 115
Bühler Zwetschgenfest 118
Buletten 56
Burg-Bäckerei & Lebküchnerei Düll 95
Burgers & Hip Hop 53
Bürgerspital Weinhaus 90
Burgstuben Residenz 161
Burgunder 115, 116
Buttermilchsuppe 23

C
Cabernet Dorsa 81
Café Confiserie Sixt 153
Café Hartmann 69
Café Kandler 71
Café Kruse 63
Café Niederegger 13
Café Schinkelwache 69
Cafe Siefert 179
Casteller Weinfest 87
Champagner 135
Chardonnay 117
Cheese Berlin 57
Chemnitzer Weindorf 70
Chiemseefisch 104
Christkindlesmarkt 97
Churrasco 149
Clevner 115
Cottbuser Baumkuchen Manufaktur 51
Craft Spirits Festival Destille Berlin 57
Currywurst 54, 96, 164

D
Dallmayr 108
Dampfnudeln 155
Danziger Goldwasser 34
Das Haus am Landtagsplatz 32
Das Köchequartett 162
Das Ox 178
Das Spießbratenhaus – Restaurant Alte Kanzlei 149
Datsch/Detscher 80
Deichlamm 12
Deidesheimer Weinkerwe 154
Dessauer Speckkuchen 61
Deutscher Sekttag 63
Deutsches Haus 49
Deutsches Weinlesefest 156
Deutsche Weinstraße 154
Dibbekoche 149
Dibbelabbes 139
Die Bauernstube 136
Diefenhardt'sches Weingut 179
Dippehas 145, 146
Dippekoche 146
Dithmarscher Kohltage 10
Dominosteine 71
Döner 55
Döppekooche 162
Dornfelder 143
Dorsch 25
Drei im Weggla 96

Dresdner Eierschecke 69
Dresdner Herrenkonfekt 71
Dresdner Stollen 73
Dresdner Stollenfest 75
Dröppelminna 159
Dr. Quendt Werksverkauf 71
Drübbelken 164
Dubbeglas 152, 155
Ducksteiner 31
Dürkheimer Wurstmarkt 152
Düsseldorf 170 ff

E

Echter Nordhäuser Traditionsbrennerei 81
Edelbrennerei Dieter Walz 181
Eibauer Bierzug 70
Eichsfelder Feldgieker 80
Eichstätter Fischerfest 105
Eierkuchen 55
Eikspon 25
Einbecker Hoffest mit Mai-Ur-Bock-Anstich 34
Eiswein 148
Eis-Zauberei 49
Elbling 144
Elisenlebkuchen 95
Emder Matjestage 36
Em Golde Kappes 168
Engel 178
Erbsen 163
Erbsensuppe 163
Erbspüree 55
Erfurter Schittchen 80
Erfurter Weinfest 81
Erlebnistag Deutsche Weinstraße 154
Espargo 91
Essen … verwöhnt 164
Esslinger Zwiebelfest 131
Europäisches Spargelmuseum 101
Exenberger 184

F

Federweißer 155
Federweißerfest Bad Hönningen 147
Feldmann's Bierhaus 43
Fest des Federweißen 154
Filderkrautfest 125
Finkenwerder Scholle 19
Fisch 118, 172
Fischbrötchen 15
Fischerfest 12
Fischerfest in Gaffelrigg 26
Fischerfest in Lychen 51
Fischer-Hütte 25
Fischerkreidag 32
Fischhandel und Räucherei Henry Rasmus 26
Fischmarkt Burbach 140
Fischmarkt St. Pauli 18
Fischtival 35
Fisch- und Waldfest Moritzburg 70
Fisch- & Wildtage Feuchtwangen 88
Flädlesuppe 105
Fleeschknepp 156
Fliederbeersuppe 19
Flunder 25
Food Market Hamburg 17
Forelle 118
Forellenstüble 118
Franken 84 ff
Frankenwein 90
Frankfurt 182 ff
Frankfurter Kranz 185
Frankfurter Rindswurst 183
Frankfurter Rippchen 181
Frankfurter Würstchen 186
Fränkische Feinschmeckermesse 88
Fränkischer Spargel 91
Fränkisches Brauereimuseum 88
Franzbrötchen 21
Freiberger Bauerhase 71
Freiberger Eierschecke 69
Freiburger Weinfest 117
Fressgassfest 186
Friesentorte 9
Friesisches Brauhaus zu Jever 36
Fürst-Pückler-Eis 50

G

Gaisburger Marsch 131
Gambrinus trifft Bacchus 57
Gänsedieb 69
Gänseflomen 25
Gänsespickbrust 25
Gasthaus Kuntzer's Öxle 127
Gasthaus Rottner 97
Gasthof Lumpzig 79
Gasthof zum Kaiser Friedrich 43
Gasthof zur Post 164
Gaststätte Großmarkthalle 110
Gâteau Sonnora 149
Gebrannte Mandeln 97
Gebreedelde 155, 156
Gefillde 136
Gefüllte Schmorgurke 50
Geheirade 136
Gerupfter 88, 91
Geschmorter Rippenbraten 23
Gewürzbitter 80
Gewürztraminer 117
Gimmeldinger Mandelblütenfest 155
Gipfeltreffen der Weine 125
Glasbläserei Jung 152
Gläserne Molkerei 50
Glorreiche Rheingau-Tage 179
Glückstädter Matjeswochen 12
Glück und Seligkeit 163
Glühwein 97
Goldriesling 72
Gommeraner Burgbräu 65
Gose 75
Gosenschenke »Ohne Bedenken« 75
Goslarer Gose 32
Göttinger Feldkieker 31
Gottorfer Landmarkt 11
Gourmetmeile Minden 163
Gräflicher Landsitz Hardenberg 34
Grand Schlemm auf Usedom 26
Grauburgunder 115, 117, 144
Gräwes 146
Greußener Salami 80
Griene Sauce 180
Grie Soß 180, 183
Grieweworscht 155, 156
Gröner Hein 31
Grote Hans 8
Grumbeere 136, 149, 156
Grumbeere/Grumbiere 155
Grumbeerschniedscher 149
Grumbeersupp mit Quetschekuche 155
Grüne Klöße 68
Grüner Hering 9
Grüne Soße 180, 183
Grünkohl 35
Grupfter 146
Gschwelldi 113
Gutedel 115
Gutsschänke im Staatsweingut 130

H

Haake-Beck Bier 43
Hachez Chocolatier, Schokolade 40
Hackepeter 55
Hafenfest Karlshagen 26
Halberstädter Werksverkauf 61
Halberstädter Würstchen 61
Hallertauer Spargelwochen 105
Halloren Schokoladenmuseum 62
Halve Hahn 168
Hamburg 14 ff
Hamburger Apfeltorte 19
Hamburger National 18
Hamburg Ganz(s) weihnachtlich 17
Hamburg Kulinarisch 17
Hämmerles Restaurant 137
Handkäs' 184
Handkäs mit Musik 146
Handkäs' mit Mussigg 179, 183
Handkäs' Punk 184
Hannoversches Zungenragout 31
Hardenberger Kornbrennerei 34
Harzer Gehacktesstippe 61
Harzer Käse 34
Hasbergscher Hof 31
Hasir 56
Hausbrauerei Feierling 118
Hausmacher Wurst 151
Hausmannskost 135
Havel-Zander 49
Haverland Volkornbäckerei 163
Hecken-/Häckerwirtschaften 91
Heidschnucken 31
Heidschnuckenbraten 32, 33
Heilbronner Weindorf 125
Heiner's 164
Heinrichsthaler Camembert 69
Heißwecken 31, 41
Helles 102
Hendl 109
Herbsthäuschen 178
Herbst- und Weinfest in Radebeul 72
Heringswochen auf Usedom 25
Herrmannsdorfer Landwerkstätten 102
Hessen 174 ff
Hessenpralinen 178
Hessische Brotsuppe 177
Himmel un Äd 168
Himmel un Ähd (und Erde) 162
Historisches Gasthaus Zum Grünen Baum 181
Historische Weinwirtschaft 145
Hochwälder Kartoffeltage 140
Hochwälder Wildwoche 139
Hofbräuhaus 108
Hoffest im Landesweingut 65
Hofgut Steinbachhof I 124
Hof Oelkers 17
Hof Schwarzes Moor 33
Hölder 59

Holsteiner Katenschinken 9
Holsteiner Sauerfleisch 9
Holtseer Käse 12
Homburger Weinfest 88
Hoorische 136
Hoorische Knepp 155
Hornfisch 25
Hotel Atlantic Kempinski 16
Hotel Bareiss 131
Hotel Krone 157
Hotel Restaurant am Försterberg 31
Hubertus Vallendar 147
Hüllerchen 80
Hummersuppe 16
Husumer Krabbentage 12
Hütesfest 81

I
Ingelheimer Rotweinfest 147
Inselhopf 118
Internationale Grüne Woche Berlin 57
Internationaler Saumagenwettbewerb 156
Internationales Berliner Bierfestival 57
Iphofen 88
Isemarkt 17

J
Jagdschloss Gelbensande 25
Jägermeister 28
Jessener Wein 60, 61
Jever 36
Josef Jakobs Spargelhof 50
Jungweinwochen 63

K
Kabeljau 17
KaDeWe (Kaufhaus des Westens) 54
Kaisertafel 156
Kappelner Fischmarkt 11
Kappes-Terdich 146, 149
Karpfen 93
Kartoffeln 92
Kartoffel-Restaurant Kiste 149
Kartoffelsuppe mit Apfelkuchen 139
Käse aus dem Elbtal 75
Käse- & Gourmetfest 105
Käserei Holtsee 12
Kasseler mit Sauerkraut 56
Kässpätzle/Kässpatzen 105
Kerner 81
Kerschdscher 136
Kerscheplotzer 155
Kerwa 91
Keschde 155
Keschdewoche 154
Kesperkirmes 178
Kieler Sprotten 8
Kieler Woche mit internationalem Markt 8
Kilwiküchle 115
Kipfla 91
Kirchweih 105
Kirschenmichel 177
Kirschenplotzer 115
Klaben 41
Klebrot 177
Kleinmarkthalle , Frankfurt 184
Klemmkuchen 50
Kliebensuppe 25
Klöben 19
Klosterschenke Weltenburg 101
Kluten 41
Knepp 155
Knieperkohl 49
Knipp 43
Knoblauchsmittwoch 63
Knödel 102
Knöpfle 113, 115
Kohl 9, 163
Kohlosseum 9
Kohlroulade 164
Köln 166 ff
Kölsch 162, 167
Kölsche Kaviar 162
Konditorei und Café Erbshäuser 111
Konnopke's 55
Kööm 19
Kopenhagener 19
Köstritzer Brauereibesichtigung 80
Köstritzer Brauereifest 81
Köstritzer Schwarzbier 80
Köthener Schusterpfanne 61
Kottenbutter 162
Kratzete 113, 115
Kräutermarkt Niedersonthofen 105
Kren 92
Kreppel 177
Kreppelscher 146
Krombacher 163
Krommbeer 136
Krüstchen 162
Kuchen- und Brunnenfest 125
Kulinarischer Weinwandertag Bühlertal 118
Kulmbacher Bierwoche 88
Kupferberg Terrassen 148
Kurfürstenschänke anno 1708 73

L
Laabla 91
La Bastille 139
Läberle 113
Labskaus 18, 39
Labskausessen 34
Lamm 181
Landesweingut Kloster Pforta 60
Landgasthaus Der Brunnenhof 92
Landgasthof Poststuben 145
Landgasthof Reinhold 161
Laufauf 18
Laugenbrezel 127
Lausitzer Bauernmarkt 51
Lausitzer Fischwochen 70
Lausitzer Ölmühle 50
Lausitzer Pellkartoffeln 50
Leber Berliner Art 55
Leberkässemmel 101
Leberklöße 151
Leberknödelsuppe 105
Lebkuchen 95, 97
Le Canard nouveau 18
Lehm und Stroh 63
Leinöl 50
Leipziger Allerlei 71
Leipziger Lerche 71
Leipzig genießt 70
Lemberger 124
Lewwerknepp 155, 156
Lewwerworscht 155, 156
Lieberhäuser Eierkuchen 161
Linsen 126
Lloyd Caffee, Kaffee 40
Lübecker Marzipan mit Rotspon 13
Lüttje Lage 32
Lütt un Lütt 19
Lyoner 137

M
Mädchenröte 9
Madlon Scharff 97
Main Nizza 183
Mainzer Weinmarkt 147
Maischolle 19
Maräne 48
März 92
Margrets Bauernstube 140
Markt am Carlsplatz 172
Markthalle Freiburg 118
Matjes-Tapas 43
Matjes-Tatar 43
Mauganeschtle 128
Maultaschen 105, 118, 128
Mäusjer 146
Mausohr 136
Mecklenburger Pfingstmarkt 26
Mecklenburger Rippenbraten 25
Mecklenburg-Vorpommern 22 ff
Meeresfrüchte 172
Meergold Delikatessen 8
Meerrettich 92
Meerrettich-Museum 92
Mehlbüddel 9
Meißner Fummel 69
Meißner Weine 72
Meißner Weinfest 70
Merziger Viezfest 140
Metzgerei & Feinkost Ebert 186
Metzgerei Hambel 156
Metzgerei Scherer 137
Mittelalterliche Winzertage 117
Mittelrhein 142, 143 ff
Mosebach 176, 180
Mosel 142, 143 ff
Moselfest Winningen 147
Möwenschiss 11
Mühlenfest in Monschau 163
Müller-Thurgau 59, 80, 144
Mumme-Bier 28
München 106 ff
Münchner Helles 111
Müritzfest 26
Muscheln Rheinische Art 173
Muskateller 117
Mutzbraten 79
Mutze(n)mandeln 162

N
Nacht der Keller 125
Nahe 143
Naturpark Saar-Hunsrück 138
Naturtrübes Hütt-Bier 181
Neinerlaa 67
Niedersachsen 28 ff
Niedersachsenteller 35
Niedersächsische Spargelstraße 17
Nieheimer Käsemarkt 165
Nienburger Spargelmarkt 34
Nonnenfürzle 113
Nordbrand Nordhausen 81

Nordhessisches Spezialitätenfestival 179
Nordrhein-Westfalen 158 ff
Nordseekrabben 7
Nougat 80
Nudl 50
Nürnberg 94 ff
Nürnberger Rostbratwurst 95

O
Obazda 101
Obazda/Obatzder 102
Oberlausitzer Leinewebertag 70
Oberweseler Weinmarkt 147
Ochse 109
Ochsensteert-Suppe 19
Odenwälder Lammwochen 181
Oechsle-Fest Pforzheim 118
Ökobrauerei 65
Oktoberfest 109
Osnabrücker Bierfest 35
Ostfriesisches Teemuseum 37
Ostseelachs 25
Ostsee-Strandfrühstück 12

P
Panhas 164
Pannfisch 19
Paulaner am Nockherberg 107
Paulaner Bräuhaus 111
Pekermarkt 35
Perler Wein- und Kellertage 139
Peters Brauhaus 167
Pfäffgen 167
Pfalz 150 ff
Pfälzer Dreifaltigkeit 155
Pfälzer Platte 155
Pfälzer Saumagen 151
Pfälzer Wein 154
Pfannkuchen 55
Pfefferkuchenmarkt Pulsnitz 70
Pfefferkuchen-Schauwerkstatt 75
Pfefferpotthast 164
Pfeffersalami 80
Pfunds Molkerei 75
Pharisäer 9
Philipp Kuhn 154
Pichelsteiner 102
Pichelsteinerfest 105
Pickert 162
Pillekuchen 162
Pils 162
Pilsener Bier 36
Pinkel 35, 43
Pinot Blanc 117
Plins/Plinse 50
Pluckte Finken 39, 41
Plundergebäck 92
Pommernklöße 23
Pommersche Biersuppe 25
Pommersche Gans 23
Pommersche Hefeplinsen 26
Pommerscher Kaviar 26
Pommersche Tollatschen 25
Potsdamer Erlebnisnacht 51
Pottsuse 61
Pralinen 147
Presssack 88, 91
Prinzregententorte 111
Privatbrauerei 65
Pulsnitzer Pfefferkuchen 75
Pumpernickel 163

Q
Quarkkeulchen 68
Quark mit Leinöl 68
Quetsch 136

R
Radeberger Bierstadtfest 70
Radeberger Exportbierbrauerei 75
Radi 102
Radler und Russ 102
Ratskeller Altenburg 80
Ratskeller Magdeburg 65
Ratskeller Oldenburg 36
Raubs Landgasthof 131
Rauchbier 91
Rauchfleischkloß 19
Regent 81
Regionales Markgräfler Weinfest 117
Reiberdatschi 109
Rengser Mühle 161
Restaurant Hotel Linde Meldorf 9
Restaurant Vlet 19
Restaurant Wielandshöhe 129
Restaurant Zur gläsernen Werft 41
Rheingau 175
Rheingauer Schlemmerwochen 179
Rheingauer Weinwoche 179
Rheingau Gourmet- und Wein-Festival 178
Rheinhessen 143
Rheinischer Sauerbraten 143, 146
Rhöner Wurstmarkt 88
Rhönochse 178
Rhönschaf 177, 178
Riebele 115
Riesling 81, 115, 117, 123, 124, 143, 154, 175, 177, 181
Rievkooche (Reibekuchen) 162
Ritter Sport 127
Rivaner 117
Rode Grütt 19
Rohrnudeln 102
Rollmops 56
Rostbrätel 79
Rostkultur 81
Rotenburger Kartoffelmarkt 35
Rotkäppchen Mumm Sektkellereien 61
Rotkäppchen Sekt 61
Rübenmus 9
Rüdesheimer Rose 42
Rüdesheimer Weinfest 179
Rügener Hornfischtage 27
Ruländer 115
Rundstück warm 19

S
Saale-Weinmeile 63
Saarland 134 ff
Saarländischer Wein 141
Saarländischer Weinsommer 139
Saarländisches Moselweinfest 139
Saarlouiser Emmes 139
Sabine Pauly Manufaktur und Chocolaterie 147
Sachsen 66 ff
Sachsen-Anhalt 58 ff
Sächsischer Sauerbraten 72
Sächsisches Staatsweingut Schloss Wackerbarth 72
Salvator 107
Salzekuchen 177
Salzwiesenlamm 9
Sarcletti 111
Säubrenner-Kirmes 147
Sauerbraten vom Pferd 161
Sauerfleisch Norddeutsche Art 19
Saumagen 156
Saure Klebchen 80
Saure Zipfel 91
Schaales 136
Schaffermahlzeit 41
Schäufela 91
Schäufele 115
Schäufelewärtschaft 91
Scheelchen Heeßen 69
Scheiterhaufen 115
Scheurebe 117
Schierker Feuerstein 61
Schinken 36
Schinken-Museum 36
Schlabbeflickerfest Pirmasens 154
Schlachthof-Brasserie 137
Schlemmer-Sommer 20
Schleswig-Holstein 6 ff
Schleswig-Holstein Gourmetfestival 11
Schloss Johannisberg 177
Schloss Neuweier 116
Schmankerl 102
Schnäpel 25
Schnaps aus Sanddorn 23
Schnaps-Museum »Gläserne Destille« 105
Schneckensüpple 113, 118
Schnibbelbohnen 162
Schnitzel Holstein 56
Schnü(ü)sch 12
Schoales/Schales 145, 149
Schokoladenmuseum Köln 168
Scholle 19
Schoppen 152
Schuhbeck, Alfons 108
Schupfnudle 113
Schüttinger Bier 43
Schüttinger Gasthausbrauerei 43
Schwäbische Laugenbrezel 127
Schwäbisch-Hällisches Landschwein 129
Schwammerl(n) 102
Schwammespalken 69
Schwarzbrotpudding 24
Schwarzsauer 19
Schwarzwälder Kirschtorte 113, 119
Schweer's Aalräucherei 31
Schweinsbraten mit Knödeln 99
Schweinshaxe 99
Schweinswürstl 109
Schwenkbraten 135, 136
Schwetzinger Spargelfest 117
Seeaalplatte 23
Seenfischerei Krempig 48
Seidla 91
Sektfest 34
Semmelknödel 102
Senf 78
Senfmühle 79
Senföl 80
Sieben-Keltern-Fest 125

Silvaner 59, 144
Smoortaal 36
Soester Menü-Safari 161
Solei 55
Sonne 178
Sorbische Frühlingssuppe 50
Sorbische Hochzeitssuppe 51
Sorbisches Hochzeitsessen 51
Sorbische Spezialitäten 51
Sorbisches Restaurant Wjelbik 51
So schmeckt das Münsterland 162
Spargel 17, 31, 91, 113
Spargelfest Bruchsal 117
Spargelfest in Beelitz 51
Spargelfest in Dudenhofen 154
Spargelmarkt 31
Spargelmuseum Beelitz 49
Spargelstraße 31
Spätburgunder 117, 143, 179, 181
Spätzle 105
Speckrahmsauce 136
Spekulatius 97
Spießbraten 146, 149
Spießbratenfest in Idar-Oberstein 147
Spinnrädl 156
Spreewälder Gurken 50
Spreewälder Gurkentag 51
Spreewaldsauce 50
Spundekäs 145, 146, 175
Stadtfest St. Georg 17
Stadt Land Food Festival 57
Starkbierzeit 107
Steckerlfisch 102, 109
Steckrübeneintopf 9
Steinheuers Restaurant Zur Alten Post 145
Steinhuder Räucheraal 31
Stielmus (Rübstiel) 162
Stint 19
Stinte 41
St. Johanner Markt 140
St. Laurent 154
Straußenwirtschaft 175
Straußenwirtschaft Am Zitzschewiger Weingarten 75
Straußenwirtschaft und Weingut Gretzmeier 116
Straußwirtschaft 145, 146, 155
Street Food Thursday 53
Striebli 113
Stubenküken 19
Stupperle 69
Stuttgarter Sommerfest 125
Stuttgarter Weindorf 17, 125
Süddeutscher Käsemarkt 125
Sulz 115
Südfrüchte 153
Sülze 56
Süßer Senf 102
Sylter Austern 12
Sylter Lammtage 11
Sylter Wildente 12

T

Tag der offenen Weingewölbe 147
Tag der süßen Tour 65
Tag des Bayerischen Bieres 105
Tag des Federweisen 179
Tage der offenen Weinkeller und -berge 63
Tage des Offenen Weingutes 70
Tal-to-Tal 147
Tannenzäpfle 118
Tante Amanda 164
Tee und Torte auf Ostfriesisch 37
Teichelmauke 69
Teltower Rübchen 49
Terdich 146, 149
Theatrium 178
Thomas Lex Fischräucherei 104
Thüringen 76 ff
Thüringer Rostbratwurst 77, 78
Thüringer Spezialitätenmarkt 80
Thüringer Weine 80
Thüringer Weinfest 81
Thüringer Weingut Sonnenburg 81
Tote Tante 11
Töttchen 162
Tour de Menu 163, 171
Tour de Menu Gusto 172
Traditionelles Federweißerfest 81
Traube 131
Tresterfleisch 146
Trollinger 123, 124
Truffeln 156
Tübinger Sommerinsel am See 125
Tüften 25
Tüften mit Flunder 23
Tüften mit Grünkohl 23
Türkischer Markt 55

U

Ückeritzer Kartoffelfest 26
Uckerkaas 49
Uckermärker Apfelbrot 47
Uckermärker Fischsuppe 46

V

Vegesacker Hafenfest 43
Veltins 163
Viehabtrieb im Naturpark Altmühltal 92
Viez 136
Viktualienmarkt 107
Vorpommersches Kartoffelmuseum 25

W

Wacholderschnaps 164
Wachtel im Baumkuchen 157
Wähe 115
Waldhotel Sonnora 149
Waldwirtschaft Großhesselohe 103
Warnemünder Matjesfest 26
Warsteiner 163
Wasserburg zu Gommern 65
Weck 146
Weckewerk 177
Weckla 91
Weimarer Weinfest 81
Weimarer Zwiebelkuchen 80
Weimarer Zwiebelmarkt 81
Wein 42, 60, 80, 91, 115, 123, 151, 152
Weinblütenfest 163
Weinböhlaer Winzerstraßenfest 70
Weinfest Kaiserstuhl und Tuniberg 118
Weinfest Leipzig 70
Weinfest Naumburg 65
Weinfest Ochsenzoll 17
Weinfest Wasserburg 105
Weinfranken 85
Weingebiet Saale-Unstrut 59
Weingut Drautz-Able 123
Weingut Federhen 146
Weingut Fritz Blankenhorn 115
Weingut Hanke 61
Weingut Helmut Herber 139
Weingut Hubertus M. Apel 144
Weingut Karl Petgen 141
Weingut Köbelin 117
Weingut Martin Waßmer 117
Weingut Pawis 64
Weingut Wöhrwag 124
Weinmarkt der Ahr 144
Weinprobe für jedermann 60
Weinregion Saale-Unstrut 80
Weinsauerkraut 156
Weinstube Mögle 131
Wein- und Gaumenfreuden 88
Weißbier 102
Weißburgunder 59, 81, 117
Weißenfelser Salzknochen 61
Weißwurst 110
Welfenspeise 31
Weltenburger Bier 101
Weltfischbrötchentag 11
Werderaner Wachtelberg 50
Westfalen Culinarium 165
Wickelkuchen 41
Wikana Fabrikverkauf 63
Windbeutel 35
Wingertsknorze 146
Wingertspoal 145
Winzerfest Freyburg 65
Winzerfest in Rech/Ahr 147
Winzerteller 145
Witty's Organic Food 54
Wolfgang's 184
Wormser Backfischfest 154
Worscht un Woi 146
Wruken 48
Würchwitzer Milbenkäse 65
Würchwitzer Milbenkäse-Manufaktur 65
Würstchen-Festival 186
Wurst-Durst 96
Wurstkuchl 102
Württemberg 120 ff
Württembergische Wein-Wanderweg 127
Würzburger Weindorf 88
WWW 155

Z

Zerbster Spargelfest 63
Ziebeleskäs 88, 91
Zuckermuseum 63
Zum Arabischen Coffe Baum 74
Zum Gemalten Haus 183
Zum Gulden Stern 96
Zum Mühlenwirt 79
Zum Postillion 68
Zum Simonbräu 149
Zum Stiefel 140
Zum Uerige 171
Zur Letzten Instanz 56
Zur Marketenderie 68
Zweigelt 59
Zwingenberger Weinfest 178
Zwiwwelfleisch 146
Zwiwwelkuche 155

IMPRESSUM // BILDNACHWEIS

Liebe Leserinnen und Leser,
vielen Dank, dass Sie sich für einen Titel der Marke Holiday entschieden haben. Wir freuen uns, Ihre Meinung zu diesem Reiseführer zu erfahren. Bitte schreiben Sie uns an holiday@travel-house-media.de, wenn Sie Berichtigungen und Ergänzungen haben – und natürlich auch, wenn Ihnen etwas ganz besonders gefällt.

Alle Angaben in diesem Reiseführer sind gewissenhaft geprüft. Preise, Öffnungszeiten usw. können sich aber schnell ändern. Für eventuelle Fehler übernimmt der Verlag keine Haftung.

Holiday ist eine eingetragene Marke
der GANSKE VERLAGSGRUPPE.

1. Auflage
ISBN: 978-3-8342-2134-6

Bei Interesse an maßgeschneiderten Produkten:
veronica.reisenegger@travel-house-media.de
Tel. 089/450009912

Bei Interesse an Anzeigenschaltung:
KV Kommunalverlag GmbH & Co KG
Tel. 089/9280960
info@kommunal-verlag.de

TRAVEL HOUSE MEDIA
Postfach 86 03 66
81630 München
holiday@travel-house-media.de
www.travel-house-media.de

Ein Unternehmen der
GANSKE VERLAGSGRUPPE

Autor
Axel Nowak wurde im Ruhrgebiet geboren, wuchs in Hessen und Franken auf, studierte in Berlin, lebte in Hamburg, Stuttgart und aktuell in München. Überall hat er die kulinarischen Spezialitäten gerne gekostet und ebenso schätzen gelernt. Nach einem Tageszeitungsvolontariat war er in leitenden Funktionen bei Lifestyle- und Special-Interest-Magazinen tätig. Heute arbeitet er als Autor und Conceptioner u. a. für MERIAN und den ADAC. Nach Abschluss der Arbeiten an »Kulinarisches Deutschland« setzte ihn seine Frau auf Diät.

Programmgeschäftsleitung
Michaela Lienemann

Idee/Konzept
Axel Nowak, Verónica Reisenegger

Covergestaltung
Eva Stadler

Redaktion
Tina Schreck

Weitere Autoren
Verónica Reisenegger, Peter Dorsch

Autoren Booklet
Veronika Geiger, Martina Krammer, Peter Dorsch, Erik Lorite-Schmitt

Layout
Ewald Tange, tangemedia, München

Bildredaktion
Dr. Nafsika Mylona, Tobias Schärtl, Nora Goth

Schlussredaktion
Christine Miller

Bearbeitung der Karten
Sybille Rachfall

Produktmanagement
Bianca Jasny, Veronika Geiger, Anja Dürr

Produktion
Anna Bäumner

Repro
Repro Ludwig, Zell am See

Druck und Bindung
Printer Trento, Italien

PEFC
PEFC/18-31-506

Cover: Tafel: Fotolia: Les Cunliffe; Hopfen: Shutterstock: Zhukov Oleg; Symbole Klappe vorne: Michaela Reitinger, Eva Stadler, Artco/Fotolia.com; 8-9 INTERFOTO: Michael Dietrich/imageBROKER; 11 fotolia.com: Jenny Sturm; 12 picture alliance: Carsten Rehder/dpa; 13 Restaurant Gutsküche; 14 fotolia.com: Gabriele Rohde; 15 www.niederegger.de; 16-17 mauritius images: Stefan Huwiler/imageBROKER; 19 fotolia.com: Marén Wischnewski; 20 laif: Bernd Jonkmanns; 21 dpa Picture-Alliance: Foodcollection; 22 Das weisse Haus; 23 mauritius images: alamy; 24-25 Bildagentur Huber: Hans-Peter Mer; 27 Jahreszeiten Verlag: Janne Peters; 29 Tourismuszentrale Rügen; 30-31 laif: Martin Kirchner; 33 mauritius images: alamy; 34 fotolia.com: Gabriele Rohde; 35 JAHRESZEITEN VERLAG: Uwe Bender; 36 dpa Picture-Alliance: Julian Stratenschulte; 37 fotolia.com: photocrew; 38 JAHRESZEITEN VERLAG: Ulrike Schmid + Sabine Mader für GU; 39 Thomas Schreiber; 40-41 kubikfoto; 43 Bremer HACHEZ Chocolade GmbH & Co. KG; 44 BTZ Bremer Touristik-Zentrale (www.bremen-tourismus.de): Manuela Gangl; 48-49 Bildagentur Huber: C. Dörr; 51 ddp images: Michael Urban; 52 fotolia.com: Sabrina Cercelovic; 54-55 PentaNex GmbH: C.Hechtenberg; 57 The KaDeWe Group; 58 imago: Müller-Stauffenberg; 60-61 laif: Peter Hirth; 63 imago: VIADATA; 64 ddp images: Jens Schlüter; 66 laif: Jörg Glaescher; 68-69 JAHRESZEITEN VERLAG: Walter Schmitz; 71 Jahreszeiten Verlag: Kramp+Gölling; 73 mauritius images: Ernst Wrba; 74 André Wirsig/PR; 75 Shutterstock.com: B. and E. Dudzinscy; 76 mauritius images: Dr. Wilfried Bahnmüller/imageBROKER; 78-79 fotolia.com: Henry Czauderna; 81 Shutterstock.com: 13Smile; 82 fotolia: Henry Czauderna; 86-87 laif: Andreas Hub; 89 ddp images/Timm Schamberger; 91 laif: Andreas Hub; 92 argus: Peter Frischmuth; 94 Shutterstock.com: Kuttelvaserova Stuchelova; 95 seasons.agency: Götz Wrage/Jalag; 96 Bildagentur Huber: Bäck; 97 fotolia.com: la-vanda; 99 fotolia.com: alexgres; 100-101 Bildagentur Huber: R. Schmid; 103 JAHRESZEITEN VERLAG: GourmetPictureGuide; 105 laif: Guenter Standl; 106 laif: Guenter Standl; 108 Bildagentur Huber: R. Schmid; 109 LOOK-foto: Ingrid Firmhofer; 111 JAHRESZEITEN VERLAG: GourmetPictureGuide; 112 seasons.agency: Klaus-Maria Einwanger/Gräfe & Unzer Verlag; 113 Astrid Eckert/Sarcletti; 114-115 Glow Images; 117 JAHRESZEITEN VERLAG: Julia Hoersch für GuU; 118 JAHRESZEITEN VERLAG: Walter Schmitz; 121 Jahreszeiten Verlag: Ulrike Schmid, Sabine Mader für GuU; 122-123 Bildagentur Huber: R. Schmid; 125 fotolia.com: Jürgen Fälchle; 126 Archiv Heilbronn Marketing GmbH; 128 imago: Westend61; 129 Bildagentur Huber: R. Schmid; 130 laif: Markus Kirchgessner; 131 JAHRESZEITEN VERLAG: Georg Knoll; 132 StockFood: Harry Bischof; 136-137 fotolia.com: wolfgangstaudt; 139 laif: Amin Akhtar; 140 seasons.agency: Grossmann.Schuerle/Gräfe & Unzer Verlag; 143 Corbis: Hendrik Hendrik/the food passionates; 144-145 Bildagentur Huber: R. Schmid; 147 JAHRESZEITEN VERLAG: GourmetPictureGuide; 148 fotolia.com:Bernd Jürgens; 151 Corbis: Blue Lantern Studio; 152-153 Bildagentur Huber: R. Schmid; 155 JAHRESZEITEN VERLAG: Markus Bassler; 157 JAHRESZEITEN VERLAG: Miquel Gonzalez; 159 JAHRESZEITEN VERLAG: Markus Bassler; 160-161 JAHRESZEITEN VERLAG: Klaus Bossemeyer; 163 dpa Picture-Alliance: Rainer Hackenberg; 165 GLÜCKUNDSELIGKEIT; 167 fotolia.com: TwilightArtPictures; 168 seasons.agency: Zielske, H. u. D./Jalag; 169 F1online/agephotostock; 171 GlowImages: Barbara Boensch/imageBROKER; 172 fotolia: davis; 173 laif: Gerald Haenel; 175 mauritius images: Creativ Studio Heinemann/imageBROKER; 176-177 JAHRESZEITEN VERLAG: Gerald Hänel; 179 seasons.agency: Götz Wrage/Jalag; 180 Glow Images; 182 Jalag Syndication: Julia Hoersch; 184 seasons.agency: GourmetPictureGuide; 185 Peter Quirin, Wiesbaden; 187 JAHRESZEITEN VERLAG: Nikolai/Westermann Studios GbR; 188 laif: Rene Mattes/hemis.fr